Mit mehr Leichtigkeit und Freude durch die Schulzeit

T0349227

Beate Schuster · Anette Fahle

Mit mehr Leichtigkeit und Freude durch die Schulzeit

Hilfestellungen für Eltern und alle erziehenden Personen

 Springer

Beate Schuster
Department Psychologie
Professur für Pädagogische
Psychologie
LMU München
München, Deutschland

Anette Fahle
Kinder- und Jugendlichen-
Psychotherapeutin
Psychologische Psychotherapeutin
München, Deutschland

ISBN 978-3-662-57310-5   ISBN 978-3-662-57311-2   (eBook)
https://doi.org/10.1007/978-3-662-57311-2

Die Deutsche Nationalbibliothek verzeichnet diese Publikation in der Deutschen Nationalbibliografie; detaillierte bibliografische Daten sind im Internet über http://dnb.d-nb.de abrufbar.

Verantwortlich im Verlag: Marion Krämer
Einbandabbildung: © [M] sumire8/stock.adobe.com
Illustrationen: Claudia Syrsky, München

Springer ist ein Imprint der eingetragenen Gesellschaft Springer-Verlag GmbH, DE und ist ein Teil von Springer Nature
Die Anschrift der Gesellschaft ist: Heidelberger Platz 3, 14197 Berlin, Germany

Inhaltsverzeichnis

1

Probleme in der Schule und Probleme zu Hause – den eigenen Hebel finden!

© Springer-Verlag GmbH Deutschland, ein Teil von
Springer Nature 2019
B. Schuster und A. Fahle, *Mit mehr Leichtigkeit und Freude durch
die Schulzeit,* https://doi.org/10.1007/978-3-662-57311-2_1

Schule nimmt im Leben von Kindern und ihren Familien einen zentralen Stellenwert ein. Während manche weitgehend positive Erfahrungen machen, stellt Schule für andere einen großen Stressor dar. Wie nicht zuletzt die intensive Diskussion der vergangenen Jahre um die richtige Schulpolitik deutlich gemacht hat, hat für viele das selbstverständlich positive Bild von Schule Risse bekommen.

Tatsächlich zeigen viele pädagogisch-psychologische und sozialpsychologische Studien ebenso wie ein nicht abreißender Strom von Medienberichten, dass statt gestalteter Gemeinschaft und Miteinander Ausgrenzung, Mobbing und Gegeneinander an der Tagesordnung sind. Viele Eltern nehmen ferner wahr, dass noch nicht einmal das Kerngeschäft – der Unterricht – so funktioniert, wie man sich das wünscht: Lernen findet nach dem Eindruck vieler woanders statt, im Zweifel zu Hause unter elterlicher Betreuung oder unter massivem Einsatz von Nachhilfe. Statt eines Ortes des *Vermittelns* von Wissen sei die Schule ein Ort des *Testens* von Wissen geworden. Zu diesem Eindruck passt, dass insgesamt trotz aller von den Kindern mittlerweile in die Schule investierten Anstrengungen und des hohen Stresses deutlich zu wenig gelernt zu werden scheint, wie unter anderem die Pisa-Studien nahelegen.

Wie nun als Eltern mit dieser Situation umgehen? Gibt es Möglichkeiten, das eigene Kind effektiver vorzubereiten, zu begleiten und zu unterstützen? Lassen sich die Faktoren benennen, die (mit-) bestimmen, ob ein Kind gut mit der Schule und deren Anforderungen zurechtkommen wird oder die Schulzeit als belastend erlebt? Ist es Zufall oder sind es vielleicht Merkmale des Kindes oder Aspekte der Umwelt, die eine zentrale Rolle spielen?

Was den schulischen Erfolg anbelangt, würden die meisten Menschen wahrscheinlich als einen der wichtigsten Faktoren Intelligenz nennen. In den vergangenen Jahren hat allerdings die pädagogisch-psychologische Forschung gezeigt, dass Intelligenz zwar in der Tat *auch* in gewissem Umfang eine Rolle spielt, *aber* die Erkenntnis hat sich durchgesetzt, dass andere Faktoren *mindestens genauso wichtig* sind, wenn nicht gar letztlich entscheidender. Dazu zählen zum Beispiel Vorwissen, und damit frühzeitiges Lernen, emotionale Unterstützung und die Entwicklung einer angemessenen Arbeitshaltung, also die Motivation. Immer deutlicher wurde auch, dass dies alles Merkmale sind, die zunächst nicht das Kind selbst zu verantworten hat, sondern die es eher erwirbt, wenn es auf eine günstige Umwelt trifft.

In der Pädagogischen Psychologie hat entsprechend ein gewisser Perspektivwechsel eingesetzt: Gefragt wird, welche Merkmale einer *Lehrkraft* zu Motivation und Leistung der Kinder beitragen statt welche Merkmale der Schüler und Schülerinnen – man könnte auch sagen, die Noten bekommen nun die Lehrer und Lehrerinnen, nicht mehr diejenigen, die unterrichtet werden. Besonders markant kommt diese Perspektive in der Arbeit des neuseeländischen Forschers John Hattie zum Ausdruck. Er hat mithilfe von sogenannten Metaanalysen aus vorliegenden empirischen Studien die wichtigsten Faktoren für Lernen herausgearbeitet – und diese hängen weitgehend direkt oder indirekt von der Lehrkraft beziehungsweise erziehenden Personen ab.

Ganz ähnlich sieht die Situation aus, wenn wir uns fragen, was bestimmt, ob ein Kind sozialen Erfolg haben oder Zurückweisung erleben wird. Sicher gibt es Merkmale eines Kindes, die es wahrscheinlicher machen, dass es beliebt statt abgelehnt sein wird. Aber auch hier legen Arbeiten der Pädagogischen Psychologie und der Sozialpsychologie nahe, dass Faktoren in der *Situation* mindestens genau so bedeutsam sein mögen wie Merkmale des betroffenen Kindes, wenn nicht gar wichtiger. *Lehrkräfte* können auch hier entscheidend beeinflussen, welcher Schüler, welche Schülerin, einen hohen Status erwerben wird und welcher nicht.

Diese wichtige Rolle der Lehrkraft hat eine von uns beiden (BS) bewogen, zwei sehr praxisorientierte Bücher für Lehrer und Lehrerinnen zu schreiben. Das Buch „Führung im Klassenzimmer: Disziplinschwierigkeiten und sozialen Störungen vorbeugen und effektiv begegnen – ein Leitfaden für Miteinander im Unterricht" (Schuster 2013) vermittelt, mit welchen ganz kleinen, kaum wahrnehmbaren und leicht umsetzbaren Maßnahmen Lehrkräfte im Klassenzimmer die Voraussetzungen für Lernen – Disziplin und ein gutes Miteinander statt kräftezehrendem Gegeneinander – schaffen können. Ergänzend erläutert das Buch „Pädagogische Psychologie: Lernen, Motivation und Umgang mit Störungen" (Schuster 2017) wichtige psychologische Erkenntnisse für Auffälligkeiten wie beispielsweise ADHS oder Ängste.

Viele der Gedanken und Ideen aus diesen beiden Büchern sind nicht nur für Lehrkräfte wichtig, sondern auch für Eltern. Viele wollen ihren Kindern beistehen und sie unterstützen, zukünftig positivere Resultate erzielen zu können. Und Eltern sind bereit, die zahlreichen schulisch bedingten und sozialen Frustrationen abzufedern. Nur: Allzu häufig ist nicht ganz klar, wie man das am besten anstellen sollte. Zudem besteht auch oft das Risiko, dass der nach Hause getragene Stress auch in familiäre Konflikte mündet. Ähnlich wie Lehrkräfte nun nicht alles anders machen müssen als bisher, sondern mithilfe relativ kleiner Maßnahmen große Wirkungen erzielen können, können in der Tat auch Eltern mithilfe von relativ kleinen Veränderungen für ihre Kinder große Effekte bewirken. Der Springer-Verlag hatte deshalb die Idee, einen Erziehungsratgeber zu veröffentlichen, der die Überlegungen der zwei erwähnten Bücher auch für Eltern erschließen soll. Denn in der Tat ist es ja *auch* wahr, dass Kinder und Jugendliche *auch zu Hause* Disziplinprobleme und oppositionelles Verhalten sowie Motivationsprobleme und Lernschwierigkeiten zeigen. Lehrkräfte sehen dort häufig das primäre Problem. Eltern dagegen finden meist, dass diese Probleme vielmehr umgekehrt von der Schule nach Hause getragen werden. Den Kindern und Jugendlichen hilft es allerdings wenig, wenn man sich damit aufhält, nach Henne und Ei zu fragen. Hilfreicher ist, pragmatisch den Hebel zu suchen, an dem man selbst wirklich ansetzen kann. Manche Eltern beschleicht dann schon hier und da der Eindruck, möglicherweise selbst, in der eigenen Erziehung, vielleicht etwas anders, womöglich besser machen zu können. Und manche Therapeuten oder Therapeutinnen sagen, sie würden am liebsten gar nicht mit den Kindern selbst arbeiten, sondern mit den Erwachsenen: den Lehrkräften, aber auch den Eltern. So sehr mich diese Anfrage als Psychologin interessiert hat, so sehr hat sie mich als Mutter zunächst irritiert. Ich[1] habe durchaus nicht den Eindruck, dass es mir als (verwitwete und damit alleinerziehende, berufstätige) Mutter außergewöhnlich gut geglückt sei, meinen Kindern eine unbeschwerte Schulzeit zu ermöglichen. Andererseits sehe ich aber auch viele Aspekte, die ich „richtig" gemacht habe – was ich nur konnte, weil ich das große Glück hatte, durch meinen Beruf die Überlegungen zu kennen, die sich dann auch tatsächlich als nützlich und relevant bestätigt haben.

Viele dieser Überlegungen sind selbstverständlicher und wirkungsvoller Bestandteil psychotherapeutischer Arbeit mit Kindern. Ich habe hierüber immer wieder gerne mit einer Kollegin gesprochen, die sich als niedergelassene Kinder- und Jugendlichenpsychotherapeutin sowie ebenfalls als Mutter von schulpflichtigen Kindern alltäglich mit diesem Thema befasst. So entstand die Idee, das Buch um einige konkrete Übungen und Techniken aus der psychotherapeutischen Praxis zu ergänzen, die auch im häuslichen Kontext sehr gut herangezogen werden können. Diese Übungen finden sich in Abschn. 7.2 im Teil von Anette Fahle.

Eltern wiederum mögen nun fragen: Ist Erziehung nicht einfach sowieso Bauchsache, haben nicht noch alle ihre Kinder großgezogen bekommen, ohne allzu viel nachdenken und gegebenenfalls ändern zu müssen? Sollte man nicht „die Kirche im Dorf lassen" und einfach mehr Selbstvertrauen haben?

In der Psychologie gibt es ein Teilgebiet, das sich Bindungsforschung nennt. Diese widmet sich unter

---

[1]Autorin in Abschn. 7.2 ist Anette Fahle; Autorin der anderen Kapitel/Abschnitte ist Beate Schuster.

anderem der Beziehung zwischen den ersten Bezugspersonen und dem Säugling, Kleinkind und späteren Jugendlichen. Die Ergebnisse zeigen, dass sehr grob gerundet etwa die Hälfte aller Menschen eine „sicher" genannte Bindung entwickelt. Sie erleben, dass sie Vertrauen in ihre wichtigsten Bezugspersonen haben können, dass diese effektiv für sie da sind und auf sie Verlass ist. Menschen, die solche Erfahrungen gemacht haben und ein solches Bindungsmuster entwickelt haben, können in der Tat „aus dem Bauch" heraus an die Erziehung ihrer eigenen beziehungsweise fremden Kinder gehen, da sie dann wahrscheinlich einfach wiederholen, was sie selbst erlebt haben und was bei ihnen selbst ja auch zu emotionaler Sicherheit und guter motivationaler Haltung geführt hat.

Anders sieht das bei denjenigen aus, die den Eindruck haben, „zur anderen Hälfte" zu gehören, also zu den unsicher Gebundenen. Ihnen könnte es helfen, eine Zeit lang auf ihren Kopf zu hören. Sie müssen nicht resignieren und sagen, sie kennen es halt nicht anders. Die gute Nachricht ist: Was zu der sicheren Bindung führt, sind *Verhaltensweisen,* die man lernen kann, sowie eine bestimmte *Haltung* oder ein bestimmtes *Denken,* welche(s) man nachvollziehen und verstehen lernen kann. Wenn dieses neue Verhalten und Denken gut eingeübt wird, dann wird dies zur eigenen „Intuition", und man kann ab dann tatsächlich dem eigenen Bauchgefühl folgen. Das Schöne ist – mehr ist hier mehr! Und demzufolge ist ein bisschen was mehr als gar nichts. Auch wenn man nur einen ersten Schritt macht, ist das schon ein merkbarer Fortschritt im Gegensatz zu keinem Schritt. Und das macht dann Mut für den nächsten Baustein.

Auch diejenigen Eltern, die den Eindruck haben, zur glücklichen Hälfte der sicher Gebundenen zu gehören, mögen in dem vorliegenden Buch Hilfestellungen für ihre Kinder finden – sie mögen ihrem Kind zwar eine gute emotionale Basis bieten, aber vielleicht unabsichtlich Verhalten zeigen, das paradoxerweise ungünstig für Motivation ist, oder nicht hinreichend für schulisches Lernen geeignete Strategien vermitteln.

Beginnen wir deshalb hier mit demjenigen Hebel, der insofern der einfachste ist, als dass man *bei sich selbst* anfangen kann und nicht auf andere einwirken muss, dass diese etwas ändern: Was kann man selbst bei der *eigenen Erziehung* beachten? Wie kann man selbst unmittelbar am *Problem-Verhalten* ansetzen – etwa bei Schwierigkeiten in der Hausaufgabensituation, wie bei Disziplinproblemen oder oppositionellem Verhalten? Im Kap. 2 wird gezeigt, dass Kinder und Jugendliche gleichzeitig Lenkung wie auch Beziehungsangebote benötigen. Außerdem wird anhand konkreter Beispiele – insbesondere bezogen auf die Hausaufgabensituation – ausgeführt, wie man dies ganz praktisch im täglichen Alltag umsetzen kann.

Neben dem Einwirken auf unmittelbar gegebenes Problemverhalten ist es selbstverständlich erforderlich zu verstehen und darauf einzugehen, welche tiefer liegenden Probleme hinter unerwünschtem, nicht hilfreichem Verhalten stehen. Wie kann man Kindern und Jugendlichen speziell dabei beistehen, mehr Motivation zu entwickeln und effektiver zu lernen? In Kap. 3 wird aus motivationspsychologischer Perspektive beleuchtet, warum im Alltag völlig selbstverständliche Versuche, Einfluss zu nehmen, eher das Gegenteil des Beabsichtigten erreichen, und werden Vorschläge gemacht, worauf man achten soll. Es wird gezeigt, dass man sich manchmal mit seinem eigenen *Denken* selbst im Wege steht, und an Beispielen erläutert, welche Haltungen hilfreicher sein könnten.

Tatsächlich sehen sich viele Kinder im Schulalltag mit großen Herausforderungen konfrontiert. In Anbetracht solcher Widrigkeiten stellt sich ihnen vermutlich die Frage: Soll ich versuchen, an den Umständen etwas zu ändern, oder kann ich meinen eigenen Umgang mit den Schwierigkeiten hilfreicher gestalten? Das Kap. 4 führt aus, wie man effektiver mit unter anderem Prüfungsangst oder depressiven Episoden umgehen kann. Eine Strategie hierzu besteht zum Beispiel darin, den Stoff so gut zu beherrschen, dass man hieraus Sicherheit beziehen kann. Kap. 5 gibt deshalb Tipps, wie Lernen effizienter und einfacher gelingen kann.

Schulische Frustrationen entstehen nicht nur durch Leistungsdruck, der als Fordern ohne Fördern, oder bezogen auf den schulischen Kontext umformuliert als anspruchsliches Testen ohne anspruchsvolles Unterrichten, wahrgenommen wird. Auch anarchisch geführte Klassengemeinschaften tragen dazu bei: Statt als Lehrkraft die Führungsaufgabe wahrzunehmen, die gemeinschaftliche Situation zu gestalten, wird dies oft den Kindern selbst überlassen. Dies hat wiederum nur zu häufig den Effekt, dass das „Recht des Stärkeren" gilt, wobei „Stärke" schlicht Empathielosigkeit, Skrupellosigkeit und Arroganz widerzuspiegeln scheint. Wie kann man Kindern helfen, die angesichts solcher Strukturen soziale Ängste entwickeln, krank werden, in den Rückzug gehen und/oder vereinsamen? Im Kap. 6 wird darauf eingegangen, dass man als

Alltagspsychologe beziehungsweise Alltagspsychologin häufig vorschnell die Personen als Ursache solcher Probleme sieht, und nicht die Situation beziehungsweise die Konstellationen, in denen sie stecken, sowie darauf, wie man selbst in durch und durch misslichen Situationen reagieren könnte.

Im Kap. 7 werden noch einmal kurz die drei großen psychotherapeutischen Verfahren (VT, KT, GT) skizziert und am Beispiel dreier konkreter Fälle (ADHS, Depression, Angststörung/soziale Angst) illustriert, wie die in Kap. 2 bis Kap. 6 behandelten Überlegungen und Prinzipien konkret in der alltäglichen, erzieherischen Praxis umgesetzt werden können. Ergänzend werden in Abschn. 7.2 durch Anette Fahle ausgewählte Übungen und Techniken und ein weiteres therapeutisches Verfahren, die Hypnotherapie, kurz vorgestellt. Abschließend werden in Kap. 8 zusammenfassend sämtliche vorgestellten Prinzipien rekapituliert und „Hinweise auf verwendete beziehungsweise weiterführende Literatur" gegeben.

Sowohl die allgemeinen Überlegungen der drei großen Therapietheorien sowie der hier vorgestellten allgemeinen Prinzipien als auch die spezielleren Überlegungen zu einzelnen Auffälligkeiten können dazu beitragen, dass die Kinder gut vorbereitet ihre Schulzeit beginnen können und es weniger wahrscheinlich zu Störungen kommt. Sollte es schon zu Schwierigkeiten gekommen sein, können sie aber auch umgekehrt auch einen Weg heraus weisen. So lange die Lehrkräfte an der Schule Ihrer Kinder solche Überlegungen noch nicht zur Kenntnis nehmen oder umzusetzen versuchen und/oder solange man den Eindruck hat, dass ehrlicherweise in der eigenen Erziehung noch nicht „alles rund läuft", scheint es uns hilfreich, das in diesem Buch ausgeführte Wissen wenigstens einmal zu bedenken. Wir hoffen sehr, dass es auch Ihnen dabei hilft, Ihren Kindern zu ermöglichen, den bleiernen Fängen entkommen zu können, die Schule und damit einhergehende häusliche Konflikte für viele darstellen, und endlich wieder das Fliegen zu lernen – federleicht!

2

Verhaltensprobleme – erziehen durch Führung und Beziehung

© Springer-Verlag GmbH Deutschland, ein Teil von
Springer Nature 2019
B. Schuster und A. Fahle, *Mit mehr Leichtigkeit und Freude durch
die Schulzeit,* https://doi.org/10.1007/978-3-662-57311-2_2

Manchmal scheinen Erwachsene von Kindern und Jugendlichen den Eindruck zu haben, deren wahre Natur sei es, zumindest zeitweise mürrisch, aufmüpfig oder faul zu sein, oder spätestens mit der Pubertät zu werden. Dieses Bild wird auch noch von wissenschaftlichen Studien beziehungsweise populärwissenschaftlichen Berichten befördert, die von der „Baustelle" Pubertät sprechen, im Rahmen derer das Gehirn eine Zeit lang quasi nicht mehr zurechnungsfähig sei. Ich möchte diese Befunde beziehungsweise die aus diesen Befunden gezogenen, teils sehr weitreichenden Schlussfolgerungen nicht kommentieren. Es sei hier allerdings darauf hingewiesen, dass die Psychologie umgekehrt auch viele Studien vorgelegt hat, die zeigen, unter welchen – von Erwachsenen gestaltbaren – Bedingungen Kinder stattdessen fröhlich und frei werden, unter welchen Bedingungen sie wahrscheinlicher lernen, hilfsbereit und höflich zu sein, oder wann sie eher eine Haltung entwickeln, verlässlich und verantwortlich an ihre Aufgaben heranzugehen. Ich möchte Sie einladen, nicht fatalistisch an die Ausweglosigkeit pubertätsbedingter Schwierigkeiten zu glauben, sondern Wege zu sehen, wie durch eigenes verändertes Verhalten auch bei den Kindern und Jugendlichen verändertes Verhalten die Folge sein kann. Und zwar solches Verhalten, mit dem sie besser gerüstet sind, in der herausfordernden Schulumwelt zu bestehen.

Ganz allgemein sind für all diese verschiedenen Ziele im Wesentlichen (nur) die gleichen zwei Voraussetzungen wichtig: Kinder benötigen 1) Führung oder Lenkung und Kinder benötigen 2) Wärme und Orientierung an ihren

Bedürfnissen. Wird beides umgesetzt, spricht man von „autorit*ativ*er" oder auch partnerschaftlicher Erziehung.

Nun ist es gar nicht so leicht, ganz konkret beides – Führung und Wärme – gleichzeitig zu beherzigen. Deshalb findet man in der Praxis häufig einen Erziehungsstil, der die eine Seite auf Kosten der anderen stärker betont: In der „autoritären" beziehungsweise strengen Erziehung wird viel Wert auf die Lenkung gelegt, dafür weniger auf Orientierung am Kind. Bei der „permissiven" oder freizügigen, erlaubenden Erziehung sind umgekehrt zwar viel Wärme und Kindzentrierung vorhanden, aber die Lenkungskomponente kommt zu kurz.

Beides hat Konsequenzen: Autoritär erzogene Kinder zeigen oberflächlich zwar angepasstes und erwünschtes Verhalten, neigen aber eher zu emotionalen Schwierigkeiten wie Angststörungen oder Depression. Permissiv erzogenen Kindern geht es dagegen emotional zunächst eher besser. Aber auch sie bezahlen einen Preis – sie bleiben deutlich unter ihren Leistungsmöglichkeiten und erlernen nicht in dem für sie selbst hilfreichen Ausmaß die notwendigen Standards von sozialem Verhalten. So wird unter anderem mittelfristig Ablehnung durch andere wahrscheinlicher, sodass es ihnen langfristig ebenfalls emotional nicht gut geht. Autoritativ erzogene Kinder, also mit einer Kombination aus Lenkung und Wärme, sind dagegen sowohl emotional stabil und sozial gut eingebettet als auch motivational in der Lage, mit schwierigen Anforderungen umgehen zu können.

Im Folgenden werde ich deshalb mehrere Prinzipien ausführen, die sich entweder der Lenkung oder der Kindzentrierung widmen, sowie einige, die diese Ideen bündeln und gleichzeitig beide Aspekte im Blick behalten und ausbalancieren. Diese Prinzipien sind aufzählend nummeriert; manchmal gehören mehrere Prinzipien zu der Darstellung eines grundlegenden Prinzips.

Prinzip 1: Mehr Augenmerk auf das Belohnen des richtigen Verhaltens richten als auf Bestrafen des falschen

Wichtig für die Lenkungskomponente ist *zunächst* ein ganz allgemeiner Gedanke der Lerntheorie beziehungsweise der Verhaltenstherapie: In der Regel wird niemand mit Fehlverhalten geboren, sondern solche Verhaltensweisen sind letztlich meist *erlernt*[1]. Und gelernt wird wiederum aufgrund der Konsequenzen, den Belohnungen oder Bestrafungen, die normalerweise auf Verhalten folgen. Bereits hieraus lassen sich verschiedene Prinzipien ableiten, die man bei der Erziehung berücksichtigen kann, damit das Fehlverhalten wieder *verlernt* und das gewünschte *gelernt* wird.

An erster Stelle steht dabei das Prinzip, dass das richtige Verhalten mehr belohnt werden sollte als das unangemessene bestraft. Oder anders gesagt: Besser *mehr loben als tadeln*. Aber warum eigentlich? Warum sind Lob und Belohnungen tatsächlich in vielerlei Hinsicht effektiver als Tadel und Bestrafungen?

Erste Antwort: Bei Bestrafungen erleben die meisten Menschen negative Gefühle – egal ob Kinder oder Jugendliche oder, was dies anbelangt, auch Erwachsene wie etwa

---

[1]Störungen und Auffälligkeiten können durchaus genetische Komponenten haben. Für den Moment reicht die Überlegung der Lerntheorie, dass Lernen ein wichtiger Bestandteil ist.

die eigenen Partner und Partnerinnen oder Mitarbeitende der eigenen Arbeitsgruppe. Man wird zum Beispiel traurig oder fühlt sich beschämt oder verletzt. Keines dieser Gefühle stellt eine gute Voraussetzung zum Lernen dar. Man *meidet* zukünftig eher solche Situationen, als dass man für das nächste Mal eine Einsicht mitnimmt.

Zweite Antwort: Bestrafungen sind nicht besonders zielgerichtet – der Person wird nur gezeigt, was sie *nicht* mehr machen soll. *Was aber genau* erwünscht ist, wird viel weniger deutlich. Das macht Lernen ebenfalls schwerer. Viel leichter ist Lernen, wenn man etwas Wünschenswertes, Angemessenes getan hat, und dies sofort quittiert wird – etwa mit einem anerkennenden Blick, der zeigt: Ich habe gesehen, was du gemacht hast, ich finde das gut. Oder mit einem einfachen Dank oder auch ausführlicheren Lob. Dann weiß man, dass dies das richtige und erwünschte Verhalten ist, und man kann *genau dieses Verhalten wiederholen.*

Das Prinzip, mehr Augenmerk auf Belohnen des richtigen statt auf Bestrafen des falschen Verhaltens zu legen, sagt also zunächst einmal: Seien Sie sensibler dafür, wenn denn das von Ihnen gewünschte Verhalten auftritt. Sehen Sie das! Nehmen Sie das wahr! Nehmen Sie das nicht als selbstverständlich! Erkennen Sie das an!

Die Idee lässt sich gut an der üblichen Hausaufgabensituation darlegen: Sie möchten, dass Ihr Kind die Aufgaben macht. Vielleicht haben Sie ihm schon seit dem frühen Nachmittag zigmal gesagt, dass es Heft und Buch heraussuchen und anfangen soll. Wenn Ihr Sohn oder ihre Tochter dann nach dem Abendessen tatsächlich mal damit beginnt, ist dies keines Lobes würdig. Schließlich macht das Kind nur endlich das, was man selbstverständlich erwarten darf! Eigentlich auch bitte mit weniger Vorlaufzeit! Alle anderen, die Geschwister, die Nachbarskinder, Cousins und Cousinen, wer auch immer, machen das schließlich doch auch! In diesem Alter werden die Kinder ihre Aufgaben doch gefälligst eigenständig hinbekommen! Man lobt also nicht. Man belohnt das Kind nicht dafür, dass es das Richtige gemacht hat. Es ist sogar wahrscheinlich, dass man herumschimpft, warum es so spät angefangen hat. *In dem Moment, in dem das Kind das Richtige macht,* bekommt es also *keine* Reaktion, die sich für das Kind wie eine *Belohnung* anfühlt, sondern vielleicht sogar *stattdessen* eine, die sich wie eine *Bestrafung* anfühlt (Schimpfen).

Vermutlich hatten Sie vorher zugestimmt, dass es trivial sei, dass man Verhalten häufiger zeigt, wenn es belohnt wird statt bestraft. Warum dann also hier das *richtige* Verhalten *bestrafen?* Es wird seltener werden!

Was können Sie also in der Hausaufgabensituation richtigerweise tun? Erhöhen Sie *im ersten Schritt* durch eigene Gestaltung der Situation die Wahrscheinlichkeit, dass das Kind nach einer Aufforderung tatsächlich das richtige Verhalten zeigt. Und das können Sie dann *im zweiten Schritt entsprechend dem hier vorgestellten Prinzip* belohnen.

Konkret könnte das also bedeuten, im ersten Schritt sehr gut zu überlegen, bei welcher Gelegenheit beziehungsweise zu welchem Zeitpunkt Sie das Kind bitten, seine Hausaufgaben zu machen. Ist das Kind noch erschöpft und ausgelaugt von der Schule und müde oder ist das Kind noch wütend, traurig, frustriert, dann erfordert es von dem Kind unendlich viel mehr Kraft, sich nun der nächsten Forderung zu stellen. Gleiches gilt, wenn das Kind gerade in eine Aktivität vertieft ist, die es liebt und die es entspannt. Mitten aus dem Spiel gerissen zu werden, erfordert ebenfalls viel mehr Kraft, zu einer neuen Aktivität zu wechseln als aus dem „Leerlauf" kommend, wenn ohnehin eine andere Aktivität abgeschlossen ist.

Sinnvoll können deshalb Routinen sein, die sicherstellen, dass nach der Schule erst einmal die körperlichen Bedürfnisse befriedigt werden können. Schön wäre, wenn man organisieren könnte, dass die Kinder tatsächlich erst einmal mit gutem, warmem Essen, mit Vitaminen und mit Ausruhen versorgt werden. Für viele wäre spätestens jetzt auch die Zeit für Bewegung gekommen. Es mag also sinnvoll sein, die Kinder oder Jugendlichen noch vor den Hausaufgaben ihren Sport machen zu lassen oder auch Musik oder welches Hobby sie auch immer haben. Wenn dann diese Aktivität, die den Bedürfnissen und Interessen der Kinder gewidmet ist, zu Ende ist, könnte routinemäßig ein Zeitfenster für die Hausaufgaben eingeführt werden.

Nun mögen manche einwenden, dass das Kind nach so vielen Extras erst recht zu erschöpft sei. Oder dass dann, wenn die ganze Familie abends zu Hause ist, doch wenigstens eine Stunde für unbeschwerte Familienzeit freigehalten werden sollte. Tatsächlich hat sich in unserer Familie das Muster etabliert, die Hausaufgaben auf den Morgen zu verlegen. Nach einem sehr frühen Frühstück folgte Zeit für Hausaufgaben und Lernen, was dann noch ausgeruht und sehr zügig vor Schulbeginn angegangen werden konnte.

Andere mögen sagen, eine feste Zeit sei viel zu unflexibel. Das trifft sicher zu für diejenigen Kinder, denen es leicht fällt, sich für Hausaufgaben zu motivieren. Für manche Kinder ist es tatsächlich kein Problem, sich selbst dazu zu bringen, mit ihren Aufgaben jederzeit und überall starten zu können. Bei solchen Kindern ändert man selbstverständlich gar nichts – wie es im Englischen heißt: „Never change a winning horse." *Nur* für die Gruppe derjenigen, für die die Hausaufgabensituation ein Problem darstellt, mag es vernünftig und hilfreich sein, für eine Übergangszeit klare Routinen aufzubauen.

Kasten 1

Routinen effektiv aufbauen

Routinen sind sehr wirkmächtig, um Verhalten ohne große Willensanstrengung hervorzurufen. Sie können beim automatischen Hineinfinden in eine richtige Arbeitshaltung helfen, beim Einschlafen oder leichteren und schnelleren Entspannen. Der Grund, warum sie funktionieren, liegt im sogenannten Klassischen Konditionieren: Wenn man immer am selben Schreibtisch arbeitet, fällt man mit der Zeit schon in eine Arbeitshaltung allein dadurch, dass man sich an diesen Tisch setzt.

Wichtig dafür ist allerdings, dass man am Anfang, in der Konditionierungsphase, *erst* an den Schreibtisch geht, wenn man bereits in der richtigen Haltung ist. Hat man vielleicht noch schlechte Laune, ist man womöglich leicht ablenkbar oder weiß man noch nicht, wie die Aufgabe eigentlich gehen soll, sollte man sich noch nicht an den Tisch setzen. Wenn man aber merkt, man ist nun ganz konzentriert und weiß genau, wie die Aufgabe Schritt für Schritt abzuarbeiten ist, setzt man sich an diesen Ort. Und sobald die Konzentration nachlässt, *verlässt* man den Schreibtisch wieder. So wird an den Schreibtisch die richtige Arbeitshaltung konditioniert.

Vergleichbar funktionieren Abendroutinen zum Einschlafen. Zum Beispiel kann man regelmäßig vorlesen. Wichtig ist nun aber, dass das Kind schon vorher durch andere Mechanismen entspannt sein sollte und bereits am Einschlafen ist. Legt man es jetzt ins Bett und liest dann vor, wird Vorlesen mit Einschlafen *gekoppelt*. Irgendwann reicht dann das Vorlesen, damit das Kind ganz schnell einschläft.

Die gleiche Logik trifft auch fürs Entspannen zu. Vielleicht kennen Sie es von Reisen: Haben Sie immer wieder an einem bestimmten Ort eine gute Zeit verbracht, reicht es, an diesem Ort anzukommen, sofort ist Ihre Stimmung von damals wieder da. Wichtig ist dann, keine andere Stimmung an diesen Ort zu tragen. Beispielsweise sollte ein gestresstes Kind an einem bislang mit Entspannung gekoppelten Ort keine schulischen Aufgaben erledigen müssen.

Prinzip 2: Praktizieren, was man predigt – als Modell beim „Regulieren" unterstützen

Nun ist Hausaufgabenmachen leider häufig nicht gerade das, was ein Kind unbedingt gerne von sich aus macht. So hilft es (nachdem die Aufforderung zu Hausaufgaben erst dann erfolgt ist, wenn durch Gestaltung der Situation sichergestellt ist, dass das Kind jetzt prinzipiell in der Lage sein könnte, sie zu machen), wenn ihm (anfangs) eine andere Person dabei hilft, seine Emotionen und motivationale Haltung zu steuern. In der Fachsprache heißt das *regulieren*. Als zweite Person kann ich dem Kind helfen, indem ich es zum Beispiel hinführe, indem ich ihm helfe, Heft und Buch herauszusuchen und an seinen Arbeitsplatz zu tragen. Ich kann unterstützen, die Aufgaben vorzustrukturieren, indem wir etwa vorbesprechen, welche Aufgabe sinnvollerweise zuerst dran sein sollte oder wie man am besten an bestimmte Aufgaben herangehen könnte. Eventuell setze ich mich anfangs sogar neben das Kind, damit es spürt, dass es damit nicht allein ist. Man sollte also *praktizieren, was man predigt!*

Konkret: Sagt man stets, Hausaufgaben und Lernen sind so wichtig, dass sie Priorität haben müssen, sollte man selbst *als Vorbild, als Modell,* diesen Hausaufgaben und dem Lernen Vorzug geben. Etwa, indem man, obwohl müde vom Arbeitstag, sich dennoch mit an die Hausaufgaben beziehungsweise das Lernen setzt – wie das Kind, das das tut, obwohl es müde vom Schultag ist! Dies ist in einem sehr netten anonymen Zitat ausgedrückt: „Diese ganze Erzieherei bringt gar nichts. Die Kinder machen einem ohnehin alles nach!"

Prinzip 3: Eigene Stimmung regulieren – zum „Anstecken"

Um das Kind gut in seine Aufgaben hineinführen zu können, sollte man außerdem an seiner *eigenen* Stimmung gearbeitet haben. Ist man selbst genervt, dass das Kind noch nicht eigenständig seine Arbeit bewältigt, sollte man noch keine Anforderung an das Kind richten. Besser ist, die Bitte auf später zu verschieben. Muss man dann tatsächlich auf den frühen Morgen ausweichen und ist man womöglich ein Morgenmuffel, lohnt es sich wahrscheinlich, etwas früher aufzustehen und erst mal einen Kaffee zu trinken, bevor man sich an die gemeinsame Arbeit macht. Jedenfalls sollte man versuchen, wenn schon nicht gut gelaunt, dann doch wenigstens sachlich-neutral und ruhig zu sein, während man das Kind in die Aufgabe hineinführt. Hiermit ist man für sein Kind Vorbild oder Modell für die gewünschte Haltung (Prinzip 2). Vor allem aber überträgt sich die durch Sie aufgebaute Stimmung auf Ihr Kind – in der Fachsprache spricht man von *emotionaler Ansteckung (emotional contagion)*. Das Kind muss dadurch weniger stark selbst an seiner eigenen Emotionsregulation arbeiten.

Zurück zu Prinzip 1: „Mehr Augenmerk auf das Belohnen des richtigen Verhaltens richten als auf Bestrafen des falschen." Dies alles – richtiger Zeitpunkt, eigene positive Stimmung, Unterstützung bei der Regulation und bei der Strukturierung – erhöht die Chance, dass das Kind es tatsächlich schafft, zu beginnen. Nun kann man schon nach relativ kurzer Zeit das Kind fröhlich anlächeln und es loben, dass es sofort angefangen hat und wie bereitwillig es mitmacht. Man *belohnt* also jetzt *das angemessene Verhalten.* Und nachdem die erste Aufgabe geschafft ist, kann man das Kind dafür loben, wie zügig und gleichzeitig sorgfältig es diese bearbeitet hat.

Vielleicht erschrecken Sie jetzt und meinen, so viel Zeit (und/oder Kraft) angesichts Ihrer Doppel- oder gar Dreifachbelastung einfach nicht zu haben. Hierzu zwei Gedanken: Erstens müssen Sie diese Arbeit nicht dauerhaft leisten. Wenn Sie die hier besprochenen Prinzipien beherzigen, erhöht sich die Chance, dass Ihr Kind bald lernen wird, die Regulationsaufgabe selbst zu übernehmen. Kinder haben, wie auch Erwachsene, ja sogar – worauf die beiden einflussreichen amerikanischen Motivationsforscher Edward L. Deci und Richard M. Ryan hinweisen – Staaten(!), ein hohes

Autonomiebedürfnis. Man will sich nicht von anderen beherrschen lassen! Die Dinge selbst machen wollen ist also ein Motiv, auf das Sie vertrauen können. Nur muss das Kind auch erst einmal selbst machen *können* – es muss wissen, wie die Aufgaben zu bewerkstelligen sind, und es muss noch grundsätzlicher wissen, wie Lernen und Hausaufgabenmachen überhaupt gehen.

Hierzu benötigt es jemanden, der es heranführt. Die „Lernen-lernen"-Workshops an Schulen sind dafür höchstens ein Tropfen auf den heißen Stein, da sie meist nur kurzzeitig an einem oder zwei Nachmittagen stattfinden. Das richtige Herangehen und die passende Arbeitshaltung muss man aber leider meistens stetiger aufbauen. Und ja, das ist Arbeit. Und ja, sogar harte Arbeit. Und ja, das geht von der eigenen Zeit und Kraft ab. Ja, so ist es. Es ist hilfreich, dies schnell zu akzeptieren. Es fällt leichter, wenn man versteht, dass dieser Aufwand nur für eine relativ kurze Zeit nötig sein wird. Denn wie schon erwähnt, wird das Kind schnell selbstständig werden wollen.

Glauben Sie dennoch – was durchaus nachvollziehbar ist –, dass neben Arbeit, Kindererziehung und Haushalt einfach nicht mehr geht? Dann kann man sich überlegen, möglicherweise lieber eine Haushaltshilfe statt Nachhilfe zu bezahlen: Für den Aufbau einer langfristigen Arbeitshaltung beim Kind mag es eben wichtiger sein, dass man praktiziert, was man predigt. Das Kind merkt, dass ein Elternteil zu der Anstrengung bereit ist, ihm bei seiner Regulationsaufgabe beizustehen. Davon lässt es sich anstecken beziehungsweise dies dient ihm als ein gutes Modell.

Emotionalen Beistand und die Unterstützung bei der Regulation können Eltern auch dann bieten, wenn sie inhaltlich wenig beisteuern können. Im Gegenteil: Manchmal mag es sogar günstig sein, wenn die Kinder nicht den Eindruck haben, da kann jemand alles besser und doziert von oben herab. Motivational bedeutsamer mag sein, dass das Kind am Modell mitbekommt, wie der Erwachsene trotz Schwierigkeiten ungenervt am Ball bleiben kann.

Das in diesem Abschnitt behandelte Prinzip heißt „Mehr Augenmerk auf Belohnen des richtigen Verhaltens richten als auf Bestrafen des falschen". Bislang habe ich vorgeschlagen, dass Sie versuchen sollten, überhaupt erst einmal Bedingungen zu schaffen, mit denen Sie sicherstellen oder wenigstens wahrscheinlicher machen, dass das richtige Verhalten auftritt, damit Sie es dann auch belohnen können. Selbstverständlich tritt richtiges Verhalten aber auch ganz spontan auf, ohne dass Sie erst etwas dafür tun müssen: Heute Nachmittag setzt sich Ihr Sohn unaufgefordert an den Schreibtisch und fängt mit den Aufgaben an. Sie mögen nun, wie schon angesprochen, denken, dass das selbstverständliche Pflicht sein sollte! Wozu also belohnen? Antwort: Weil das Kind es bislang noch nicht gelernt hatte. Warum auch immer andere das früher oder schneller gelernt haben – *er* hatte es eben noch nicht gelernt. Ihm weiterhin vorwurfsvoll vorzuhalten, dass das schließlich *seine* Aufgabe sei, dass *er* das endlich lernen müsse, dass er sich ändern müsse, bringt wenig bis nichts. Wäre es anders, könnte er es mittlerweile! Deswegen ist es erforderlich, ihn heranzuführen, und nun, zweitens, es auch zu sehen und anzuerkennen, wenn er sich spontan richtig verhält.

Um den Gedanken deutlicher zu machen, betrachten Sie ihn bitte einmal übertragen auf Ihre Partnerschaft. Finden Sie, dass sich Ihr Partner oder Ihre Partnerin zu wenig an der Betreuungsarbeit beteiligt und mehr machen sollte? Dann bringt es erfahrungsgemäß kaum etwas, ihm oder ihr das ständig vorzuhalten. Wenn Sie ihn oder sie aber heute Abend bitten, ausnahmsweise eine halbe Stunde zu opfern, um dem Sohn etwas zu erklären, dann können Sie nebenher schon etwas vorbereiten, wofür Sie im Gegenzug ihm beziehungsweise ihr eine Freude machen können und sich dafür bedanken (etwa ein besonders schönes Essen). Auch hier mögen Sie fragen: Warum bitteschön sollte ich das tun? Wer macht *mir* eine Freude, wenn ich tagein, tagaus mit meinem Sohn arbeite?! Antwort: Weil Sie wollen, dass Sie in Zukunft nicht mehr tagein, tagaus allein diejenige/derjenige sind, sondern Ihren Partner/Ihre Partnerin effektiv(er) ins Boot holen wollen!

In Kürze

Lernen Sie zu *sehen,* wenn das Kind oder der Jugendliche das gewünschte beziehungsweise angemessene Verhalten zeigt. *Erkennen* Sie dies dann ausdrücklich *an!* Und wenn das richtige Verhalten spontan noch nicht gezeigt wird, versuchen Sie günstige Situationen zu gestalten oder die Bedingungen zu schaffen, unter denen Richtiges wahrscheinlicher werden kann – und erkennen Sie dieses dann sofort wieder an.

Prinzip 4: Regeln flexibel formulieren

Möglicherweise wird es Ihnen nun aber doch zu viel: *Immer* sollen Sie der/die Vernünftige, der/die Erwachsene, der/die Verantwortliche sein! Sie sind doch auch nur ein Mensch! Stimmt. Ihnen geht es gerade wie Ihrem Sohn oder Ihrer Tochter, die sich mit Anforderungen und Regeln konfrontiert sehen, die „rigide", also ohne Ausnahmen und zwanghaft formuliert sind. Die meisten von uns haben in solchen Situationen schnell das Gefühl, keine Luft mehr zu bekommen.

Sollten Sie schon mal eine Diät gemacht oder versucht haben, mit dem Rauchen aufzuhören, dann kennen Sie das: Wenn Sie sich vornehmen, sich ganz strikt an Ihren Vorsatz zu halten und keine Ausnahme zuzulassen, dann werfen Sie nach dem ersten Ausrutscher nicht selten ganz hin. Hat ja eh nicht geklappt. Durchhalten kann man besser, wenn man von vornherein vorsieht, dass es immer wieder mal zu Durchbrechungen kommen kann. Die Regel flexibler zu formulieren, hilft also paradoxerweise, sich eher an sie halten zu können. Ein weiteres Beispiel: das Rauchen. Nachdem ich mehrere Versuche hinter mir hatte, immer mal wieder für einige Wochen nicht zu rauchen, nur um dann erneut rückfällig zu werden, versuchte ich es mit einer neuen Strategie: Ich nahm mir gar nicht vor aufzuhören! Ich nahm mir nur vor, meiner Lunge eine *möglichst lange* Pause zur Regeneration zu gönnen. Ich dürfte *jederzeit* eine Zigarette haben. Einzige Bedingung: Ich muss mich ernsthaft fragen, ob ich sie wirklich, wirklich, wirklich brauche. Bis zum dritten Ja bin ich dann nie gekommen!

Genauso ergeht es dem Sohn, der *immer* nach dem Sport die Hausaufgaben machen soll. Während Sie diese Routine erst noch aufbauen, hilft es, sie nicht allzu starr vorzugeben. Denkbar wäre etwa, zu verabreden, dass dies an vier von fünf Tagen gelten soll. Nun hat der Sohn trotz geltender Regel immer noch etwas Autonomie – er kann bestimmen, wann er sie auch einmal durchbrechen darf. Deswegen sind auch Hausaufgaben-Gutscheine eine gute Idee für Kinder, die Schwierigkeiten haben, Hausaufgaben zu machen, und Zuspätkomm-Gutscheine für Kinder, denen es schwerfällt, pünktlich zu sein. Wenn sie es anfangs dreimal geschafft haben, rechtzeitig da zu sein, sollten sie einen Gutschein bekommen, mit dem sie einmal zu spät kommen können. Interessanterweise lösen viele Kinder solche Gutscheine gar nicht ein, sondern sammeln sie wie einen Schatz – dieser verspricht potenziell ganz viel Freiheit und drückt Anerkennung aus. Und am Ende des Jahres können sie stolz sein, es allein geschafft zu haben. Sie *mussten ja* das entsprechende Verhalten *nicht* zeigen, sondern sie haben es, das zeigen die vielen nicht-eingelösten Gutscheine, ganz freiwillig selbst geschafft, sich dazu zu bringen!

Lassen Sie mich bis hierher zusammenfassen: Man sollte sensibel werden, wenn spontan das gewünschte Verhalten auftritt, und es dann belohnen. Tritt bislang spontan das gewünschte Verhalten nicht auf, dann sollte man Bedingungen schaffen, unter denen das Verhalten wahrscheinlicher wird, oder günstige Bedingungen abwarten, bevor man eine Aufforderung an das Kind richtet. Wahrscheinlicher wird das gewünschte Verhalten unter anderem, indem man als Modell fungiert und tut, was man predigt, oder indem man die Kinder „ansteckt". Ferner sollte man das angemessene Verhalten, das man von dem Kind will, nicht zwanghaft und unter allen Umständen verlangen, sondern auch etwas Luft lassen.

Prinzip 5: Richtige Alternativen aufzeigen

Wir sind immer noch nicht fertig mit dem Prinzip „Mehr Augenmerk auf das Belohnen des richtigen Verhaltens richten als auf Bestrafen des falschen". Hierzu gehört auch, für das falsche Verhalten explizit richtige Verhaltensalternativen anzubieten.

Stellen Sie sich ein Krabbelkind vor. Robbt es an die Steckdosen heran, verbieten das viele Erwachsene mit einem lauten Nein, vielleicht sogar mit einem Klapps auf die Hand. (Das ist nicht nur psychologisch falsch, sondern auch ganz klar illegal und könnte theoretisch strafrechtlich verfolgt werden!) Kommt das Kind nun erneut bei der Steckdose an, sagen sie: „So sind Kinder halt, was am meisten interessiert, ist das Verbotene!"

Kinder sind aber nicht zwingend so. Das Verbotene interessiert nur dann am meisten, wenn das Verbot falsch ausgesprochen wurde, nämlich so wie im Beispiel eben.

Dem Kind hier ist völlig unklar, warum es nicht an die Steckdose soll, und es hat den Eindruck, dass übermächtige Erwachsene ihm willkürlich etwas verbieten. Außerdem könnte es meinen, dass an seinen eigenen Ideen, seinen natürlichen Regungen, die ihm selbst richtig vorkommen, irgendetwas falsch sein soll. Das kann es nicht verstehen und es lernt nicht, seinen eigenen Impulsen vertrauen zu dürfen, zu glauben, dass es schon ein „richtiges Kind" ist, das das „Richtige" will. Ganz anders wäre es, wenn man dem Krabbelkind sagen würde: „Da kannst du leider nicht hin, das ist gefährlich." Dabei wird ein *Bedauern* ausgedrückt und es wird *begründet.* So erscheint das Verbot nicht mehr als Ausdruck einer willkürlichen Übermacht. Selbst wenn das Kind die Worte noch nicht versteht, merkt es, dass das Verbot nicht aus Spaß zu passieren scheint, um das Kind schlicht zu ärgern, sondern weil es in dieser Welt tatsächlich einen wichtigen Grund gibt. Bei Verboten sollten also immer die Motivation und Legitimation der Forderung deutlich werden.

Darüber hinaus sollte für das Kind verstehbar werden, dass nicht sein zugrunde liegendes Bedürfnis falsch war, sondern nur diese eine spezielle Umsetzung des Bedürfnisses, dieses eine konkrete Verhalten. Für den legitimen Wunsch zu „explorieren", die Umwelt zu untersuchen, gibt es vielmehr auch andere Verhaltensweisen, die erlaubt sind, die weniger gefährlich, sozial-beeinträchtigend, kostspielig oder was auch immer sind. Man sagt also dem Krabbelkind, dass es nicht an die Steckdose krabbeln darf, *weil* es gefährlich ist, „*aber* das Stuhlbein darfst du anfassen. *Aber* am Sofa darfst du dich hochziehen. *Aber* mit dem Kochlöffel darfst du spielen." Anders gesagt: „Dass du etwas Neues ausprobieren möchtest, ist super. Deine Impulse, deine Ideen, deine Neugier, deine Lust auf Spielen, alles klasse. Nur diese eine spezielle Variante, die geht aus Grund x oder y nicht. Ich zeige dir aber Alternativen." So kann das Kind viel leichter das Angemessene machen, das man dann loben kann – und entwickelt kein Interesse daran beziehungsweise verliert es, das Unangemessene zu zeigen, das man kritisieren oder bestrafen muss.

Ähnlich sieht es bei Jugendlichen aus, die in einem Konflikt mit unflätigen Schimpfworten um sich werfen oder zu prügeln anfangen. Selbstverständlich muss dies sofort unterbunden werden. Wichtig ist aber auch, sich Zeit zu nehmen und *alternatives* Verhalten zu erläutern. Zu erklären, wie der Jugendliche den Konfliktpartner ansprechen könnte, eventuell sogar im Rollenspiel das Konfliktgespräch üben und auf diese Weise vorbereiten. Oder gemeinsam nachdenken, wie er über einen strategischen Umweg zu seinem Recht gelangen könnte. Vielleicht merken Sie dabei, das schafft der Jugendliche noch nicht. Dann können Sie gemeinsam überlegen, wen er als Mittler einschalten könnte: bei wem er sich effektive Unterstützung holen kann, damit er sich nicht mit Prügeln wehren und seine legitimen Interessen durchsetzen muss.

„Mehr Augenmerk auf Belohnen des richtigen Verhaltens richten als auf Bestrafen des falschen" bedeutet also auch: Sagen Sie nicht einfach nur „nein", sondern „nein, *aber*". Zeigen Sie eine Alternative auf! Und erkennen Sie dann an, wenn diese gezeigt wurde.

Um wieder auf die Hausaufgaben beziehungsweise das Lernen für den nächsten Schultag zurück zu kommen: Wenn der Sohn unbedingt zum Fußballspielen mit seinen Freunden gehen will, kann man gemeinsam überlegen, wie er heute die Vokabeln auch *anders* als am Schreibtisch lernen kann. Man sucht also nach einer spezifischen Alternative im Verhalten, wobei das gewünschte Ziel beibehalten wird. Wie könnte eine solche flexible Alternative aussehen? Denkbar wäre etwa zu vereinbaren, dass er die Vokabeln aufs Handy sprechen soll und auf

dem Weg zum Sportplatz in der U-Bahn die Sprachauf-
zeichnung per Kopfhörer abhört. Denn schließlich kann
es Ihnen ja egal sein, wo und wie er die Vokabeln lernt
und ob er dafür auf Spaß verzichten muss oder eine effek-
tivere Lösung findet, die beides ermöglicht. Und in der
Tat wird wahrscheinlich bereits das Aufsprechen schon so
effektiv zu Lernen geführt haben, wie man das auch vom
Spickzettelschreiben kennt! Sollte das doch nicht reichen,
könnte man mit dem Sohn vereinbaren, dass er zu jeder
besonderen Spielsituation eine Vokabel aussucht, die dazu
am besten passt, zum Beispiel „patet" – steht offen, wenn
der Ball am Torwart vorbei ins Tor gerollt ist. Dieses Wort
wird er nicht mehr vergessen! Man vereinbart, dass man
abends für fünf der zehn Vokabeln solche Eselsbrücken
mit Bezug aufs Fußballspielen hören möchte. Und die
restlichen fünf gehen dann auch noch blitzschnell durch
reine Wiederholung am Frühstückstisch auswendig. Und
gut ist's!

Die Ausführungen haben deutlich gemacht, dass die
Aufforderung, mehr zu loben, nicht ganz so plump und
einfach ist, wie sich das immer anhört. Das hier vorgestellte Prinzip 1 beinhaltet, dass man *sensibel* wird *für
das richtige Verhalten* und dieses dann auch anerkennen
lernt. Das Prinzip erfordert aber auch, dass man überhaupt Bedingungen herstellt, unter denen richtiges Verhalten wahrscheinlicher wird. Und dass man in Bezug auf
das, was man als „richtiges" Verhalten bezeichnet, weniger
zwanghaft ist und Alternativen aufzeigt.

Prinzip 6: Ehrlich, authentisch und berechtigterweise loben

Ein wichtiger ergänzender Gedanke zum Prinzip 1 fehlt aber immer noch. Jeder von uns hat bestimmt mehr als einmal Lob als unehrlich, als aufgesetzt oder strategisch empfunden. Jeder kennt Leute, die andere ohne Unterschied loben, nur weil sie denken, das bringt ihnen selbst Vorteile. Und manche Kinder können das elterliche Lob nicht wertschätzen, da sie den Eindruck haben, dass ganz undifferenziert alles, was sie machen, ohnehin toll gefunden wird. Wichtig ist also immer auch, dass ein solches Lob ehrlich, authentisch und tatsächlich berechtigt ist.

Prinzip 7: Zunächst regelmäßig und sofort, später unregelmäßiger und mit Zeitverzögerung belohnen (oder bestrafen)

Nun will man als Eltern dennoch nicht ständig loben oder belohnen, vor allem nicht für Verhalten, das ohnehin selbstverständlich sein sollte. Genauso wenig möchte man ständig strafen. Das muss man aber auch nicht. Psychologen unterscheiden zwischen *Lernen* von neuem Verhalten und *Aufrechterhalten* von gelerntem Verhalten. In der Anfangsphase, der *Lernphase,* benötigen die Kinder – wie auch Partner und Partnerinnen, Mitarbeitende oder Hunde: wen auch immer man dazu bringen möchte, ein bestimmtes Verhalten zu zeigen beziehungsweise ein anderes zu unterlassen – sofort, unmittelbar und regelmäßig Konsequenzen oder Reaktionen (Prinzip 8). Fachsprachlich wird dies als *kontinuierliche Verstärkung* bezeichnet. Mit der Zeit kann man aber dazu übergehen, die Konsequenzen seltener und unregelmäßiger erfolgen beziehungsweise kleiner werden zu lassen. Der Fachausdruck hierfür ist die *intermittierende,* also mit Unterbrechungen vorgenommene Verstärkung.

Nehmen wir als Beispiel das Kind, das einen Gutschein für Zuspätkommen erhält, wenn es drei Tage lang pünktlich war. Nachdem es das erwünschte Verhalten wiederholt und zuverlässig gezeigt hat, kann man allmählich die Zahl der Tage erhöhen, für die es einen Gutschein gibt. Derart auf seltenere, unregelmäßigere oder kleinere Verstärkung zu wechseln, funktioniert auch bei einer Laborratte oder einem Hund! Bei diesen beiden kann man noch nicht einmal darüber sprechen. Das heißt, es würde beim Kind im Grunde ebenso ohne große Worte funktionieren. Leichter und besser funktioniert es aber bei Menschen, wenn man zusätzlich darüber spricht.

Sagen Sie beispielsweise dem Jungen, dass es ja jetzt schon super klappt, wie er immer an seine Hausaufgaben geht. Meint er, dass er dafür nun wirklich jedes Mal einen Hausaufgabengutschein braucht, oder könnte man es vielleicht schon mal ausprobieren, es über einen Zeitraum von drei Tagen zusammenzulegen? Und danach vielleicht gleich eine ganze Woche?

Und wenn ein Kleinkind das erste Mal eigenständig im eigenen Bettchen geschlafen hat, ohne ins elterliche Bett zu kommen, kann man es morgens tüchtig loben. Auch am nächsten Tag kann man das noch anerkennen, aber das Lob kann kleiner und seltener werden. Nach einigen Wochen kann man dann durchaus mal wieder zwischendrin spontan und unerwartet feststellen, wie super das ist, dass das Kind jetzt schon so viele Wochen so gut einschlafen kann. Irgendwann kann man dann auch der Dreijährigen gegenüber noch einmal erwähnen, wie stolz man auf sie war, dass sie mit einem Jahr so eigenständig durchschlafen konnte. Selbst die 13-Jährige freut sich vielleicht noch einmal über das unerwartete Lob. Diese intermittierende Verstärkung hilft, erlerntes Verhalten langfristiger aufrecht zu erhalten.

In Kürze

Also: Zum schnellen Aufbauen des gewünschten Verhaltens (Hausaufgaben machen oder pünktlich sein) ebenso wie zum schnellen Abbauen von unerwünschtem Verhalten (patzige Antworten, aggressive Wutausbrüche etc.) sollte man zunächst „kontinuierlich" belohnen oder bestrafen – also zeitnah und jedes Mal. Sobald das Verhalten zuverlässig aufgebaut ist beziehungsweise unterlassen wird, kann man dann, idealerweise mithilfe von erläuternden Worten, auf die intermittierende Verstärkung wechseln. Dabei können dann die Abstände immer länger und die Reaktionen immer kleiner werden.

Prinzip 8: Reagieren statt bestrafen – Prinzip der geringsten Intervention

Selbstverständlich kann man nicht immer nur ideale Bedingungen herstellen, unter denen dann das gewünschte Verhalten gezeigt wird, oder auf den Sankt-Nimmerlein-Tag warten, bis es denn tatsächlich von alleine auftritt, damit man es belohnen kann. Warten kann man vor allem dann nicht, wenn die Kinder Fehlverhalten zeigen, welches unmittelbar unterbunden werden sollte. Wenn Ihr Sohn einen anderen Jungen schlägt oder ihre Tochter schlecht über ein anderes Mädchen redet und andere so manipuliert, dass diese ebenfalls nichts mehr mit dem betreffenden Kind zu tun haben wollen, dann können Sie das nicht aussitzen und auf bessere Bedingungen hoffen. Dann sind Sie als erziehende Person gefordert, aktiv zu werden. Aktiv werden heißt aber nicht, gleich eine drakonische Strafe zu verhängen (Kasten 2). Aktiv werden kann erst einmal nur bedeuten, dem Kind zu signalisieren, ich realisiere, dass du hier etwas machst, von dem du und ich wissen, dass es nicht in Ordnung ist. Ich möchte, dass du das änderst. Ich möchte, dass du dich entschuldigst, dass du das in Ordnung bringst, dass du das wieder gut machst.

Die Idee dahinter ist: sehr schnell und früh zu reagieren. Dies sollte dann dem Prinzip der geringsten Intervention folgen, also die kleinstmögliche, kaum merkbare Reaktion darstellen. Das kann nur ein Blick sein oder ein Satz. „Das finde ich jetzt aber schade." – „Das fand ich jetzt aber unnötig." Oder so ähnlich. Erst wenn das Kind auf diese kleinen Hinweise nicht reagiert, sollten die Reaktionen größer, ausführlicher und gegebenenfalls irgendwann auch schärfer werden.

Kasten 2

„Graduelle Eskalation" oder: Wehret den Anfängen!
Die wissenschaftliche Psychologie bestätigt die Alltagspsychologie, wenn diese fordert: Wehret den Anfängen! So gibt es beispielsweise die auch in der breiteren Öffentlichkeit bekannte *broken-windows*-Theorie. Der amerikanische Sozialpsychologe Philip Zimbardo hat gezeigt, dass in einem benachteiligten Stadtviertel das Risiko für den Diebstahl eines Autoradios dramatisch steigt, wenn an einem abgestellten Auto bereits andere Zerstörungen sichtbar

sind. Die *broken-windows*-Theorie besagt deshalb, dass ungestrafte kleine Ordnungswidrigkeiten zu größeren Übergriffen einladen und deshalb frühzeitig eingegriffen und die Ordnung wieder hergestellt werden sollte.

In ganz ähnlicher Weise zeigte der amerikanische Sozialpsychologe Stanley Milgram 1961 in seinen berühmten Gehorsamkeitsexperimenten die Wirkung von *gradueller Eskalation.* Große Übergriffe werden nur möglich, wenn man sich ihnen Schritt für Schritt genähert hat. Milgram hatte seine Versuchspersonen gebeten, einem angeblich Lernenden Stromstöße zu verabreichen, wenn dieser einen Fehler macht – und zwar von Mal zu Mal um 15 V stärker. Tatsächlich waren die Lernenden Schauspieler, die selbstverständlich nicht wirklich einen elektrischen Schlag bekamen. Das wussten die Probanden allerdings nicht – und gingen mehrheitlich erschreckend weit: Sie folgten bedingungslos dem Studienleiter und versetzten letztlich sogar Stromstöße von tödlichen 450 V. Bat man sie dagegen gleich, beim allerersten Mal, um einen relativ hohen Stromstoß, etwa 150 V, weigerten sich viel mehr Versuchspersonen, dies tatsächlich auszuführen. Durch die langsame Steigerung, die graduelle Eskalation, wird die große Entscheidung bei jedem Schritt zu einer kleinen verändert. Statt sich zu fragen: „Bin ich bereit, jemanden einen nahezu tödlichen Stromstoß zu verabreichen?", fragt man sich: „Bin ich bereit, jemanden ein paar Volt mehr zu verabreichen als ich dies ohnehin schon getan habe?"

Das Experiment wurde vielfach wiederholt, unter anderem als angebliches Assessment Center und die Stromstöße wurden durch zunehmend verletzendere Beleidigungen ersetzt, oder als Casting Show, bei der die Eskalation in immer absurderen Aufgaben bestand. Das Grundmuster zeigte sich in all diesen Studien erneut.

Insgesamt unterstreicht dies, bereits bei „kleineren Vergehen" beziehungsweise unerwünschtem Verhalten gleich einzuschreiten – dies aber nach Prinzip 8: mit der geringsten Intervention.

Prinzip 9: Verhalten bestrafen, nicht die Person

Manchmal aber reicht eine einfache Reaktion nicht. Wird in Situationen wie in dem angesprochenen Gewalt-beziehungsweise Mobbingbeispiel trotz Reaktionen im Sinne der geringsten Intervention das Fehlverhalten wiederholt, muss man irgendwann stärker reagieren. Diese „Strafe" sollte aber unbedingt einem weiteren Prinzip folgen: Dem Kind sollte klar werden, dass es nicht als Person kritisiert und womöglich abgelehnt wird, sondern dass man es unterstützt, sein Verhalten in die richtigen Bahnen zu lenken: Nicht weil man das Kind nicht (mehr) liebt, greift man ein, sondern gerade weil man es liebt – weil man ihm helfen möchte, sich richtig zu verhalten und den Impuls zu falschem Verhalten zu beherrschen.

Das Prinzip „Verhalten bestrafen, nicht die Person" hat sehr viel mit der verwendeten Sprache zu tun: Nicht das Kind ist böse, sein Verhalten ist böse. Nicht das Kind nervt, sein Verhalten nervt. Nicht das Kind soll ein anderes sein, sein Verhalten soll anders sein. Und nicht das ganze Verhalten ist falsch – nicht alles, und nicht immer –, sondern nur ein bestimmter Ausschnitt davon. Dieser sollte möglichst genau und verhaltensnah benannt werden. Und was man tut, soll eben auch nicht das Kind „bestrafen", sondern ihm helfen.

Folgendes Beispiel, in welchem auch noch weitere Prinzipien wie etwa das der geringsten Intervention umgesetzt wurden, konnte ich in meinem persönlichen Umfeld beobachten: Während meiner Doktorandenzeit mussten eine Kollegin und ich ein Experiment planen. Da sie für eine Abendeinladung kochen musste und die Kinderfrau ihres dreijährigen Sohnes ausgefallen war, arbeiteten wir bei ihr zu Hause. Zunächst spielte der Sohn alleine vor sich hin, aber nach einiger Zeit kam, was wohl kommen musste: Er fuhr seiner Mutter mit dem Bobbycar gegen die Waden.

Die Reaktion war eine einzige, blitzschnelle Bewegung: die vier Töpfe von den Herdplatten runtergeschoben, Stromzufuhr ausgedreht, ein Griff nach oben und Küchenuhr geholt, mit dem freien Arm und der Uhr in der Hand Sohn gefasst, Bobbycar nach oben, wo vorher die Uhr stand, sich hingesetzt, mittlerweile weinendes Kind auf den Schoß genommen und ganz ruhig gesagt: „Ich habe dir erklärt, dass man niemandem weh tun darf. Das hat mir wehgetan. Du musst jetzt eine Minute auf dein Bobbycar verzichten. Schau, das ist eine Minute." Und sie stellte den Wecker tatsächlich auf 60 s ein. Ganz ruhig blieb sie mit dem weinenden Kind auf dem Schoß sitzen, ohne weitere Worte. Der Wecker klingelte – und alles lief im Rückwärtsgang: Kind springt vom Schoß, Küchenwecker wieder nach oben, Bobbycar herunter, Töpfe wieder auf Platten, Platten an – und Kind die nächsten eineinhalb(!) Stunden ohne weitere Störungen allein im Spiel. Dies ist ein Beispiel par excellence, wie eine Strafe ohne Liebesentzug möglich ist – im Gegenteil, wie man mit Liebe seinem Kind beistehen kann, das zu lernen, was man – manchmal eben auch etwas schmerzhaft – lernen muss. Hier wurde also wirklich das Verhalten und nicht die Person bestraft! Das Kind lernte somit, dass nicht es selbst „falsch" ist, sondern das, was es gerade gemacht hat.

Dieses Prinzip lässt sich wie alle weiteren nicht nur auf Kleinkinder anwenden, sondern auch auf Pubertierende.

Beispiel: Ein Jugendlicher wirft in einem Konflikt mit unflätigen Schimpfworten um sich und beginnt zu prügeln. Jetzt sollte man sich nun nicht selbst auch im Ton vergreifen und rufen: „Spinnst du. Du bist doch unmöglich!" Stattdessen sollte man ruhig und sachlich das Prügeln unterbinden und das Verbot verhaltensnah formulieren: „Hör' bitte sofort auf zu schlagen." Nicht *du* bist unmöglich, sondern *Handgreiflichkeiten* akzeptieren wir nicht. Und nun muss eben eine Alternative aufgezeigt werden: „Versucht euch morgen früh auszusprechen, und wenn euch das nicht gelingt, dann setzen wir uns morgen Nachmittag zu dritt hin und versuchen herauszufinden, warum der Konflikt für beide von euch so schwierig ist und wie wir ihn lösen können."

Das ist gar nicht immer so leicht, wie es sich anhört. Schließlich ist man häufig wütend und empört über das eigene Kind: Wie kann sie so etwas bringen, wie er sich so aufführen?! Vor allem aber: Wie kann er/sie *mir* das antun?! Rackere ich mich nicht die ganze Zeit für ihn/sie ab?! Ist es wirklich nötig, mir zusätzliche Schwierigkeiten zu bescheren, wenn sich Lehrkräfte oder andere Eltern bei mir beschweren? Muss er/sie wirklich aus purer Faulheit sitzen bleiben? Was das auch alles kostet! Mit so einem extra Jahr schneidet er mehr in *mein* Fleisch als in sein eigenes!

Prinzip 10: Beim Kind sein, nicht bei sich selbst

Jetzt aber sind Sie nicht mehr beim Kind, sondern bei sich. Sie sind empört, wie *Sie* behandelt werden, welche zusätzlichen, unnötigen Schwierigkeiten das Kind *Ihnen* bereitet. Wie (unnötig) anstrengend das doch alles ist! Wie kann es nur?! Antwort: Weil es Kind ist. Weil sich bislang noch niemand genügend Zeit und Kraft genommen hat, ihm zu helfen, das angemessene, erwünschte Verhalten zu lernen. Jetzt also ist die Zeit, genau das zu tun.

Wenn man beim Kind ist, dann wirkt es auch nicht mehr zynisch, wenn man dem Kind während der Strafe sogar emotional beisteht, statt die Strafe mit Liebesentzug zu verbinden, wie in der Szene mit dem Bobbycar. Dieses Beispiel ist deshalb so wichtig, da wir normalerweise Strafe und Liebesentzug *gleichsetzen*. Damit fühlt sich aber das Kind als Ganzes abgelehnt und lernt schwerer, welches spezifische Verhalten falsch war. (Abgesehen davon, dass das Kind verwirrt ist, ob Mutter/Vater/erziehende Person nun jemand ist, bei dem man Schutz vor den Widrigkeiten der Welt suchen kann, oder jemand, der selbst die Widrigkeiten der Welt erzeugt, und vor dem man sich also schützen muss!)

Übertragen wir dies nun auf die Hausaufgabensituation: Wenn man der Tochter möglicherweise den Besuch eines gesamten Geburtstages verbieten musste, schimpft man nicht noch weiter auf sie ein. Man zeigt ihr, unzynisch, dass man weiß, dass es hart für sie ist, da jetzt nicht hingehen zu können – und dass man deshalb bereit ist, sie in jeder Weise zu unterstützen, die sie jetzt braucht, um nicht völlig entnervt für die morgige Klassenarbeit zu lernen.

Prinzip 11: Versteckte Verstärkeranalyse – Belohnen und Bestrafen aus Sicht des Kindes bestimmen
Sie haben vielleicht schon zugestimmt, dass es trivial ist, zu erwarten, dass belohntes Verhalten häufiger gezeigt

wird und bestraftes seltener. Warum aber funktioniert das in der Praxis dann doch nicht immer? Warum verhalten sich Kinder trotz Belohnungen und Bestrafungen weiterhin falsch? Oder wie man das dann in der Presse lesen kann, wenn von „schwer erziehbaren" Jugendlichen die Rede ist, die von einer Einrichtung in die andere weiter gereicht werden: „Bei ihm ist *alles* versucht worden!"

Ist wirklich „alles" versucht worden? Wurde wirklich alles „richtig" gemacht? Erste wichtige Antworten wurden oben schon geliefert: Weil häufigeres Belohnen des Richtigen effektiver wäre als das Bestrafen des Falschen, gleichzeitig aber die allermeisten Menschen schneller und leichter das falsche Verhalten bestrafen als das richtige belohnen (Prinzip 1), wurde vielleicht doch nicht „alles" versucht … Wenn Sie unter dieser Perspektive beobachten, wie erziehende Personen mit als schwierig geltenden Jugendlichen umgehen, fällt Ihnen ab jetzt möglicherweise eines auf: Macht der Jugendliche doch mal etwas richtig, wird das selten gewürdigt. Und wird er bestraft, geschieht das oft so, dass sich das Kind als Person angegriffen fühlt. Es kann dies kaum als Hilfestellung begreifen, gemeinsam am richtigen Verhalten zu arbeiten.

Hinzu kommt ein weiterer Punkt – recht trickreich, aber zentral: Möglicherweise ist die Konsequenz, von der man denkt, sie sei eine Strafe, für das Kind tatsächlich eine Belohnung, und die Konsequenz, die man für eine Belohnung hält, ist für das Kind eine Bestrafung. Das einfachste Beispiel hierfür ist „Aufmerksamkeit". Kinder, die zu wenig davon erhalten, erleben es als Zuwendung, wenn mit ihnen geschimpft wird. Bekommt die Mutter einen Schimpfanfall, erhält das Kind deren volle Aufmerksamkeit. Wie unendlich traurig – und wie unendlich unklug: Das als Bestrafung Gedachte wird als Belohnung wahrgenommen. So passiert, was wir schon besprochen haben: Das falsche Verhalten wird belohnt (man hatte gedacht: bestraft) und das richtige Verhalten wird bestraft (man hatte gedacht: neutral reagiert).

Wichtig wäre stattdessen, dem Kind dann die Aufmerksamkeit zu geben, wenn es sich richtig verhält, beziehungsweise viel grundsätzlicher dem Kind erst einmal das legitime Recht zuzugestehen, Aufmerksamkeit zu benötigen. Und wenn man es schon strafen muss, eine Strafe finden, die das Kind selbst tatsächlich auch als Strafe wertet. Das ist nicht selbstverständlich sichergestellt. Wird das Kind etwa aufs Zimmer geschickt, mag es ihm gerade recht sein – womöglich hatte es ohnehin keine Lust auf die Familie. Vielleicht darf es auch nicht auf eine Party gehen … Misslich, wenn die Eltern nicht mitbekommen haben, dass die schlechte Laune und Gereiztheit der letzten Woche, auf die man nun mit Strafe reagiert, ihren Grund genau darin hatte, dass die Tochter mit Sorge auf diese Party blickt, weil die beste Freundin ihr den Freund ausgespannt hat. In solchen Fällen erspart die „Strafe" der Eltern dem Kind Erklärungsnöte vor den Freunden, warum es nicht auf die Party geht.

Um den Gedanken noch verständlicher zu machen, hier noch ein Beispiel aus der Schule: Eine Lehrkraft schickt störende Kinder zur Strafe vor die Tür – und draußen sammelt sich in kurzer Zeit ein Grüppchen cooler Mitschüler, die nicht nur dem langweiligen Unterricht entronnen sind, sondern auch noch eine kleine Privatparty feiern können. Dann wird aus der Strafe schnell eine wirkmächtige Belohnung! Umgekehrt kann das aber ebenso der Fall sein: Wenn man ein Schulkind als Belohnung für das große Engagement im Vorfeld einer Veranstaltung mit dem Auto nach Hause kutschiert, als dass es umständlich mit dem Bus fahren muss, kann auch das aus Sicht des Kindes eine Strafe sein: Es muss mit einem Erwachsenen Konversation betreiben, abgeschnitten von seinen Mitschülern und Freunden. Es ist also gleich doppelt gestraft!

Tatsächlich kann – und sollte man auch – mit den Kindern darüber reden, welche Reaktion jetzt angemessen wäre: Welche Konsequenz, besonders im Fall von „Strafen", halten *sie selbst* für richtig? Kinder verstehen intuitiv, dass keine Konsequenz bei Fehlverhalten fehlende Aufmerksamkeit für das Kind bedeutet. In einer aufschlussreichen Studie, von der ich während meines Studiums in der Vorlesung gehört habe, hat man Kindern ab Vorschulalter bis zum Erwachsenenalter Szenarien geschildert, in denen die Hauptfigur der Geschichte etwas falsch gemacht hat, etwa aus Wut ein Glas auf den Boden geworfen und es zerbrochen. Den Kindern wurden dann unterschiedliche Reaktionen der Mutter beschrieben und die Kinder sollten auf einer Skala einschätzen, wie gut sie dies jeweils fanden. Genannt wurden unter anderem eine Ohrfeige, Rasenmähen, um Geld für den Kauf eines neuen Glases zu verdienen, oder keinerlei Reaktion, also ignorieren. Erwartungsgemäß fanden die Kinder die Ohrfeige nicht gut und die Wiedergutmachungsstrafe am besten (Rasenmähen). Interessant war aber dies: Einfach nicht zu reagieren, wurde als schlechter empfunden als die durchaus als unangemessen empfundene – und wir wiederholen:

mittlerweile klar strafrechtlich verfolgbare – Ohrfeige. Nicht zu reagieren, das Kind quasi einfach Luft sein lassen, drückt maximales Desinteresse aus.

Darüber hinaus besteht ein weiteres Problem mit Belohnungen und Bestrafungen im Alltag darin, dass sie oft impulsiv erfolgen, ohne großes Nachdenken: Man bedenkt nicht mit, dass die Bestrafung manchmal *anderen* wichtigen Zielen des Kindes im Wege steht. Wenn sich allerdings die Konsequenzen nicht an den legitimen und richtigen Bedürfnissen des Kindes orientieren, können sie insgesamt mehr schaden als nutzen. Taschengeldentzug bei schlecht gemachten Hausaufgaben oder fehlender Vorbereitung der nächsten Schulaufgabe mag zwar das Kind bestrafen. Aber es spart dann am Essen, das es sich in den großen Pausen sonst kaufen würde, um für den Taschengeldausfall zu kompensieren – und sitzt wegen Hunger unkonzentriert im Unterricht. Wirklich gewonnen ist damit wenig. Umgekehrt mögen Reaktionen, die man als Belohnungen „verkauft", wirklich und eigentlich das Gegenteil sein: Wenn das Kind als Belohnung für das eigenständige Erledigen der Hausaufgaben Filmschauen darf, wird es im Grunde ein weiteres Mal alleingelassen. Bekommt es zur Belohnung etwas Süßes, wird es langfristig „vergiftet". „Darf" es als Belohnung in den gemeinsamen Urlaub mitfahren, kann dies ignorieren, dass es vielleicht lieber eine Freizeit mit Gleichaltrigen besucht hätte …

Noch ein Beispiel: Dem Sohn zur Strafe für seine erneut schlechte Note in Latein zwei Wochen seinen Sport verbieten – in der Folge ist er nicht nur unausgeglichener und unkonzentrierter, sondern er gefährdet auch seinen

Status in der Gruppe und wird darüber noch bockiger. Außerdem neigt er wegen der „stubenarrest"-bedingten fehlenden Bewegung und frischen Luft noch stärker zu leichten Infekten, sodass er nun deswegen wieder nicht in die Schule muss.

Kasten 3

Sekundärer Krankheitsgewinn

Krank zu werden könnte durchaus ein „Vorteil" sein: Man muss nicht zur Schule. Der Fachausdruck dafür ist *„sekundärer Krankheitsgewinn"*.

Beobachtet wurde das Phänomen ursprünglich an schizophrenen Patienten und Patientinnen in der Klinik. Obwohl aus medizinischer Sicht ihre Medikamente richtig eingestellt waren und sie hätten längst symptomfrei sein müssen, zeigten sie weiterhin bizarres Verhalten. Wegen dieser hartnäckigen und unerklärlichen Symptome erhielten sie extra viel Zuwendung von Ärzten und Krankenschwestern – was sie unbewusst motivierte, die Symptome aufrechtzuerhalten. Jede Mutter kennt das von Kindern, die über Bauchweh und Kopfschmerzen klagen; man lässt sie halt zu Hause im Bett. Das Kind profitiert: Es muss nicht in die Schule, in der es sich nicht wohlfühlt. Unbewusst kämpft das Kind beim nächsten Mal bei den ersten Anzeichen von Symptomen nicht dagegen an, sondern lässt sich in die Krankheit hineinfallen – es winkt ja eine wunderbare Belohnung fürs Kranksein.

Das unter Kasten 3 ausgeführte Phänomen zeigt bereits, dass man sich nicht nur auf Belohnungen und Bestrafungen verlassen, sondern immer auch schauen sollte, ob das Fehlverhalten nicht Ausdruck eines dahinterliegenden Problems ist und dieses direkt ansprechen, zum Beispiel bei Mobbing durch Mitschüler und

Mitschülerinnen oder Ungerechtigkeiten durch Lehrkräfte. In dem Beispiel mit der schlechten Note in Mathe
ist ebenfalls fraglich, ob überhaupt eine „Strafe" für angeb-
liche Faulheit die angemessene Reaktion ist. Sinnvoller
ist eigentlich fast immer, erst einmal die hartnäckigen
Schwierigkeiten zu analysieren (siehe zum Beispiel auch
Kap. 3 oder 5 zu Motivations- und Lernproblemen).

**Prinzip 12: Gleich ungleich fair: dem Kind gerecht
werden!**

Mit Prinzip 11, „Belohnungen und Bestrafungen aus Sicht
des Kindes bestimmen", geht noch ein weiterer Aspekt einher, der angesprochen werden muss: Bei dessen Umsetzen
werden die Sanktionen individualisiert. Das heißt, auf
ein und dasselbe Verhalten mögen bei zwei Geschwister-
kindern unterschiedliche Konsequenzen folgen. Ist das
nicht ungerecht?

Gegenfrage: Ist es gerecht, wenn der fünfjährige, ebenso
wie der zehnjährige, ebenso wie der 15-jährige Sohn den
gleichen Betrag Taschengeld bekommt? Oder wäre es fairer,
würde der Betrag ihren altersgemäßen Bedürfnissen gerecht?

Sehr illustrativ ist ein Beispiel einer früheren Studen-
tin von mir: Die Grundschullehrerin ihrer Tochter bat am
Anfang des Schuljahres ein mittelgroßes Kind, ihr kurz
seine Jacke zu überlassen. Dann bat sie das größte und
das kleinste Kind, in diese Jacke zu schlüpfen. Während
das eine Kind gar nicht erst reinkam, ertrank das andere
regelrecht darin. Daraufhin erklärte die Lehrerin, dass sie
nicht allen die *gleiche* Jacke geben werde, sondern *für alle
gleichermaßen* jeweils eine, in der sie es warm und trocken
hätten! Anschaulicher kann man meines Erachtens den
Individualisierungsgedanken kaum erklären.

In Kürze

Die bislang besprochenen Prinzipien basieren alle mehr oder weniger klar auf den sogenannten Lerntheorien beziehungsweise der Verhaltenstherapie. Zusammengenommen sagen sie im Wesentlichen: Achten Sie mehr darauf, wenn das richtige Verhalten auftritt, und erkennen Sie das dann an! Routinen, richtig aufgebaut, erleichtern das richtige Verhalten. Leichter wird es ebenso, wenn man praktiziert, was man predigt – also als Modell das gewünschte Verhalten vormacht, beziehungsweise durch das eigene Verhalten das Kind „ansteckt". Wichtig ist aber auch: Verlangen Sie nicht zu viel vom Kind – lassen Sie ihm Luft, seien Sie nicht zu zwanghaft und rigide. Und zeigen Sie ihm, dass seine zugrunde liegenden Bedürfnisse ok sind, nur das Verhalten ist falsch, weswegen aber Alternativen gehen würden. Seien Sie ferner bitte beim Loben authentisch und übertreiben Sie es nicht, mit der Zeit kann es durchaus heruntergefahren werden. Steigen Sie auch nicht immer gleich mit dem ganz großen Drama ein, versuchen Sie es erst mal mit der „geringsten Intervention" – dies aber sofort, auch schon bei Kleinigkeiten. Denn: Wehret den Anfängen! Allerdings: Wehret den Anfängen des Fehlverhaltens, nicht: erwehret euch des Kindes. Also seien Sie beim Kind, nicht bei sich! Das bedeutet auch: Betrachten Sie die Reaktionen mit den Augen des Kindes. Noch besser: Besprechen Sie diese mit ihm. Und werden Sie bitte jedem einzelnen Kind individuell gerecht, statt alle über einen Kamm zu scheren.

Im Folgenden wird dieser Katalog von Prinzipien etwas erweitert und zusätzlich Ansätze aus der Psychologie berücksichtigt, die eher *Beziehungsaspekte* und Gedanken, sogenannte *Kognitionen,* ins Zentrum ihrer Aufmerksamkeit gerückt haben.

Prinzip 13: Beziehung ist nicht alles, aber ohne Beziehung ist alles nichts! Unbedingte Wertschätzung, Authentizität und Empathie anbieten

Warum eigentlich sollte sich Ihr Kind an Ihre Regeln halten? Was motiviert es schlussendlich dazu? Zentral dabei ist die *Beziehung* zu Ihnen. Als soziale Wesen sind wir darauf angewiesen, ein Gegenüber zu haben, mit dem wir im Austausch stehen, um eine gesunde Persönlichkeit zu entwickeln. Dies drückte beispielsweise der Religionsphilosoph Martin Buber besonders prägnant in seinem berühmten Zitat aus: „Am Du werden wir erst zum Ich."

Diese Grundannahme steht auch im Zentrum einer einflussreichen Psychotherapieform, der sogenannten klientenzentrierten oder auch non-direktiven Gesprächstherapie von Carl Rogers (im Jargon einfach „GT"). Diese nimmt an, dass vielen Störungen ungünstige Beziehungserfahrungen zugrunde liegen und durch günstige Beziehungserfahrungen geheilt werden können. Letztere zeichnen sich durch drei Merkmale aus: unbedingte Wertschätzung, Empathie (Einfühlungsvermögen) und Authentizität (Echtheit). Hieran kann man als erziehende Person arbeiten und damit dem Kind helfen, weniger ausgeprägte Störungen zu entwickeln und weniger Fehlverhalten zu zeigen beziehungsweise umgekehrt psychisch stabiler und leichter motivierbar zu sein.

Das Merkmal „unbedingte Wertschätzung" hat Entsprechungen zu dem schon erläuterten Prinzip 9 „Verhalten bestrafen, nicht die Person". Es geht darum, das Kind ohne Wenn und Aber anzunehmen, zu akzeptieren und zu respektieren, und zwar so, wie es ist – wie mühsam es manchmal auch sein mag. Das Kind muss spüren, dass bei aller Auseinandersetzung um Fehlverhalten die Beziehung, die Liebe zum Kind, niemals zur Disposition steht. Es soll nur in seinem Interesse – was man jedenfalls nach bestem Wissen und Gewissen für sein Interesse hält – sein Verhalten verändert werden.

Das zweite wichtige Merkmal, „Empathie", bedeutet Einfühlungsvermögen, also das Kind zu kennen, es zu verstehen. Wie nachhaltig Erfahrungen von Empathie in Erinnerung bleiben können, habe ich selbst erlebt. In der Oberstufe hatte ich die mir aus bestimmten Gründen ausgesprochen wichtige Chance, mit einer Gruppe von älteren Freunden eine Kurzreise zu unternehmen. Leider wurde genau in der betreffenden Zeit ein Deutschaufsatz geschrieben. Da ich nicht einfach schwänzen wollte, redete ich mit dem Lehrer. Er schlug vor, eigens für mich bei einem Ersatztermin ein neues Aufsatzthema zu stellen. Außerdem sagte er, er würde mir ohnehin gerne ein anderes Thema geben als den anderen. Bereits dieses Entgegenkommen war natürlich alles andere als selbstverständlich und Ausdruck eines bestimmten Beziehungsangebotes – er schien, ohne dass ich je mit ihm darüber geredet hätte, ermessen zu können, *warum* diese Reise für mich so wichtig war.

Als ich dann das Aufgabenblatt aufschlug und den Text eines längst toten Schriftstellers las, ging es mir durch und durch: Da formuliert jemand glasklar das, was mich schon seit längerem beschäftigt hatte, hatte Worte für etwas gefunden, was ich nur vage gefühlt hatte. Und vor allem: Mein Lehrer kannte mich offenkundig so gut, dass er genau das wusste! Diese Erfahrung, wahrgenommen und verstanden zu werden, war für mich ein ganz besonderes, tief bereicherndes Geschenk. Ich habe diese Geschichte Freunden meiner Kinder erzählt – und ausschließlich in staunende Augen geblickt: Keiner konnte sich vorstellen, dass es solche Lehrer heute noch geben könnte! Wie schade! Es wäre schön, wenn viele Kinder immer wieder in ihrem Alltag erleben könnten, so wahrgenommen und verstanden zu werden. Und wenn das nicht die Lehrkräfte leisten (können), so doch die eigenen Eltern.

Das dritte Merkmal einer gelungenen, gesundmachenden Beziehung ist Authentizität beziehungsweise Echtheit. Dies wurde ansatzweise schon in Prinzip 6 angesprochen, wo es darum ging, authentisch zu loben. Carl Rogers geht aber noch einen Schritt weiter: Er möchte, dass man sich nicht hinter einer Rolle, hinter einer Maske, versteckt, sondern sich ehrlich verstehbar macht. Das erfordert manchmal Mut und, dass man selbst an der Veränderung des eigenen Verhaltens arbeitet. Dies ermutigt dann wiederum die Kinder, selbst an sich zu arbeiten.

Prinzip 14: Beziehung ist nicht alles, aber ohne Beziehung ist alles nichts! Eine sichere Bindung ermöglichen

Neben Carl Rogers haben sich auch viele andere Autoren zur Wichtigkeit von Beziehung geäußert beziehungsweise Ansätze formuliert. Besondere Bedeutung liegt auf der einleitend angesprochenen *Bindungstheorie*. Wenn man eine ehrliche, authentische und empathische Beziehung aufbauen möchte, lohnt es sich, die Arbeiten in diesem Feld anzuschauen.

Auch die Bindungstheorie beschreibt Verhaltensweisen und Haltungen, die man ebenso wie die bislang aufgeführten Prinzipien verstehen lernen und einüben kann. Zunächst einmal werden drei häufige Bindungsmuster unterschieden: sicher gebunden, unsicher-ambivalent gebunden und unsicher-vermeidend gebunden. In stressigen Situationen versuchen sicher gebundene Menschen erst einmal selbst, die Anforderungen zu lösen. Misslingt ihnen das, wenden sie sich zuversichtlich an ihre Bezugsperson. Unsicher-ambivalent gebundene Personen dagegen schaffen es in solchen Situationen einerseits weniger gut, sich selbst zu regulieren und eigenständig nach Lösungen zu suchen, andererseits aber auch nicht, sich effektiv Hilfe von der Bezugsperson zu holen, oder sie erleben nicht, dass diese Hilfe effektiv ist. Vermeidend-gebundene Menschen schließlich wollen sich in der Stresssituation nicht auch noch mit der Bezugsperson auseinandersetzen, da sie diese vielmehr oft als die Quelle von Stress empfunden und nicht als hilfreich erlebt haben.

Solche Bindungsmuster können Sie auf dem Spielplatz ebenso wie in der eigenen Partnerschaft oder in der Beziehung zu Ihrem Vorgesetzten beobachten. Nehmen wir zunächst das Beispiel einer Mutter und ihres kleinen Kindes. Die beiden betreten den Spielplatz. Das Kind fängt relativ unmittelbar zu spielen an, die Mutter kann sich zu den anderen Eltern setzen und beginnt, sich zu unterhalten. Plötzlich stibitzt ein kleiner Wildfang ihrem Kind ein Sandförmchen. Obwohl sie gerade mit anderen redet, wird die Mutter aufmerksam und beobachtet die Situation, erst einmal ohne einzugreifen. Das Kind versucht zunächst, die Situation selbst zu lösen. Vielleicht schlägt es vor, das Förmchen für eine gewisse Zeit gegen das Sieb zu tauschen. Wird die Situation zur Zufriedenheit aller gelöst, mischt sich die Mutter in keiner Weise ein und wendet sich wieder ihren Freundinnen zu. Kann ihr Kind das Problem allerdings nicht selbst lösen, kann sie sich nun effektiv einmischen, da sie die Situation ja im Entstehen beobachtet hat. Nun könnte Sie beispielsweise dem anderen Kind den kurzfristigen Tausch des Spielzeugs vorschlagen, woraufhin beide Kinder glücklich und zufrieden miteinander spielen.

Ganz anders sieht das Muster beim ambivalent-gebundenen Kind aus. Dieses löst sich sehr lange nicht vom Rockzipfel der Mutter. Wenn es nun endlich allein zu spielen beginnt, stellt diese deshalb ganz sicher, von ihrer Parkbank aus bestimmt nicht zu ihrem Kind hinzuschauen und sich von dem Gespräch mit den Freundinnen ablenken zu lassen – nicht, dass das Kind auf die Idee kommt, gleich wieder zu ihr gerannt zu kommen! Wird nun diesem Kind sein Förmchen entwendet, versucht es gar nicht erst selbst, die Situation aufzulösen. Es schaut hilfesuchend zur Mama, die aber hartnäckig nicht herschaut. Und so gibt es schließlich weinend auf …

Noch seltsamer erscheint auf den ersten Blick das dritte Muster: die vermeidende Bindung. Von Anfang an setzt sich das Kerlchen genau ins entgegengesetzte Eck der Mutter, bis es angegriffen wird. Nach einem schnellen Blick zur Mutter – o weh, sie hat es gesehen! – rennt es noch weiter weg. Das kann man erst verstehen, wenn die Mutter über den Platz hinweg schreit, warum zum Teufel er sich schon wieder streiten muss, wo alle anderen friedlich spielen …

Solche frühen Bindungsmuster trägt man auch in die eigene Partnerschaft. Hat man Stress im Studium oder bei der Arbeit, bittet man ganz selbstverständlich den Partner, einen doch bitte die nächsten beiden Wochen zu unterstützen und etwa die Einkäufe zu übernehmen – und er tut dies auch ebenso selbstverständlich. Dieses Paar ist sicher gebunden und hat eine sehr gute Prognose. Die ambivalent-gebundenen würden dies gerne tun, trauen sich aber nicht; während die vermeidend-gebundenen sich gegenseitig vorschlagen, sich in der nächsten Zeit aus dem Weg zu gehen, da sie ja wissen, dass sie sich in Stressphasen ohnehin nur streiten, und sie genau das nun gerade nicht gebrauchen können.

Der britische Kinderarzt, Kinderpsychiater und Psychoanalytiker John Bowlby, Begründer der Bindungstheorie, sagt, dass diese letzten beiden Reaktionsweisen durchaus angemessen sein können, wenn man denn tatsächlich in einer entsprechenden Beziehung steckt. Aber die Forschung zeigt eindeutig, dass es in Hinblick auf eine unglaubliche Bandbreite von Ergebnissen deutlich funktionaler ist, eine sichere Bindung aufzubauen – unter anderem haben die sicher gebundenen Kinder weniger schulische Probleme, sowohl leistungsbezogen als auch im Hinblick auf Mobbing. Auch später noch, als Erwachsene, sind sie gesünder, haben bessere Beziehungen und sind zufriedener in der Ehe. Selbst im Job sind sie erfolgreicher. Auch hier zeigen sich Unterschiede im Bindungsmuster. Stellen Sie sich vor, Sie hätten einen Fehler gemacht und der Chef hat sich schon ins Wochenende verabschiedet. Eine an den Chef sicher gebundene Person wird dann zunächst überlegen, ob sie das Problem eigenverantwortlich lösen kann. Wenn das nicht geht, zögert der- oder diejenige nicht, doch dem Chef Bescheid zu geben. Die vermeidend-gebundene Person dagegen sagt sich, dass sie Glück im Unglück hatte – und ein ganzes Wochenende Zeit, das Problem zu vertuschen. Die ambivalent-gebundene Person dagegen kommt gar nicht dazu, über die Lösung des Problems nachzudenken, da sie die ganze Zeit darüber grübelt, ob es wohl ok ist oder nicht, den Chef anzurufen.

Wie aber sichere Bindung herstellen? Als hilfreich hat sich angemessenes Eingehen auf die Bedürfnisse des Kindes gezeigt. Erlebt das Kind, dass es *unterstützt* wird, erlebt es die Bezugsperson leichter als sichere Basis, von der aus es in die Welt hinausziehen und diese erkunden kann. Kinder benötigen demnach nicht nur zur Lösung ihrer Aufgaben, sondern *auch, um Vertrauen lernen* zu können, die Erfahrung, dass man ihnen unter die Arme greift. Kinder bei ihren schulischen Aufgaben zu unterstützen, ist demnach nicht nur sinnvoll, damit sie bessere Noten bekommen, sondern auch für die Beziehungsgestaltung: Die Kinder erleben, nicht allein gelassen zu werden, beziehungsweise sie erleben nicht, verlassen zu sein!

Es hilft auch, sich auf den Rhythmus der Kinder einzulassen, oder wenigstens sich zu koordinieren, statt ausschließlich den eigenen Rhythmus aufzuzwängen. *Mitschwingen* ist hier das Zauberwort: Wenn das Kind schaukelt, dann ebenfalls auf der Schaukel daneben schaukeln, statt vorzuschlagen, doch mal die Rutsche auszuprobieren. Wenn das Kind ganz versunken eine Spiegelung auf einer Pfütze betrachtet, diese ebenfalls betrachten. Ähnlich kann dies bei den Hausaufgaben funktionieren: Klinken Sie sich erst in die Aktivität des Kindes mit ein und machen Sie mit, bevor Sie dann, wenn Sie sich koordiniert haben, langsam zu den Büchern hinlenken können, denen sich das Kind nun zuwenden muss. Das kann unter Umständen bedeuten, trotz Zeitdruck erst mal eine halbe Stunde über die Probleme zu reden, die das Kind gerade bewegen, um dann auf neutralere Alltagsthemen überführen zu können und von da aus ins Lernen einzutauchen. Wenn es Ihnen so gelingt, mit Ihrem Kind eine sichere Bindung aufzubauen, wird es auch dann, wenn es merkt, mit seiner Aufgabe nicht mehr weiter zu kommen, bereitwillig ihre Hilfe annehmen.

Prinzip 15: Halten Sie sich an die Regeln für Kommunikation und Feedback

Mittlerweile ist es selbst im Berufsalltag selbstverständliches Wissen, dass man konstruktive Kritik besser annehmen kann und dass potenzielle Konflikte weniger verletzend und hartnäckig sind, wenn einige grundlegende Kommunikationsregeln beherzigt sind. Nicht nur in der therapeutischen Arbeit mit Kindern und Jugendlichen ist es selbstverständlich, sich an diese Regeln zu halten, sondern auch im alltäglichen häuslichen Kontext wäre dies ausgesprochen wünschenswert.

Eine zentrale und weithin bekannte, mitnichten im Kern aber verstandene Regel ist, sogenannte Ich-Botschaften zu verwenden. Hierbei geht es nicht um die exakte Formulierung, sondern um den Gedanken dahinter. Es gilt, auszudrücken, dass einem bewusst ist, dass die eigene Wahrnehmung nie die Wahrheit ist, sondern eine subjektive Sicht der Dinge, und dass diese nicht in Stein gemeißelt ist, sondern sich durchaus auch mal ändern könnte. Wie der Philosoph Bertrand Russell so überzeugend sagte: „Ich würde nie für meine Überzeugungen sterben – sie könnten falsch sein." Diese Haltung kann man auch über Sprache vermitteln. Formulierungen wie „meinem Eindruck nach", „wie ich es erlebt habe" und ähnliches bringen dies zum Ausdruck.

Wichtig ist auch, keine ungebetenen Ratschläge zu erteilen, da diese häufig wie „Schläge" erlebt werden. Man sollte das Kind fragen, ob man ihm helfen darf, ob es hören will, was man selbst darüber denkt, wie es am besten seine Aufgaben strukturieren sollte. Sagt es dann nein, hätte es eh nicht zugehört. So kann man es am nächsten Tag noch mal fragen. Falls es dann ja sagt, wird es offener zuhören.

Eine weitere wichtige Regel ist, anfangs etwas Positives über die Person zu sagen, bevor man etwas Kritisches rückmeldet, um dann am Ende wieder mit etwas Positivem abzuschließen. Und wenn es nur ist: Danke, dass du mir fünf Minuten zugehört hast, ohne gleich einen Anfall zu bekommen.

Schließlich sollten Sie pauschale, generalisierende Aussagen vermeiden und stattdessen ganz konkret und verhaltensnah beschreiben, was Ihnen nicht passt und was Sie sich stattdessen wünschen.

Prinzip 16: Autonomie gegen Opposition!

Warum geraten Kleinkinder in eine Trotzphase, warum gehen Jugendliche in Opposition? Und kann man das ein wenig mindern, vielleicht sogar stärker reduzieren? Verschiedene Ansätze, die aus so unterschiedlichen

Teildisziplinen der Psychologie kommen wie der Sozial- oder der Motivationspsychologie, betonen, dass Opposition etwas mit Autonomie, also Selbstbestimmung, zu tun hat, und mit dem Willen, (legitime) Freiheiten und Unabhängigkeit zu erkämpfen.

Wird diese Freiheit bedroht, etwa durch ein Verbot, würde jeder von uns versuchen, die Freiheit wiederherzustellen. Ganz besonders aber würde man das versuchen, wenn erstens die Einschränkung nicht nachvollziehbar, willkürlich und/oder illegitim erscheint, und zweitens, wenn man insgesamt nur wenig Freiheiten hat. Letzteres bedeutet auch, dass ein- und dieselbe Freiheitseinschränkung für zwei Personen ganz unterschiedlich dramatisch sind: Das privilegierte Kind mit allen Freiheiten der Welt hat kein Problem damit, wenn in der Jugendherberge um 22 Uhr das Licht ausgemacht werden muss, da es sich um eine klitzekleine Einschränkung handelt in Anbetracht der Fülle von Bewegungsmöglichkeiten, die es sonst hat. Für ein Kind, das nahezu nie die Gelegenheit hat, mit anderen etwas zu machen, in dessen Leben Spaß eher ein Fremdwort ist, und das selten erlebt, dass es nach ihm geht, erscheint die Forderung, gerade jetzt, wo es ausnahmsweise mal so schön ist, aufhören zu müssen, wie eine riesengroße, absolut überdimensionierte Freiheitseinschränkung. Kein Wunder, dass sich dieses Kind mehr auflehnt, während das andere scheinbar „vernünftiger" ist. Denkbar wäre: Es ist nicht vernünftiger, nur generell freier und besser umsorgt?!

Ganz ähnlich sieht das übrigens im Trotzalter aus. Warum bocken die lieben Kleinen manchmal so sehr, dass es nur noch peinlich ist? Zwei- bis Dreijährige fangen gerade erst an zu entdecken, dass sie eigeninitiativ Verhalten zeigen können, mit dem sie etwas bewirken können. Allerdings ist ihr Repertoire noch recht klein. Wenn hieraus nun etwas willkürlich gestrichen respektive verboten wird, wird auch das als überdimensional erlebt. Wichtig ist also auch hier, erstens deutlich zu machen, dass die Einschränkung nicht willkürlich ist, und zweitens, dass man nicht insgesamt das Repertoire reduzieren möchte. Wie das Steckdosenbeispiel zeigt, lassen sich „Interesse am Verbotenen" sowie Trotz und Opposition mindern, wenn man Legitimität erläutert und Alternativen aufzeigt – also letztlich das Repertoire erweitert.

Vielleicht haben die Ausführungen bereits zu etwas mehr Verständnis und damit nachsichtigeren Reaktionen bei oppositionellem Verhalten beigetragen. Die Überlegungen kann man aber auch gut nutzen, um die Wahrscheinlichkeit oppositionellen Verhaltens selbst zu senken: Verbote sollten zum Beispiel nicht so ausgesprochen werden, dass sie eine Verhaltensalternative *wegnehmen.* Vielmehr sollte die Zielformulierung *erweiternd* erfolgen, sodass eine neue Verhaltensweise zum Repertoire dazukommen kann. Wie beim Prinzip 1 „Mehr Augenmerk auf Belohnen des richtigen Verhaltens richten als auf Bestrafen des falschen" dargestellt, sollten Sie idealerweise nicht nur blockieren, sondern zeigen Sie, was die Person stattdessen machen kann, zeigen Sie also angemessene Alternativen auf.

Um dies noch verständlicher zu machen, hier ein Beispiel – es ist, zugegeben, stereotyp, aber anschaulich: Stellen Sie sich einen Alkoholiker vor, der bei Stress auf der Arbeit entweder zum Saufen geht, zu Hause wahlweise

Frau, Kinder oder Hund schlägt oder sich depressiv in die Ecke setzt. Irgendwann stellt seine Frau ihn vor die Alternative, eine Therapie zu machen oder sie ist weg. Die Therapeutin formuliert als erstes das Therapieziel: Mit dem Schlagen von Frau und Kindern sofort aufhören, gleich als nächstes mit dem Saufen und danach ist der Hund dran. Wird das Ziel so formuliert – was bleibt dem armen Kerl? Nur noch depressiv in der Ecke sitzen. Das ist nicht besonders attraktiv!

Viel besser mitarbeiten würde dieser Klient, würde das Therapieziel erweiternd formuliert:

> Bislang kennen Sie für den Umgang mit Stress nur fünf Reaktionen, drei davon sind gesetzlich verboten und auch die vierte geht aus vielen weiteren Gründen nicht. Unser Ziel sollte deshalb sein, dass Sie hier ein Bündel von mindestens 20, wenn nicht deutlich mehr Maßnahmen lernen, mit denen Sie Stresssituationen besser bewältigen können: In einem kognitiven Baustein lernen Sie, wie Sie sich selbst durch Ihre eigenen Gedanken für Sie unangenehme und gefährliche Gefühle machen und wie Sie anders denken könnten. Sie lernen in Selbstsicherheitstrainings, sich angemessen gegenüber dem Chef und Kollegen zu behaupten. Sie lernen in einer Einheit zu Kommunikation, sich selbst so auszudrücken, dass Sie Situationen nicht unbeabsichtigt eskalieren und mehr Entgegenkommen erwarten können. In der Einheit zu Entspannungsverfahren lernen Sie, wie Sie trotz Stress gelassener werden können. Und so weiter. Zum Schluss werden Sie vielleicht 25 Reaktionsmöglichkeiten zur Hand haben und merken, dass 20 davon auch für Sie selbst leichter sind als die ursprünglichen fünf.

Wird so formuliert, kann sich der Klient leichter auf die Therapie einlassen und hat eine realistische Aussicht, trocken weiterhin mit Frau und Kindern zusammenleben zu können.

Prinzip 17: Keine leeren Versprechungen und Drohungen. Keine Karotte vor die Nase, keine Peitsche in den Nacken!
Schließlich sollte man aufpassen, nicht zu viel mit *Versprechungen* und *Drohungen* zu arbeiten. Vor allem sollten auf keinen Fall *leere* Ankündigungen erfolgen: Versprechen oder drohen Sie erst, wenn Sie sich sicher sein können, dies dann auch „durchziehen" zu können. Doch selbst wenn man weiß, die Konsequenzen auch wirklich geben zu können, erleben Kinder und Jugendliche solches Vorgehen als sehr manipulativ und ihr schon angesprochenes Autonomiebedürfnis wird verletzt.

Leider werden alle diese Prinzipien häufig sehr „technisch" umgesetzt und mit den Kindern oder Jugendlichen regelrecht Verträge abgeschlossen: Wenn du fünfmal die Hausaufgaben machst, bekommst du Vergünstigung x, bei zehnmal die Vergünstigung y, bei 20-mal z. Wie ich im Kap. 3 zeigen werde, kann dies sinnvoll sein, wenn *keinerlei* Ansatz zu jedweder Motivation vorhanden ist. Aber man sollte solche Systeme nicht überstrapazieren. Viele von uns kennen es, dass ein Kind beispielsweise zwei Euro von der Oma und dazu noch einen Euro von den Eltern bekommt, wenn es eine Eins schreibt! Aber es schreibt mitnichten beim nächsten Mal gleich wieder eine Eins! Lassen wir im Moment mal beiseite, dass es nicht immer ganz unter der Kontrolle eines Kindes steht, sich zu entscheiden, eine Eins zu schreiben, wenn es sich denn nur genug anstrengen würde (Kap. 5). Und drei Euro für eine Eins zu bekommen, mag von dem Kind als sehr *kontrollierend* wahrgenommen werden, sozusagen als ein Hinweis auf fehlendes Vertrauen.

Wichtiger als der Verlass auf solche künstlichen, technischen Systeme ist es, die hier beschriebenen Grundgedanken inhaltlich zu verstehen und anzuwenden – und sich auch nicht ausschließlich auf Belohnung und Bestrafung zu konzentrieren. Wichtig ist zu erkennen, wann sie vernünftigerweise eingesetzt werden sollen, aber eben auch wann oder wie vernünftigerweise nicht. Außerdem sollten Belohnungen und Bestrafungen niemals so angekündigt werden, dass sie als Karotte vor der Nase oder als Peitsche von hinten wahrgenommen werden, also das Autonomiegefühl verletzen (Kap. 3).

Zusammenfassend haben die Ausführungen bislang gezeigt, dass es den Kindern und Jugendlichen hilft, wenn ihnen eine warme und sichere Beziehung angeboten wird, und sie gleichzeitig angeleitet, gelenkt werden, unangemessenes Verhalten zu reduzieren und stattdessen angemessenes häufiger zu zeigen. Damit eine solch sichere Beziehung oder Bindung entsteht, bei der die Kinder bereit sind, sich leiten zu lassen, hilft es, an unbedingter Wertschätzung, Einfühlung und Echtheit zu arbeiten, sowie an den von der Bindungstheorie beschriebenen Verhaltensweisen wie Unterstützung geben oder den Rhythmus des Kindes zu respektieren, mit dem Kind mitzuschwingen, bevor man dann selbst die Führung übernehmen kann und das Kind in die gewünschte Richtung lenken. Diese Haltung kann dem Kind zusätzlich durch

Berücksichtigung der Kommunikationsregeln deutlich gemacht werden. Vor dem Hintergrund einer dadurch möglichen Beziehung wirken dann die weiteren Prinzipien, die oben ausgeführt wurden, wie Prinzip 1, „Mehr Augenmerk auf Belohnung des richtigen Verhaltens richten als auf Bestrafung des falschen", oder Prinzip 8, „Reagieren statt bestrafen: Prinzip der geringsten Intervention", besonders effizient.

Manche Eltern mögen nun einwenden, dass all diese Prinzipien vielleicht in der Erziehung von „normalen" Kindern und Jugendlichen anwendbar sein mögen, nicht aber, wenn schon Auffälligkeiten und Störungen vorliegen. Was, wenn eine ADHS (Aufmerksamkeitsstörung mit Hyperaktivität) diagnostiziert wurde? Wenn sich ein Kind partout nicht motivieren lässt? Wenn das Kind den Stoff partout nicht verstehen oder sich merken kann? Wenn es prüfungsängstlich geworden ist? Oder wenn es sich selbst verletzt, in die Essstörung oder Mediensucht abgedriftet ist? Um bei solchen Schwierigkeiten helfen zu können, sollte man in Tat zwar auch, aber *nicht nur* unmittelbar am unerwünschten oder dysfunktionalen Verhalten ansetzen und dies durch Konsequenzen zu verändern suchen. Zentral dabei ist, die möglicherweise dahinterliegenden Probleme und Schwierigkeiten genau zu analysieren und auf diese spezifisch einzugehen. Die folgenden Kapitel stellen für diese Probleme weitere Prinzipien und Hilfestellungen vor.

3

Motivationale Probleme – anspornen durch hilfreiches Denken und förderliche Emotionen

© Springer-Verlag GmbH Deutschland, ein Teil von
Springer Nature 2019
B. Schuster und A. Fahle, *Mit mehr Leichtigkeit und Freude durch
die Schulzeit*, https://doi.org/10.1007/978-3-662-57311-2_3

Was motiviert Kinder und Jugendliche dazu zu lernen? Im Kap. 2 habe ich ausgeführt, dass allein die zu erwartenden *Konsequenzen* antreiben können: Man ist motiviert, sich auf bestimmte Weise zu verhalten, weil man belohnt werden will und nicht betraft. Das gilt auch für die Motivation zu lernen; wie jedes andere Verhalten und Erleben auch wird sie von den bislang erlebten beziehungsweise erwarteten Konsequenzen mitbeeinflusst. Beim konkreten Umsetzen sollte man jedoch eine Reihe von Prinzipien beachten (Kap. 2). Zum Beispiel sollte der Fokus deutlich mehr auf dem Belohnen des Angemessenen liegen als auf Bestrafen des Unangemessenen. Und manchmal können Belohnungs- und Bestrafungssysteme sogar das Gegenteil des Gewünschten bewirken (Prinzip 17, sowie unten Prinzip 18).

So wichtig solche Konsequenzen beziehungsweise *Verstärker* auch sind, sie sind definitiv *nicht alles!* Um Kinder und Jugendliche – überhaupt Menschen – nachhaltig anzuspornen, sollte man zusätzlich den Gefühlen Beachtung schenken, die die Personen im Zusammenhang mit ihren Aufgaben erleben, sowie ihren Gedanken, Motiven und Bedürfnissen.

Prinzip 18: Spontan, sozial, leistungsrückmeldend belohnen!

Eltern oder Lehrkräfte – übrigens auch Führungskräfte in Arbeitsgruppen – versuchen gerne, die zu motivierenden Personen mit *Anreiz*-Systemen zu locken – Boni für besondere Leistungen, Mali für schlechte. So verbreitet diese Strategie ist, so unklar ist, ob sie wirklich immer das Gewünschte bewirkt (Prinzip 17). Im Gegenteil: In der Motivationspsychologie wurde das Phänomen entdeckt, dass von außen herangetragene Anreize, die eigentlich motivieren sollen, genau das Gegenteil bewirken und de-motivieren können[1].

Um das Phänomen zu illustrieren, hier zunächst eine kleine Geschichte aus dem jüdischen Volkswissen: Im Süden der USA belästigte eine Gruppe Jungen einen jüdischen Händler. Regelmäßig riefen sie vor seinem Geschäft „Dreckjude, Dreckjude". Der Händler überlegte, wie er am besten dieses geschäftsschädigende Verhalten abstellen könne. Auf die Einsicht der Jugendlichen zu setzen, erschien ihm wenig Erfolg versprechend. Also verfiel er auf folgende Strategie: Er ging hinaus und sagte den Jungen, dass er es klasse fände, wie sie sich für ihre Überzeugungen einsetzten; er wolle jedem gerne zur Belohnung einen Dollar geben. Die Jungen waren überrascht, aber ob des Dollars auch sehr erfreut. Am nächsten Tag kehrten sie rufend wieder. Der Händler kam heraus und gab jedem Zehn Cents. „Aber gestern bekamen wir doch einen Dollar!", riefen sie. Darauf der Händler: „In der Tat bin ich immer noch begeistert von eurem Engagement, aber das summiert sich zu sehr. Zehn Cents sind schließlich auch Geld!" Dem stimmten die Jungen zu und trollten sich. Am Folgetag gab der Händler jedem der rufenden Jungen einen Penny. „Vorgestern noch ein

---

[1]Fachsprachlich wird dieses Phänomen „Unterminierung intrinsischer Motivation durch extrinsische Anreize" genannt – „unterminieren" heißt unterwandern, unterlaufen, oder auch verdrängen; „intrinsisch" bedeutet von innen heraus oder „aus eigenem Antrieb". „Extrinsische Anreize" schließlich sind Versprechungen oder Drohungen, die von außen an die Person herangetragen werden.

Dollar, gestern 10 Cents – und heute sollen wir uns mit einem Penny abspeisen lassen?!" Die Jungen waren irritiert. Der Händler: Er habe ja erklärt, dass sich das summiere, und ein Penny sei doch schließlich auch Geld. Die Gang rief empört: „Du glaubst doch wohl nicht, dass wir für einen lausigen Penny ‚du Dreckjude' rufen!" Der Mann zuckte die Schultern. „Dann lasst es halt." Und genau das haben sie getan! (Kasten 4)

Wenn jemand also etwas aus eigenem Antrieb gerne macht, ist es gefährlich, zusätzlich von außen eine Belohnung als Anreiz einzuführen. Sie verdrängt die von innen kommende Motivation. Dies ist so lange noch in Ordnung, wie der äußere Anreiz groß genug bleibt. Wird die Belohnung aber irgendwann kleiner, zeigt die Person das Verhalten auch nicht mehr für den äußeren Anreiz. Im Ergebnis ist dann weder der innere, noch der äußere Anreiz groß genug und das Verhalten unterbleibt.

Genau dieses Muster kann man im Schulalltag leider nur zu häufig beobachten: Erstklässler kommen mit leuchtenden Augen in die Schule, sie freuen sich auf das neue Abenteuer, sie wollen lernen! Für die ersten Kringel gibt es Sternchen, genauso für das Ausmalen. Nach einiger Zeit aber werden die Sternchen seltener. Irgendwann sind die Kleinen nicht mehr motiviert. Warum? Als sie noch aus eigenem Antrieb lernen wollten, wurde eingeführt, dass jemand sie von außen bewertet, also belohnt. Dies verdrängt den ursprünglich inneren Antrieb. Und wenn dann die äußere Belohnung kleiner wird und die Sternchen länger ausbleiben, ist kein äußerer Anreiz da. Unter dem Strich vergeht ihnen dann ganz die Lust.

Dasselbe wiederholt sich übrigens in der 5. Klasse, der 11. Klasse und am Anfang des Studiums! Die Fünftklässler begreifen den Start in die neue weiterführende Schule zunächst als neue Chance, bevor dann wieder die gleichen Mechanismen einsetzen, und das Ganze noch einmal beim Start in die Oberstufe. Auch an der Uni fragen die Studierenden spätestens im zweiten Semester, ob denn die Folie x oder y auch tatsächlich in der Klausur drankommt.

Dies hat auch eine Serie von wissenschaftlichen Studien, angeregt von der Arbeit des einflussreichen Motivationsforschers Edward L. Deci gezeigt. In den Experimenten von Mark R. Lepper, David Greene und Richard E. Nisbett wurden drei Gruppen von Kindern im Grundschulalter in einem Raum durch einen Einwegspiegel beobachtet. Im Raum lagen Malstifte und besonderes Künstlerpapier frei herum, an dem die Kinder schon vorher im Hort Interesse gezeigt hatten. Einer Gruppe von Kindern wurde nichts Weiteres gesagt; es wurde nur beobachtet, ob beziehungsweise wie lange sie damit malen. Einer zweiten Gruppe von Kindern wurde *vorher* eine Belohnung für den Fall angekündigt, dass sie mit diesem Material malen würden; diese Belohnung bekamen sie dann auch. Der dritten Gruppe wurde am Anfang nichts gesagt, aber am Ende erhielten sie *überraschend* für das Malen eine Belohnung. Wieder zwei Wochen später wurden alle Kinder erneut in dem Raum mit demselben herumliegenden Material beobachtet. Nun zeigte sich, dass diejenigen Kinder, denen zu Beginn der letzten Sitzung eine Belohnung für das Malen *angekündigt* worden war, dieses Mal deutlich *weniger* Interesse an den Malstiften hatten. Und deutlich am *höchsten* war das

Interesse bei denjenigen Kindern, die *unerwartet* eine *Belohnung* erhalten hatten. Die angekündigte Belohnung hatte also das Interesse „unterminiert", also verdrängt, während die unerwartete Belohnung das Interesse sogar verstärkte.

Spätere Studien haben dies bestätigt. Belohnungen können vor allem dann, wenn sie 1) *angekündigt* worden waren, 2) wenn sie *materieller* Art waren (besonders wenn sie aus Geldgeschenken bestehen, wie im Kap. 2 die zwei Euro von der Oma und ein Euro von den Eltern) mehr Schaden anrichten als wenn sie *spontan* waren und eher von *sozialer* oder emotionaler Art – jedenfalls wenn sie Anerkennung ausdrücken. Gute Belohnungen, die nicht die Motivation verdrängen, sind schließlich 3) direkt eine *Rückmeldung* über die Leistung.

Ein Beispiel: Als ich als 16-Jährige einen Ferienjob in einer Landschaftsgärtnerei hatte, erhielten dort alle unter 18 Jahren 6,80 Mark pro Stunde, während 18-Jährigen und Älteren acht Mark bezahlt wurden. Der Job machte überraschend viel Spaß, das Wetter war gut, die Gruppe nett – also „haute" ich rein. Am Ende der Woche erhielt ich zu meiner Überraschung so viel Geld wie die 18-Jährigen. Als Begründung wurde mir mitgeteilt, der Chef sei so von meiner Leistung der letzten Woche beeindruckt, dass er es unfair fände, mir weniger Geld als den volljährigen Jobbern zu geben. Diese Belohnung war klar a) unerwartet. Und b) war die Belohnung zwar materiell, aber für mich standen der immaterielle Aspekt, die dadurch ausgedrückte Anerkennung deutlich im Vordergrund und damit eine besondere Art von Beziehungsangebot. Demnach war die Belohnung psychologisch eigentlich sozial. Schließlich c) stellte diese Reaktion eine sehr klare Rückmeldung über meine Leistung dar. Wie hätten Sie in der zweiten Woche gearbeitet? Motivierter, demotivierter? Hier hat selbstverständlich die Belohnung die Motivation nicht verdrängt, sondern angespornt, im Zweifel in der zweiten Woche noch besser zu arbeiten!

Diese Geschichte habe ich schon einige Male in Vorlesungen oder Fortbildungen erzählt. Interessanterweise gibt es immer wieder Personen, die ähnliches erlebt haben – und für die es ebenfalls eine extrem eindrückliche und eben auch anspornende Erfahrung war, spontan und unerwartet eine solche Anerkennung für ihre Leistung bekommen zu haben.

Was aber wäre gewesen, hätte der Chef zu Beginn der ersten Woche angekündigt, ich bekäme 6,80 Mark, könne mir aber durch extra viel Leistung acht Mark verdienen? Erstens wäre mir dann die Ungerechtigkeit aufgefallen, dass die anderen die acht Mark bereits dafür bekommen, dass sie halt schon 18 Jahre alt sind. Zweitens hätte ich den Eindruck gewonnen, man verlange von mir, mich für 1,20 Mark anzustrengen. Das ist allerdings sehr wenig dafür, ob man einfach so vor sich hin wurschtelt oder sich wirklich anstrengt. Womöglich entscheiden sich einige, die vor solch einer Wahl stehen, dann doch für Dienst nach Vorschrift! Hier demotiviert also die Ankündigung der Belohnung. Vor allem dann, wenn in den nächsten Wochen auch diese Ankündigung wegfällt. Dann ist jegliche Motivation weg.

Was heißt das alles jetzt: Soll man nun belohnen oder nicht? Falls ja, wie? Karotten sollt man nur vor die Nase hängen, wenn man von *keinerlei* Motivation ausgehen muss. Solange Kinder, Jugendliche, Mitarbeiter beziehungsweise wer auch immer, prinzipiell motiviert respektive motivierbar sind, sollte man lieber erst Bedingungen herstellen, unter denen das richtige Verhalten wahrscheinlicher wird, und dieses dann *„spontan"*, jedenfalls *unangekündigt*, belohnen (Kap. 2, Prinzip 1). Dabei muss deutlich werden, für welche konkrete, besondere Leistung diese erfolgt und dass sie eine ganz persönliche Anerkennung widerspiegelt, ein bestimmtes Beziehungsangebot.

Kasten 4

Paradoxe Intervention in der Therapie

Die Episode mit dem jüdischen Händler illustriert humorvoll, dass man Belohnungen auch *paradox* einsetzen kann, indem man auf den Unterminierungseffekt setzt. Die Grundüberlegung hinter solchen „verdrehten" Effekten (auch von Bestrafungen) greift auch eine psychotherapeutische Technik auf: die sogenannte *paradoxe Intervention.* Dem Händler in der Geschichte ging es darum, jemand dazu zu bringen, ein Verhalten zukünftig zu unterlassen. Die gleiche Strategie kann aber umgekehrt auch helfen, jemanden dazu zu bringen, etwas zu tun, was er bislang nicht konnte oder wollte. Manche Eheberater etwa nutzen dies bei Klienten, die traurig darüber sind, dass ihr Sexualleben nicht mehr so aktiv ist, wie sie sich das eigentlich wünschen. Mit ihnen wird unter einem Vorwand vereinbart, dass sie zwar in den nächsten beiden Wochen im gemeinsamen Bett schlafen dürfen und einfache Berührungen erlaubt sind, aber dass sie nicht intim werden dürften. Solche Verbote haben nur zu häufig den durchaus erwünschten Effekt, dass viele Paare dann doch nicht die erforderliche Impulskontrolle aufbringen und paradoxerweise zu der Intimität finden, die sie so lange vermisst hatten. Für diesen Effekt gibt es mehrere Erklärungen – eine davon besteht darin, dass durch das Verbot der Druck weggeht.

Prinzip 19: Erfolgsmotivation statt Misserfolgs-motivation fördern!

Richtig eingesetzt, sind Belohnungen und Bestrafungen ein zentraler Baustein für Motivation. Aber Konsequenzen sind definitiv nur ein Teil der Geschichte. In der Motivationspsychologie wurden viele weitere Aspekte betont, die auf jeden Fall zusätzlich mitbedacht werden sollten.

Eine besonders bedeutsame Überlegung hat einer der Gründerväter der Motivationspsychologie, John Atkinson, schon Mitte des letzten Jahrhunderts in die Diskussion eingebracht. Er betonte, dass manche Menschen erfolgsmotiviert sind, während andere misserfolgsmotiviert seien. Die erste Gruppe hat die *Haltung,* dass sie *Erfolg anstrebt.* Letztere Gruppe bemüht sich vor allem, *Misserfolg* zu *vermeiden.*

Seit Atkinson diese Idee vorstellte, brachte die Motivationspsychologie immer wieder überzeugende Belege, dass es für die langfristige Motivation, aber auch für höhere Effizienz – etwa für die Wahl der richtigen Lernstrategien – günstiger ist, sich am Erfolg zu orientieren, statt zu versuchen, möglichen Misserfolg zu vermeiden. Sinnvoll ist deshalb immer, Annäherungsmotivation zu fördern und Vermeidungsmotivation entgegenzuwirken.

Wenn man Kinder an Aufgaben heranführt, sollte man deshalb unterlassen zu betonen, dass das Kind möglicherweise sitzen bleiben wird oder es irgendwelche Strafen bekommt, wenn es eine schlechte Note erhält, oder ähnliches. Stattdessen sollte man positive Aspekte betonen, die bei Erfolg winken: Wie schön wäre es, wenn das Kind doch noch die Versetzung schaffen würde. Oder dass man sich nach einem Erfolg ein Wochenende Pause gönnen und guten Gewissens einen Ausflug machen könnte. Oder auch wie sehr es die Lehrkraft beeindrucken könne, wenn diese sehe, dass das Kind das eben doch kann! Dies würde eher eine Annäherungsmotivation fördern.

Diesem aus der Motivationspsychologie stammenden Prinzip zufolge ist es also wichtiger, den Fokus darauf zu legen, das Gewünschte anzustreben, als das Unerwünschte zu vermeiden. Das erinnert an Prinzip 1 aus der Lerntheorie (Kap. 2): Das Angemessene zu loben, ist effektiver, als für Unangemessenes zu strafen.

Prinzip 20: Stolz ermöglichen und Scham vermeiden!
Die Haltung und Orientierung der Eltern kann als Vorbild helfen, das Kind zur Erfolgsmotivation heranzuführen (Prinzip 16). Atkinson selbst hat betont, dass zum Aufbau beider Arten von Motivation (Erfolgsmotivation und Misserfolgsmotivation) aber vor allem eines entscheidend ist: die *Gefühle,* die Kinder beziehungsweise allgemein Personen in Leistungssituationen erleben oder erwarten zu erleben. Ganz besonders achten sollte man dabei auf *Stolz* und *Scham!* Menschen wollen Stolz erleben (können) und Scham vermeiden. *Gift* für Motivation ist es, wenn man sich häufig schämt, *Gold* für Motivation, wenn man Stolz empfinden darf. Kinder und Jugendliche sollten also immer mal wieder *stolz* sein können! Leider ermöglichen viele Lehrkräfte vielen Schülern genau dies nicht. Vielmehr stellt Schule für viele Kinder und Jugendliche einen Ort dar, an dem sie recht häufig beschämt werden. Notwendig ist dies nicht: Lehrkräfte können durch viele Maßnahmen, etwa durch richtiges Aufrufverhalten, allen

Schülern und Schülerinnen einen Platz in der Klasse verschaffen und Scham vermeiden, auch wenn selbstverständlich Schülerinnen und Schüler mit unterschiedlichem Anfangsniveau in einer Klasse aufeinandertreffen (Schuster 2013).

Wichtig ist demnach, als Eltern darauf zu achten, dass *Misserfolge* zumindest zu Hause *nicht mit Beschämung verknüpft* werden, und den Kindern zu vermitteln, dass sie wirklich stolz sein können, wenn sie dann auch (mal) einen Erfolg haben.

Prinzip 21: Sich als Verursacher von Erfolg wahrnehmen können! Prozess- statt produktorientiert betreuen: Zur Aufgabe hinführen statt die Arbeit abnehmen!

Wenn *Stolz* so wichtig ist: Was genau fördert dieses Gefühl? Sind das einfach nur Erfolgserlebnisse? Oder reichen die allein noch gar nicht aus?

Auf manche Erfolge ist man mehr stolz als auf andere. Woran liegt das? Wann macht Erfolg stolz? Und warum schämt man sich bei manchen Misserfolgen kein bisschen, bei anderen aber bis ins Mark? Laut einem weiteren Motivationspsychologen, Bernard Weiner, liegt das daran, wie man sich selbst seine Erfolge und Misserfolge *ursächlich erklärt.* Weiner verweist hier auf den Philosophen Immanuel Kant, der sagte, über ein gutes Essen könne sich jeder freuen, stolz darauf könne aber nur der Koch sein. Man müsse *sich selbst als Verursacher* des positiven Ergebnisses, *des Erfolges, ansehen,* um Stolz fühlen zu können. In gleicher Weise schämt man sich nur für etwas, von dem man glaubt, dass es mit einem selbst zu tun hat, nicht aber für etwas, was andere gemacht haben (es sei denn, man fühlt sich diesen so nahe, dass sie zum eigenen Ich, zur eigenen Identität, dazu gehören).

Laut Weiner ist es also wichtig für das Erleben von Stolz – und damit für die Motivation –, dass man denkt, *selbst* die Ursache für seine Erfolge zu sein! Erlebt das Kind, dass der Papa drei Viertel des Aufsatzes geschrieben hat, für den es endlich mal eine zwei bekommen hat, oder die Mama für Kunst die technische Ausarbeitung übernommen hat, für die es die Lehrkraft endlich mal gelobt hat, dann kann es sich zwar darüber freuen, aber nicht stolz sein – es sei denn, es sieht sich noch ungebrochen eins mit der Mutter, dem Vater.

Wichtig ist deshalb, dass die Hilfe durch die Eltern so gestaltet ist, dass sie *prozess- und nicht produkt-orientiert* ist: Man sollte dem Kind also die Arbeit nicht abnehmen, damit ein besonders gutes Ergebnis heraus-kommt. Vielmehr sollte man das Kind durch Hinweise und Hilfestellungen unterstützen, dass es die Arbeit selbst hinbekommt. Also *begleiten statt abnehmen, hinführen statt übernehmen.* Das Kind muss sich letztlich selbst als Verursacher des guten Ergebnisses sehen können! Stolz zu erleben aufgrund von internalen Zuschreibungen von Erfolg, also ursächlichen Erklärungen durch die eigene Person, ermöglicht langfristig mehr Motivation.

Prinzip 22: Vertrauen aufbauen, dass sich Anstrengung lohnt! Erfolgsmotivieren durch hilfreiche Ursachen-zuschreibungen und hohe Selbstwirksamkeits-erwartung!

Ein ganz zentrales Prinzip für Motivation besteht darin, dass Personen glauben müssen, dass es sich *lohnt, sich anzustrengen,* weil sie so Erfolg schaffen können. Wenn

Kinder und Jugendliche nicht (mehr) an Erfolg glauben, warum sich dann überhaupt noch bemühen?!

Ein erster Schritt dafür, dass Schülerinnen und Schüler nach einem Misserfolg noch weiter an Erfolg glauben können, besteht darin, ihnen motivational günstige *Ursachenerklärungen* zu vermitteln. Sie müssen glauben, dass der Grund, warum sie Misserfolg haben, *veränderbar* ist. Sobald die Kinder dagegen glauben, der Grund für ihre Schwierigkeiten würde dauerhaft bestehen bleiben – wenn „stabile Ursachenzuschreibungen für Misserfolg" erfolgen –, sind sie eher demotiviert. Glauben Schülerinnen und Schüler beispielsweise, gute Noten seien Ausdruck von Sympathie oder davon, ob die Lehrkraft meint, sie als Meinungsführer und Stimmungsmacher ernst nehmen zu müssen, und schlechte Noten seien Ausdruck von Antipathie oder wahrgenommener Bedeutungslosigkeit, wenn also die Kinder den Eindruck haben, es gehe ungerecht zu und Noten spiegeln nicht die tatsächliche Leistung wider, dann glauben sie auch nicht mehr daran, dass ihre eigene Anstrengung etwas ändern kann.

Machen die Schülerinnen und Schüler aber Ursachen für ihre schlechte Leistung beziehungsweise Misserfolg verantwortlich, die veränderbar („variabel") sind, glauben sie eher daran, dass sich Anstrengung noch lohnt. Schade ist, dass Lehrkräfte in die Randspalten von Schularbeiten häufig einfach nur „Fehler!" schreiben oder „Falsch!!!" – durchaus gerne mit drei Ausrufezeichen!!! Das deuten die Kinder dann tatsächlich eher als persönliche Rückmeldung denn als leistungsbezogenes Feedback. Selbst in den abschließenden Kommentaren unter der Arbeit finden sich häufig kaum motivational hilfreiche

Ursachenzuschreibungen für die Fehler. Das könnten aber Sie als Eltern ergänzen: Dass Sie schon auch finden, dass in der Tat in der Schulaufgabe viele Fehler enthalten waren, und der Großteil sind Vokabelfehler, die grundsätzlich einfach nicht sein müssen. Diese wären einfach zu beheben, wenn das Kind etwas mehr oder mit anderen Strategien lernen würde (Kap. 5). Man bestreitet also nicht, dass das Kind tatsächlich die von der Lehrkraft bemängelten Fehler gemacht hat, man teilt dem Kind aber eine *andere Ursachenzuschreibung* mit – eine, die nahelegt, dass der Grund für die Schwierigkeiten veränderbar ist (mangelnde Anstrengung, falsche Strategie) und dass Erfolg beim nächsten Mal dann möglich sei, wenn das Kind auf Folgendes mehr achtet …

Nicht nur die konkrete Ursachenzuschreibung in diesem Einzelfall, sondern ganz allgemein das Bild, das Kinder generell von ihren eigenen Fähigkeiten haben – in der Motivationspsychologie spricht man vom *Selbstkonzept der eigenen Begabung* – beeinflusst, wie sie mit Misserfolg umgehen. Haben die Kinder grundsätzlich ein positives Bild ihrer Fähigkeiten, das heißt, glauben sie daran, etwas zu können, dann hilft dies den Kindern, nach einem Misserfolg optimistisch zu bleiben, dass in Zukunft Erfolg möglich ist.

Eng verwandt mit dem Fähigkeitsselbstkonzept sind auch die sogenannten *Selbstwirksamkeitserwartungen.* Manche Personen vertrauen fest darauf, dass etwas, das sie anpacken, auch klappen wird. Andere sind da eher verunsichert, pessimistisch. Erwachsene kennen das aus ihrem Alltagsleben: Jemand möchte zum Beispiel versuchen, den Vermieter dazu zu bringen, ihm zu erlauben, eine Marquise anzubringen. Der eine ruft zuversichtlich an, fest darauf bauend, dass er schon in der Lage sein wird, diesen zu überzeugen. Der andere zweifelt so sehr, dass er es möglicherweise gar nicht erst versucht. Und wenn er es doch tun sollte, zeigt sich so sehr seine Unsicherheit, dass der Vermieter das Anliegen gleich abbügelt.

Damit Kinder zu einem günstigen Selbstkonzept ihrer Fähigkeiten und solchen offensichtlich wünschenswerten Selbstwirksamkeitserwartungen gelangen, ist es hilfreich, ihnen immer mal wieder *Bemeisterungserfahrungen* zu ermöglichen. Aus psychologischer Sicht ist es wirklich ein großes Versagen der Schule, dieses so essenzielle Erleben so vielen Kindern vorzuenthalten. So lange die Schule das für viele nicht leistet, können die Kinder aber wenigstens zu Hause erleben, dass sie etwas zuwege bringen – sie dürfen einen Kuchen backen und merken, dass er wirklich gut geworden ist und allen schmeckt; sie dürfen beim Renovieren helfen und merken, dass die Wand jetzt schön gleichmäßig aussieht; sie können eine Sportart wählen und dort Erfolgserlebnisse haben oder beim Musizieren. Und wenn sie lieber lesen, dann können sie sich als wirksam erleben, wenn sie merken, dass man ihnen beim Frühstück gebannt zuhört, wenn sie die Geschichte des Buches nacherzählen.

Prinzip 23: Positives Selbstkonzept ermöglichen durch Beachten von „paradoxen Effekten"

Im Kap. 2 war bereits unter Prinzip 15 aufgeführt, dass Rückmeldungen sehr bedeutend sind und Ich-Botschaften den Vorzug haben sollten. Dies ist unter anderem auch deshalb wichtig, da Du-Botschaften – anders als

Ich-Botschaften –, wie der Bielefelder Psychologe Wulf-Uwe Meyer ausgeführt hat, indirekt kommunizieren, dass man sich *über* jemanden stellt und damit den anderen „kleinmachen" kann. Für ein Kind macht es Meyer zufolge sehr wohl einen Unterschied, ob ich sage: „Du machst das gut" oder „Mir gefällt das, wie du das machst". Letzteres signalisiere mehr Augenhöhe. Ersteres, dass die bewertende Person mächtiger, fähiger sei.

In ähnlicher Weise wies Meyer darauf hin, dass Kinder *ungebetene* Hilfe so verstehen können, dass man sie für nicht besonders begabt halte. Nehmen wir wieder die Hausaufgabensituation: Hat man tatsächlich den Eindruck, das Kind bräuchte die eigene Hilfe, dann ist es günstiger, aus einer ungebetenen Hilfe *eine erbetene* zu machen: „Vielleicht gibt es einen Weg, mit dem du dich nicht ganz so schwer tun würdest. Darf ich dir kurz erklären, wie ich denke, wie man da rangehen sollte?"

„Paradox" können Rückmeldungen auf das Selbstkonzept auch bei Lob und Tadel wirken. Lob kann nämlich überraschenderweise das Fähigkeitsselbstkonzept unterminieren, also beschädigen. Dies ist beispielsweise der Fall, wenn ich die große Schwester für eine gute Note kaum lobe, die kleine aber ganz ausführlich. Die Kleine schließt daraus, dass die Eltern von ihr die gute Leistung nicht erwartet haben. Womöglich denken die Eltern, da habe sie sich aber ganz besonders angestrengt. Sie sei also insgesamt einfach nicht so schlau wie die ältere Schwester. Meyer zufolge ist es sehr wichtig, dass die indirekte Kommunikation nicht versehentlich etwas anderes vermittelt als das, was man dem Kind direkt sagt.

Prinzip 24: Erfolgsmotiviert durch mittlere Aufgaben-schwierigkeit!

Für Kinder, die (noch) keine Misserfolgsmotivation ent-wickelt haben, ist es am vorteilhaftesten, wenn sie mittel-schwere Aufgaben bearbeiten. Auch das hat mit dem Erleben von Stolz zu tun: Je schwieriger eine Aufgabe ist, desto stolzer kann man sein, wenn man sie schafft. Für Kinder, die Erfolg anstreben, weil sie Stolz erwarten, ist es daher eigentlich am besten, schwierige Aufgaben anzu-gehen. Ist eine Aufgabe allerdings *zu* schwierig, wird es weniger wahrscheinlich, dass sie sie schaffen können – und obwohl man prinzipiell stolz sein könnte, kann man es tatsächlich nicht, weil sich eben der entsprechende Erfolg nicht einstellt. Deswegen ist das Optimum, also die höchste Wahrscheinlichkeit für den meisten Stolz, bei *mittelschweren* Aufgaben gegeben. Man kann zwar nicht den maximalen Stolz erleben, diesen dafür aber mit einer realistischen Wahrscheinlichkeit. Erfolgsmotivierte Kinder suchen von sich aus solche Aufgaben beziehungsweise sind bei diesen Aufgaben am meisten motiviert.

Motivieren heißt also, erfolgsmotivierten Kindern zu ermöglichen, im *mittelschweren* Bereich zu arbeiten. In der Schule wird der Individualisierungsgedanke immer noch nicht zwingend umgesetzt, aber zu Hause kann man dar-auf achten.

Prinzip 25: Wer zu viel will, bekommt am Ende nichts: Vermeiden von zu schweren Aufgaben

Während also mittelschwere Aufgaben für erfolgs-motivierte Kinder am besten sind, sind sie dagegen für misserfolgsmotivierte Kinder motivationales Gift, zumindest anfangs. Diese Gruppe von Kindern bekommt dann nämlich Angst! Angst vor der Scham, die mit dem Misserfolg für sie einhergeht. Bei misserfolgsmotivierten Personen kann man deshalb beobachten, dass sie auf drei Weisen den mittelschweren Aufgaben ausweichen: Erstens: Ganz banal – sie büxen aus. Sie machen einfach nichts beziehungsweise, wie die Fachsprache sagt, sie *verlassen das Feld.* Wenn das nicht möglich ist, suchen sie sich so leichte Aufgaben, dass sie sicher sein können, diese zu schaffen. Damit können sie garantiert der erwarteten Scham aus dem Weg gehen. Oder sie wählen ganz besonders schwierige Aufgaben, bei denen niemand erwarten kann, dass sie diese schaffen. Bei Misserfolg brauchen sie sich entsprechend auch nicht zu schämen. Alle drei Strategien verhindern zwar tatsächlich das Risiko von Beschämung, sie führen aber dazu, dass das Kind zu wenige Lerngelegenheiten erhält und so zu wenig übt. Tatsächlich kann das Kind mit diesen Strategien seine Fähigkeiten nicht entwickeln und gerät damit in einen Teufelskreis.

Da diesen drei Strategien im Kern *Angst* zugrunde liegt, hier die Angst vor Scham, lohnt es sich, den Umweg einzuschlagen und die Kinder geduldig an ihre Aufgaben heranzuführen. Kann psychologisch nur zwischen keinen Aufgaben, zu schweren Aufgaben oder leichten Aufgaben gewählt werden, sind leichte Aufgaben das kleinste Übel. Sind dadurch Erfolgserlebnisse sichergestellt, erleben die Kinder Aufgaben, die eine Stufe schwieriger sind, mit der Zeit als leichter. Jetzt, da sie nicht mehr als mittelschwer wahrgenommen werden, kann man sich an sie herantrauen. Beginnt man dagegen gleich mit mittelschweren Aufgaben, steigen die Kinder aus!

Das Problem für diese Kinder besteht unter anderem darin, dass sich die Schule am Durchschnitt orientiert und deshalb vorwiegend durchschnittliche, also mittelschwere, Aufgaben stellt. Als begleitende Eltern kann man misserfolgsmotivierten Kindern nahelegen, zunächst dennoch mit den leichteren Aufgaben anzufangen, auch wenn das nicht die Hausaufgaben sind, um sich langsam an die anderen heranzutasten – dann mit den Erfolgserlebnissen bei den leichteren im Rücken. So werden die ursprünglich als mittelschwer wahrgenommenen schwierigeren Aufgaben nun als leicht wahrgenommen und das misserfolgsängstliche Kind kann sie jetzt angehen. Möglicherweise erklärt man diese Strategie auch der Lehrkraft des eigenen Kindes, sodass das Kind nicht eine Unmenge von Aufgaben auf einmal machen muss.

Prinzip 26: Weniger mit den Leistungen anderer und mehr mit früheren Leistungen des Kindes vergleichen!

Schulunterricht orientiert sich meist am Durchschnitt (Prinzip 20). Diese Aufgabenschwierigkeit passt jedoch nur für einen Teil der Kinder gut. Bei anderen kann dies zu Demotivation führen. Ein weiteres Problem besteht darin, dass die Kinder den sozialen Vergleich mit anderen als *den* entscheidenden Gütemaßstab verinnerlichen – es ist unbedingt wichtig, besser *als die anderen* zu sein. Eine andere Perspektive könnte aber darin liegen, dass es wichtig ist, besser als vor einer Woche, einem Monat, einem Jahr zu sein! In anderen Worten: Es ist wichtig, *Leistungsfortschritte* zu erzielen. In der Fachsprache sagt man: Günstiger ist es, sich an der *individuellen Bezugsnorm* zu orientieren, also den Vergleich zu den eigenen früheren

Leistungen vorzunehmen, statt an der *sozialen Bezugsnorm,* also den Vergleich mit anderen zu betonen.

In der Schule liegt leider die Betonung auf dem sozialen Vergleich – manchmal gibt es sogar einen eigenen Stempel unter der Klausur, um eintragen zu können, wie viele Einsen, Zweien etc. es insgesamt in der Klasse gegeben hat. Um als Eltern dazu beizutragen, dass dieser motivational ungünstige Vergleich, diese *Bezugsnorm,* weniger wichtig wird, könnte man seltener nach solchen Informationen fragen, sich eine solche Tabelle gar nicht erst anschauen. Ferner könnte man zu Hause eine eigene Tabelle anlegen, in welcher nur die Leistungen des eigenen Kindes in den verschiedenen Fächern beziehungsweise Prüfungsarten (mündliche Prüfung, schriftliche Examina beziehungsweise Klausuren) über das Schuljahr verteilt zu sehen sind. Hier sieht das Kind vielleicht, dass seine Stärken beispielsweise im Mündlichen liegen, was die Rückmeldung bei den schriftlichen Leistungen relativieren hilft. Oder es kann sehen, dass es in bestimmten Fächern Stärken hat. Eventuell hat es sich auch stetig um eine halbe Note verbessert. So mag eine solche Tabelle beitragen, die Bedeutung des sozialen Vergleiches abzuschwächen und die eigenen Stärken und Schwächen stärker herauszustellen.

Dazu trägt ebenfalls bei, zu Hause mit Vergleichen zwischen Geschwistern vorsichtig zu sein. Intuitiv verstehen das viele Eltern und kommentieren deshalb die schlechtere Mathematikleistung der jüngeren Schwester dann damit, dass sie doch *dafür* in Sprachen ganz gut sei. Aber auch ein solcher Kommentar ist ungünstig – er legt die Schwester darauf fest, nun mal in Mathematik nicht so gut zu sein. Darüber hinaus legt so etwas beiden Kindern nahe, man könne nur in einem Bereich gut sein – mathematisch *oder* sprachlich. Empirisch ist diese naiv-psychologische Annahme allerdings nicht haltbar: Kinder können sehr wohl sowohl in Mathe als auch in Sprachen gut sein – oder in beidem schlecht. Statt also resignativ zu akzeptieren, es reiche, in den Sprachen gut zu sein, könnte man bei der Schwester folgendermaßen kommentieren: Es sieht so aus, als sei dein Bruder etwas besser an Mathe herangeführt worden. Tatsächlich hatte er gleich zweimal mehr Glück mit seinen Mathelehrern als du. Also müssen wir in der nächsten Zeit versuchen, das Versäumte gezielt nachzuholen, und mit anderer Strategie lernen (Kap. 5).

Prinzip 27: Beschämung und Vermeidungsmotivation durch Zugehörigkeit reduzieren!
Wir haben also gesehen, dass für die Frage, ob ein Kind motiviert oder demotiviert ist, *entscheidend* ist, dass es *Stolz erleben* kann und *keine Angst vor Beschämung* hat. Interessanterweise unterscheiden sich Kinder darin, wie schnell und wie ausgeprägt sie sich bei einem Misserfolg schämen: An manchen scheint ein Misslingen unbeeindruckt abzuperlen, während andere sich wirklich quälen. Bei Erfolg wiederum sind manche stolz, andere nur kurz erleichtert. Wodurch unterscheiden sich diese beiden Gruppen? Eine Antwort gibt eine deutsche Studie des Psychologen Joachim Stoeber (und Mitautoren) von 2008. Sie haben gefunden, dass Kinder, die sich in der Klasse akzeptiert und wertgeschätzt fühlen, bei Misserfolgen weniger stark mit Scham reagieren beziehungsweise umgekehrt bei Erfolgen mehr Stolz empfinden!

Einen Platz in einer Gruppe gefunden zu haben, erhöht demzufolge die Chance, motivational günstigere Emotionen zu erleben, beziehungsweise senkt das Risiko, ausgeprägt motivational hinderliche Gefühle zu empfinden. Motivieren heißt deshalb auch, das Kind auch in der Aufgabe zu begleiten und zu unterstützen, seinen Platz in der Gruppe zu finden! Da Lehrkräfte hier zwar extrem viel beitragen könnten (wie in den eingangs erwähnten Büchern ausgeführt ist, an denen sich dieser Ratgeber anlehnt: Schuster 2013, Kap. 2–7; Schuster 2017, Kap. 10), dies aber häufig nicht als ihre Aufgabe betrachten, liegt auch hier Verantwortung bei den Eltern. In Kap. 6 gehe ich darauf ein, was Eltern hier machen können. Hier will ich aber schon mal festhalten, dass Eltern im familiären Kontext das Risiko von Beschämung reduzieren und die Wahrscheinlichkeit von Stolz erhöhen können, indem in der Familie selbst ganz klar ist, dass das Kind bedingungslos angenommen und wertgeschätzt wird (Prinzip 10). Vor allem wird deutlich, dass es kontraproduktiv sein kann, wenn man Kindern als Reaktion auf unmotiviertes Lernen verbietet, an einer Party teilzunehmen!

Prinzip 28: Mit Vermeidungsmotivation besser umgehen

Aber auch wenn man sämtliche bereits ausgeführten Prinzipien beherzigt, werden dennoch manche Kinder möglicherweise zumindest in einer Übergangszeit und in manchen Gebieten immer noch misserfolgs- oder vermeidungsmotiviert sein.

Einige Motivationspsychologen betonen deshalb, aus pragmatischen Gründen erst einmal zu akzeptieren, dass diese Art der Motivation vorliegt. Statt die Orientierung zu ändern, solle man sich Gedanken machen, ob man wenigstens die unerwünschten Konsequenzen dieser Haltung etwas abfedern kann. Eine solche unerwünschte Konsequenz ist beispielsweise, dass diese Kinder schneller und stärker Stress erleben. Und unter Stress bricht ihre Leistung noch stärker ein, wie die niederländische Psychologin Marieke Roskes von der Universität Utrecht in einer sehr netten Studie gezeigt hat: Jugendliche sollten ein Computerspiel spielen, in welchem einer animierten Maus geholfen werden sollte, einer Eule zu entkommen (Vermeidungsmotivation) oder zu einem Stück Käse zu gelangen (Annäherungsmotivation). Wurden die Kinder unter Druck gebracht, indem dafür jeweils zu viele Schritte gleichzeitig zu erledigen waren, waren diejenigen gestresster, die in der Vermeidungsbedingung (Eule abwehren) arbeiteten, als diejenigen in der Annäherungsbedingung (zum Käse verhelfen).

Roskes führt aus, dass demnach ein Schultag für die Vermeidungsmotivierten auslaugender sei als für diejenigen, die optimistisch und voller Selbstwirksamkeitserwartungen durch den Tag gehen können. Wenn sie aber angestrengter und ausgelaugter sind, ist es doppelt wichtig, dass sie hinreichend Pausen und Spaß bekommen. Sie benötigen regelrecht etwas Freude als Gegengewicht!

Auch aus dieser Sicht wäre es falsch gedacht, Kindern für ihre schlechte Note die nächste Party zu streichen. Vielmehr müsste man ihnen nach einer schlechten Note die Ablenkung eines netten Ausfluges oder Events schenken, damit sie aus ihrer gedrückten und gestressten Stimmung schneller herausfinden – und dann wieder effizienter lernen können, wenn man danach von ihnen verlangen muss, nach vorne zu schauen und sich an die nächsten Aufgaben zu machen.

Da dies der gängigen Praxis widerspricht, soll hier der Kerngedanke noch einmal wiederholt werden: Nach einem frustrierenden Misserfolg beziehungsweise nach einem auslaugenden Tag sollten nicht sofort Verbote und noch mehr Aufgaben hinterhergeschoben werden, sondern ablenkender Spaß als Gegengewicht eingeschoben werden – und das nicht (nur), weil man nett sein möchte, sondern schlicht und einfach, weil dies motivieren heißt!

Womöglich sehen Sie hier einen Widerspruch zu Prinzip 11, der versteckten Verstärkeranalyse aus Kap. 2: Das Kind wird hier scheinbar für schlechte Leistung mit einem Event belohnt. Dieser Widerspruch kann allerdings leicht aufgelöst werden durch die Art und Weise, wie man mit dem Kind über die Reaktion spricht. Man sollte den Ausflug ausdrücklich als das benennen, was es ist – eine effektive Strategie, negative Gefühle erst einmal durch Ablenkung zu regulieren, bis wieder genügend Kraft für eine andere Form der Emotionsregulation getankt ist.

Prinzip 29: Auf Bedürfnisse des Kindes achten

Es hört sich banal an: Kinder brauchen Essen, Trinken und Schlaf. Erst, wenn diese elementaren Bedürfnisse angemessen befriedigt sind, können sie sich dem durchaus in ihnen angelegten Bedürfnis nach Anregung (Stimulation), Denken (intellektueller Betätigung) und Lernen (Wissenserwerb) nachgehen. Diese Grundvoraussetzung für Leistungsmotivation bleibt jedoch viel zu häufig unberücksichtigt. Motivieren kann also auch bedeuten: einen frisch gepressten Saft zu trinken geben, warmes Mittagessen auf den Tisch bringen (Kasten 5), genügend Zeit für Hausaufgaben einplanen und gegebenenfalls die Nachmittagsaktivitäten abkürzen, sodass das Zeitfenster für die Hausaufgaben nicht von der Schlafensdauer abgehen muss.

Kasten 5

Was warmes Essen bedeutet
Ist eine belegte Semmel gleich gut wie ein Teller Nudeln? Ist es egal, ob Kinder Kalorien in Form von kaltem Essen oder warmem Essen zu sich nehmen? Schon die Alltagsbeobachtung zeigt, dass dies zumindest für manche Kinder einen großen Unterschied macht und warmes Essen nachhaltiger neue Kraft liefert. Diese Beobachtung passt zu einer These des britischen Anthropologen Richard Wrangham. Ihm zufolge stellt die Entdeckung von gekochtem Essen einen zentralen evolutionären Meilenstein dar. Da sich Wrangham zufolge aus gekochtem Essen schneller und mehr Energie gewinnen lässt, gewannen unsere Vorfahren – wie wir heute auch noch – Zeit. Zeit, die dann statt für eine erneute Nahrungssuche für die Entwicklung von Fähigkeiten und Kulturtechniken genutzt werden konnte beziehungsweise immer noch kann.

Weniger elementar, aber ebenso Voraussetzung für Leistungsmotivation sind weitere grundlegende Bedürfnisse, besonders, sich wertgeschätzt und zugehörig zu fühlen, aber auch autonom sein zu können. Die Erfüllung dessen mindert nicht nur Trotzverhalten (zum Beispiel

Prinzip 13), sondern ist auch wichtig für Motivation. In einer sehr aufschlussreichen Studie von E. A. Patall und Kollegen zur Wirkung von Wahlmöglichkeiten im Klassenzimmer hat man beispielsweise der Hälfte der Schüler einer Klasse einen Monat lang freigestellt, welche konkreten Aufgaben aus einem größeren Pool sie als Hausaufgaben machen – festgelegt war nur die Zahl der Aufgaben. Die andere Hälfte der Kinder mussten dann genau diejenigen Aufgaben machen, die die andere Hälfte gewählt hatte. Am Ende des Monats gab es einen Leistungstest. Im nächsten Monat wurde das Ganze umgedreht. Nun durfte die zweite Gruppe entscheiden, welche Aufgaben als Hausaufgaben ausgewählt wurden. Die Forscher verglichen nicht nur, wer vollständiger und besser seine Hausaufgaben erledigte, sondern auch, welche Leistung in den beiden Tests erzielt wurde. Ergebnis: Wer die Wahl hatte, hatte die Hausaufgaben gewissenhafter gemacht und in dem entsprechenden Test bessere Leistungsergebnisse. So einfach kann es sein! Man kann das Bedürfnis nach Autonomie befriedigen, indem man zwar festlegt, dass fünf Aufgaben zur Übung zu erledigen sind. Welche das dann aber sind, steht den Kindern frei. Wenn ich als Elternteil möchte, dass mein Kind Ei essen soll, dann frage ich es, ob es Spiegelei oder Rührei will. Egal, was es wählt – es wird Ei essen! Egal, welche konkrete Nummer aus dem Buch es wählt: Es wird diesen Matheschritt üben!

Rücksicht auf das Bedürfnis nach Autonomie zu nehmen, hilft demnach nicht nur in Bezug auf oppositionelles Verhalten (Prinzip 13), sondern auch in Hinblick auf Motivation!

Prinzip 30: Weg von Leistungszielen, hin zu Lernzielen

Lange Zeit haben Wissenschaftler geglaubt, Intelligenz sei im Wesentlichen erblich bedingt und kaum veränderbar. Von dieser Theorie sind auch viele Alltagspsychologen überzeugt. Wie in Kap. 1 angesprochen, haben sich in der Psychologie in verschiedenen Forschungsgebieten Befunde angesammelt, die alle diese Theorie infrage stellen oder zumindest nahelegen, diese Aussagen deutlich abzuschwächen. In der Pädagogischen Psychologie gilt es mittlerweile als anerkannt, dass mit zunehmendem Alter angesammeltes Vorwissen eine mindestens genauso große, wenn nicht gar bedeutsamere Rolle spielt als die allgemeine Intelligenz. Anders gesagt: Wer ohnehin schon viel weiß, lernt auch Neues schneller, effizienter und nachhaltiger. Wer schon vier Sprachen beherrscht, für den ist die fünfte Sprache leichter als dieselbe Sprache für jemanden, für den dies die erste Fremdsprache ist und der keine Querverbindungen herstellen kann. Wer schon Experte in vielen Brettspielen ist, kann schneller die Logik eines weiteren Brettspiels durchschauen und den Mitspieler austricksen als jemand, der noch nie ein solches Spiel beobachtet hat – auch wenn letzterer eigentlich „intelligenter" ist. Und wer schon viele Sportarten souverän beherrscht, lernt ebenfalls schneller und auf höherem Niveau einen neuen Sport als jemand ohne all diese Erfahrung.

Leider haben immer noch viele Alltagspsychologen die alte „naive"[2] Theorie von Intelligenz. Und das hat

---

[2]In der Fachsprache spricht man von „naiven" Theorien, wenn diese von wissenschaftlich geprüften Theorien abgegrenzt werden sollen. „Naive Theorien" ist damit ein Begriff für Alltagstheorien.

Auswirkungen, worauf unter anderem die US-Psychologin Carol Dweck hingewiesen hat. In der Pädagogischen Psychologie haben viele Studien gezeigt, dass Personen, die in diesem Sinn glauben, Intelligenz sei angeboren und unveränderlich, zu ungünstigeren Ursachenzuschreibungen neigen (Prinzip 18), in Anbetracht von Schwierigkeiten weniger ausdauernd und hartnäckig an ihren Aufgaben bleiben, ungünstigere Lernstrategien verwenden und schlussendlich weniger Leistung zeigen.

Vor allem aber geht es Personen mit einer naiven Theorie von Intelligenz als etwas Angeborenem, Nicht-Veränderbarem beim Lernen weniger darum, den Stoff wirklich verstehen und durchdringen zu wollen, sondern mehr darum zu zeigen, dass sie es können, beziehungsweise darum zu verhindern, dass andere sehen, dass sie es nicht können. Sie haben eine sogenannte *Leistungszielorientierung.* Langfristig lernt man aber mehr und nachhaltiger, wenn man das Ziel hat, den Stoff zu verstehen. Bei dieser Orientierung spricht man von einer *Lernzielorientierung.* Forscher wie der neuseeländische Pädagogische Psychologe John Hattie weisen darauf hin, dass man aber auch nicht zu sehr in Schwarz-Weiß denken solle. Manchmal könne die „verteufelte" Leistungszielorientierung auch angemessen sein. Schwierig sei jedoch, wenn man *nur* diese hat. Da die Leistungszielorientierung im Schulsystem ohnehin stark betont ist, bleibt als Fazit demnach dennoch, dass es hilfreich ist, mehr Lernzielorientierung statt Leistungszielorientierung anzustreben.

Dies kann man erreichen, indem man selbst die eigene Orientierung hinterfragt und sich fragt, was man eigentlich bei seinen Nachbarn, Freunden, Partnern mehr schätzt: wenn man weiß, dass sie im Zeugnis in einem bestimmten Fach eine Eins haben, oder wenn man weiß, dass man jederzeit zu ihnen gehen kann, wenn es darum geht, ein bestimmtes Problem zu lösen? Man also weiß, dass sie da kompetent sind und einem effizient weiterhelfen können. Selbstverständlich geht es schlussendlich um Letzteres.

Diese Haltung kann man Kindern vorleben und auch entsprechend formulieren. Besonders leicht findet man aber in die Haltung der Lern- statt Leistungszielorientierung, wenn man zu einer „naiven" Intelligenztheorie findet: Sehen Sie Intelligenz weniger als angeboren und nehmen Sie sie mehr veränderlich wahr als vielleicht bisher angenommen. Wie Sie das schaffen können, wird in Prinzip 31 ausgeführt.

Prinzip 31: Neue Theorien über Intelligenz entwickeln

Am leichtesten kann man zu einer neuen „naiven" Theorie von Intelligenz finden, wenn man klassische sowie auch neuere Studien betrachtet, in denen Forscher bewirken konnten, dass die Intelligenztestwerte der teilnehmenden Personen höher wurden oder auch niedriger. Die Studien zeigen demnach, dass Intelligenz – im Guten wie im Schlechten – also sehr wohl von außen beeinflussbar war!

Von der ersten Studie mögen viele schon gehört haben, zumindest vom Namen des damit gezeigten Phänomens: nämlich die Arbeiten zur „sich-selbst-erfüllenden Prophezeiung", auch bekannt als „Pygmalioneffekt". Wenig bekannt ist allerdings, *wie* es dazu gekommen ist. Die Forscher der Arbeitsgruppe um den deutsch-amerikanischen Psychologen Robert Rosenthal legten in die Unterlagen, die Grundschullehrer am Anfang des Schuljahres über jedes einzelne Kind erhalten, pro Klasse bei einem oder zwei zufällig ausgelosten Schülern Material hinein, das nahelegte, das jeweilige Kind sei eigentlich deutlich intelligenter, als es derzeit scheine, und man könne eigentlich bessere Leistungen von ihm erwarten als es bisher gezeigt hatte. Sowohl zu Beginn als auch am Ende des Jahres bearbeiteten alle Kinder Intelligenztests und die Noten wurden das ganze Jahr über gesammelt. Darüber hinaus beobachteten die Forscher den Unterricht.

Was war der dramatische Befund? Die beiden rein zufällig ausgewählten Kinder, von denen vorher gesagt wurde, ihnen sei mehr zuzutrauen, hatten am Ende des Jahres nicht nur bessere Schulnoten. Auch ihre Intelligenztestwerte lagen höher! Der angeblich nicht veränderbare IQ hatte sich nach oben entwickelt! Wie das?! Die Antwort: Durch die hohen Erwartungen hatten sich die Lehrkräfte anders *verhalten* (Kasten 6). Die Forscher hoben besonders vier Bereiche hervor.

Als Erstes: Die Lehrkräfte behandelten diese Kinder schlicht netter, *wärmer,* aufmerksamer! Beispiele hierfür sind, das Kind anzulächeln, es mit seinem Namen anzusprechen, es zu grüßen – keine Hexerei, eigentlich nur relativ selbstverständliches, höfliches Verhalten! Aber welche Eltern und Kinder hätte in der Schule noch nicht das Gefühl beschlichen, dass manche Lehrkräfte manche Kinder bevorzugen und andere links liegen lassen? Das fühlt sich für die letztere Gruppe nicht nur schlecht an, sondern reduziert regelrecht Lebenschancen! Man kann sich den Mund nicht „fusselig" genug reden, die Lehrkräfte dafür zu gewinnen, gerechter mit ihren Schülerinnen und Schülern umzugehen. Solange das aber nicht in deren Fokus steht, kann man sich als Eltern wenigstens bemühen, den gleichen Fehler nicht zu Hause zu wiederholen und etwa den großen Bruder mit größerer Aufmerksamkeit und Zuneigung zu behandeln als die kleinere Schwester oder umgekehrt. Das Prinzip 7 kann jeder zu Hause selbst umsetzen.

Die zweite Gruppe von Verhaltensweisen, die den Kindern mit angeblichem Potenzial entgegengebracht wurde, war, dass sie *häufiger aufgerufen* wurden! Auch diese Klage werden wohl viele Eltern kennen: Warum solle das eigene Kind überhaupt noch in der Schule aufpassen, wenn ohnehin nur immer wieder Lukas oder Marie aufgerufen würden. Das eigene Kind habe dagegen nur eine Chance, wenn sich die Lehrkraft sicher sein könne, es sei gerade unaufmerksam gewesen und könne es ohnehin nicht ... Und damit haben Sie und Ihr Kind wahrscheinlich recht. Lehrkräfte konzentrieren sich oft auf eine Untergruppe von Kindern, was sie beispielsweise in Fortbildungen auch rundheraus zugeben. Es ist unklar, wie sicher Gespräche mit Lehrkräften helfen können, das abzustellen. Nichtsdestotrotz steht dieses Thema zunehmend auf den Agenden von Aus- und Fortbildungen (Schuster 2013).

Was Sie zu Hause machen können: Sie können dem Kind eine Plattform bieten, wo es Gelegenheit hat, seine Leistung zeigen zu können. Dies erinnert entfernt an Prinzip 1 – spontan richtiges Verhalten belohnen. Geben Sie Gelegenheit, dass „spontan" das richtige Verhalten auftreten kann!

Der dritte Bereich bei Rosenthal war die *Art von Feedback,* die die Kinder erhielten. Die Lehrkräfte kommentierten bei den beiden ausgewählten Kindern unmittelbar, sofort und sehr viel verhaltensbezogener beziehungsweise konkreter: Nicht „Super, das war gut.", sondern „Schön, Sophia, dass du das veränderte Vorzeichen bemerkt hast!".

Und schließlich wurden die Lehrkräfte bei diesen beiden Kindern nicht ungeduldig; während diese nach der Lösung suchten, unterbrachen sie die Kinder nicht. Sie ließen also *genügend Zeit!* Dies entspricht Prinzip 20 – Aufgaben mittelschwer machen. Wenn man zusätzlichen Zeitdruck einführt, kann die Aufgabe zu schwer werden.

Wir haben also gesehen, dass man die angeblich unveränderliche Intelligenz steigern helfen kann, indem man dem Kind (mehr) Wärme entgegenbringt, man ihm häufig Gelegenheit gibt, seine Leistungen auch zu zeigen, ihm dabei genügend Zeit lässt, und schließlich unmittelbares, klares und verhaltensbezogenes Feedback gibt.

Kann man aber auch umgekehrt (unabsichtlich) dazu beitragen, das Potenzial zu verringern? Wie etwa kann man Einbrüche in den Intelligenztestleistungen hervorrufen? In diesem Zusammenhang sind zwei Studien interessant – eine aus der sozialpsychologischen Grundlagenforschung sowie eine pädagogisch-psychologische Studie direkt im Schulkontext.

In der Studie des Sozialpsychologen Roy Baumeister und seiner Kollegen bearbeiteten studentische Versuchspersonen zunächst einen Intelligenztest und anschließend einen angeblichen Persönlichkeitsfragebogen. Letzterer wurde gar nicht ausgewertet. Vielmehr wurde zufällig ein Drittel der teilnehmenden Personen ausgelost und ihnen wurde mitgeteilt, ihr Profil sei unauffällig. Einem weiteren Drittel wurde rückgemeldet, man könne aufgrund ihres Profils erwarten, dass sie immer mal wieder kleinere Missgeschicke erleben werden. Der entscheidenden letzten Gruppe wurde gesagt, aus ihren Angaben ließe sich schließen, dass sie nach Verlassen der Universität zunehmend einsamer werden würden, da sie zwar in einem günstigen Kontext wie dem universitären Freunde haben könnten, aber wahrscheinlich weniger in einem ungünstigen Umfeld wie dem beruflichen. Anschließend sollten alle Versuchspersonen unter dem Vorwand, ihre Bögen seien verloren gegangen, den Intelligenztest noch einmal bearbeiten. Während der Wert der ersten beiden Gruppen relativ gleich ausfiel, kam es bei der dritten Gruppe zu deutlichen Einbrüchen. Anders gesagt: Wird jemandem prophezeit, soziale Schwierigkeiten zu bekommen, sinkt seine Intelligenztestleistung!

Das ist eine verheerende Nachricht für den Schulkontext: Wenn Kinder auch nur fürchten müssen, in eine Mobbingspirale verstrickt werden zu können, wird Kapazität abgezogen, die nicht mehr für kognitive Leistungen zur Verfügung steht. Die Prinzipien 13 und 14 – „Beziehung ist nicht alles, aber ohne Beziehung ist alles nichts" – zeigen sich also nicht nur in der Beziehung zu Eltern, oder Lehrkräften, sondern auch zu Peers. Letzteres hatten wir bereits bei Prinzip 23 – „Beschämung und Vermeidungsmotivation durch Zugehörigkeit vermeiden" – gesehen.

Möglicherweise meinen nun manche, dass sei nun doch arg übertrieben. Schließlich wurde in der Studie ausgedachte Rückmeldung gegeben und das Setting war insgesamt recht künstlich. Das mag stimmen. Aber diese Kritik trifft nicht auf eine zweite Studie zu, die das gleiche Befundmuster mit ganz anderem Vorgehen bestätigt.

Die amerikanischen Forschenden Sterett H. Mercer und Melissa E. DeRosier baten Lehrkräfte insgesamt viermal im Halbjahresabstand, für alle Kinder ihrer Klasse auf einer Skala anzugeben, wie schwer es ihnen falle, diese zu mögen. So sollten Sympathieurteile in einer Weise erfasst werden, dass Lehrkräfte zugeben können, ein Kind nicht zu mögen. Zusätzlich wurden jedes Mal die Schulnoten erhoben, aber auch, wie gut das Kind jeweils in der Klasse sozial integriert war. Der erschütternde Befund: Mochte die Lehrkraft das Kind wenig(er), zeigte sich ein halbes Jahr später ein Einbruch in seinem sozialen Status – und erneut ein halbes Jahr später einer in seinen Leistungen! Wieder zeigt sich, dass man von außen zu Leistungseinbrüchen beitragen kann – und wieder, dass Zugehörigkeit hilft, Leistungen erbringen zu können.

Es kann schon motivieren helfen, Kindern solche Befunde zu erzählen. Dies kann ihnen helfen, ihre Ursachenzuschreibungen (Prinzipien 21 und 22) und eben die hier thematischen naiven Theorien von Intelligenz so zu verändern, dass sie günstiger sind. Statt alle Misserfolge damit zu erklären, dass sie nicht schlau genug seien, lernen sie zu verstehen, dass momentan für sie die *Umstände* misslich sind. Man kann dann versuchen, eben diese Umstände zu ändern. Manchmal geht das nicht und man muss sie einfach akzeptieren –, aber man braucht nicht „gutes Geld schlechtem hinterherwerfen" und den Umständen erlauben, einem noch mehr zu schaden.

Das Wissen um solche Zusammenhänge kann helfen, sich innerlich unabhängiger zu machen – und damit doch wieder mehr Erfolge zu erzielen.

Kasten 6

Wie stark Erwartungen doch wirken können! Ein Beispiel
Auf einer Fortbildung erzählte eine Lehrkraft folgende aufschlussreiche Geschichte, die einer Kollegin widerfahren war. In der Klasse war ein schwieriger, lernunwilliger Junge. Die Mutter kam angespannt in die Sprechstunde. Die Lehrerin, die die Mutter noch nicht kannte, schaute in der Klassenliste nach und meinte, bei diesem Schüler gäbe es ja keinerlei Grund sich Sorgen zu machen. Er sei ja so ein netter und aufgeweckter Junge. Die Noten seien zwar im Moment nicht ganz so toll, aber sie sei sehr zuversichtlich, dass sich dies bald bessern werde. Mutter und Sohn, dem dies zu Hause berichtet wurde, waren überrascht, aber auch sehr erfreut. Und in der Tat: Die Noten wurden besser – von ursprünglich zwischen einer Vier oder einer Fünf bis hin zu einer Eins. Der Junge wählte dieses Fach später sogar im Abitur. Der Clou an der Geschichte: Zufällig fanden Mutter und Lehrkraft einige Jahre später heraus, dass die Lehrerin in dem Gespräch zwei Jungen verwechselt hatte. Aber mittlerweile hatte sich die Dynamik schon so umgedreht, dass dies nicht mehr wichtig war!

Prinzip 32: Verschiedene motivationale Phasen berücksichtigen
Zum Abschluss des Kapitels möchte ich darauf hinweisen, dass verschiedene Motivationspsychologen betont haben, dass Motivation ein Prozess mit verschiedenen Phasen ist. Zu Anfang ist man noch relativ offen für Rückmeldung und Korrekturen. Irgendwann kippt das aber

und man möchte nur noch die einmal investierte Energie und Anstrengung retten. Bereits in den 1940er- und 1950er-Jahren hat der Psychologe Neal Miller Studien vorgelegt, die zeigen, dass mit der *Nähe des Ziels* die *Vermeidungsmotivation stärker zunimmt* als die Annäherungsmotivation. Kurz vor dem Abitur etwa dient das Lernen eher dem Ziel, den völligen Absturz zu vermeiden, als dem Ziel, den Stoff wirklich durchdringen zu wollen und gute Leistung zu demonstrieren. Dieser Wechsel der Strategien kurz vor dem Ziel auf oberflächlicheres Auswendiglernen ist durchaus funktional in Anbetracht der kurzen verbleibenden Zeit. Will man allerdings erreichen, dass die Kinder und Jugendlichen auch annäherungsmotiviert arbeiten, muss man versuchen, sicherzustellen, dass sie schon in der Phase lernen, in der sie noch annäherungsmotiviert sein können. Motivieren heißt also auch beim *Organisiertsein* unterstützen, sodass die Kinder und Jugendlichen noch weit vor dem Ziel schon anfangen zu arbeiten.

Deci und Ryan, die beiden angesprochenen, einflussreichen Motivationsforscher, postulierten neben dem wiederholt thematisierten Autonomiemotiv und dem Bedürfnis nach Zugehörigkeit auch noch ein Kompetenzmotiv. Hiernach fördern Bedingungen die Motivation, unter denen Schülerinnen und Schüler nicht nur ihre Autonomie respektiert sehen und sich zugehörig fühlen, sondern sich zudem als kompetent erfahren dürfen. Wie man ihnen das unter anderem durch bessere Lernstrategien ermöglichen kann, wird in Kap. 5 beschrieben.

In Kürze

Dieses Kapitel hat gezeigt, dass für Motivation wichtig ist, Belohnung und Bestrafung *richtig* einzusetzen. Vor allem sollte diese weniger angekündigt werden, sondern stattdessen „spontan" erfolgen.

Darüber hinaus hat die Motivationspsychologie gezeigt, dass das *Denken* eine wichtige Rolle für die Motivation spielt: Glaubt das Kind, wirksam zu sein? Glaubt es, Kontrolle zu haben? Glaubt es, die Ursache für seine Erfolge oder Misserfolge seien in seiner eigenen Person begründet oder in anderen Faktoren? Denkt das Kind, Intelligenz und Fähigkeiten seien einmal festgelegt oder veränderbar? Denkt es, es sei wichtig, zu vertuschen, dass es nicht fähig ist? Oder strebt es vielmehr an zu zeigen, was es kann? Will es Leistung demonstrieren oder den Stoff verstehen?

Neben dem Denken spielen die *Emotionen* eine große Rolle, allen voran Stolz und Scham. Erfolgsmotiviert im Gegensatz zu misserfolgsmotiviert werden Kinder und Jugendliche, die häufiger nicht nur einfach Erfolgserlebnisse haben, sondern solche, bei denen sie stolz sein können. Kinder, die häufig beschämt werden, entwickeln dagegen eher eine Misserfolgsmotivation. Kinder, die sozial ihren Platz nicht gefunden haben, haben ein höheres Risiko, im Zusammenhang mit Misserfolgen Beschämung zu erleben. Motivieren heißt also auch, mehr Augenmerk darauf zu richten, dass dieses Bedürfnis befriedigt wird.

Doch nicht nur das Bedürfnis nach Zugehörigkeit sollte befriedigt sein, wenn man die Motivation von Kindern und Jugendlichen steigern möchte, sondern generell deren legitime *Bedürfnisse.* Dazu gehört das Bedürfnis nach Autonomie, das nach Schlaf und gesunder Ernährung.

4

Emotionale Probleme – an Denken und Beziehung arbeiten

© Springer-Verlag GmbH Deutschland, ein Teil von
Springer Nature 2019
B. Schuster und A. Fahle, *Mit mehr Leichtigkeit und Freude durch
die Schulzeit,* https://doi.org/10.1007/978-3-662-57311-2_4

Wie schon ausgeführt, gibt es Kinder und Jugendliche, die im Schulkontext gute Erfahrungen machen und positive Gefühle erleben wie Freude, oder solche, die Motivation und Leistungsfähigkeit begünstigen, besonders etwa Stolz (Kap. 1). Unglücklicherweise sind aber für viele Schüler und Schülerinnen auch negative Zustände wie Traurigkeit, Ärger oder Frustriertheit an der Tagesordnung, besonders die die Motivation und Leistungsfähigkeit beeinträchtigenden Emotionen Scham und Angst treten (zu) oft auf: zum Beispiel Prüfungsangst oder soziale Angst (Kap. 3). Diese negativen Gefühle beeinträchtigen nicht nur die schulischen Erfolgsaussichten, sondern auch, und in meinen Augen zentraler, das Wohlergehen.

Das Kindeswohl indes müsste von Rechts wegen im Vordergrund stehen. So erscheint es wichtig, sich mit einigen dieser emotionalen Probleme zu befassen. Diese Schwierigkeiten können in relativ „milden" Vorstufen auftreten, sodass sie noch nicht klinisch relevant sind – aber selbstverständlich auch da schon ernst genommen werden sollten. Sie können aber auch intensiver erlebt werden und sich zu „Störungen" oder „Auffälligkeiten" auswachsen. Am Häufigsten sind im Kindes- und Jugendalter Depressionen und Ängste, beides sind sogenannte *internalisierende* Störungen. Das heißt, sie richten sich „nach innen", gegen sich selbst, und nicht nach außen, gegen die Umwelt. Mit diesen Problemen gehen oft weitere Störungen einher, die durchaus für die Gesundheit und sogar Lebenserwartung der Betroffenen gefährlich sein können – Essstörungen etwa, selbstverletzendes oder gar unmittelbar suizidales Verhalten.

Es ist ein Problem für diese Kinder, dass unter diesen Auffälligkeiten der Unterricht nicht wirklich leidet.

Da Lehrkräfte sich in ihrer Arbeit durch solche Schülerinnen und Schüler wenig gestört fühlen müssen, fallen (zu) vielen die Anzeichen entweder seltener auf oder sie empfinden es nicht zwingend, hier selbst aktiv werden zu müssen. Umso dringlicher ist es, dass Eltern die Anzeichen wahrnehmen und ihren Kindern möglichst frühzeitig aus solchen Schwierigkeiten heraushelfen – damit diese wieder zu einer unbeschwerten Schulzeit finden können.

Eine andere Gruppe von Kindern hat umgekehrt das Pech, dass sie Lehrkraft und Unterricht „stören", und dass deshalb Lehrkräfte diese Schülerinnen und Schüler häufig unbewusst, manchmal aber sogar bewusst „ablehnen". Betroffen hiervon sind vor allem Kinder mit ADHS und/ oder oppositionellem Verhalten. Auch sie bekommen nur zu häufig nicht die richtige Hilfe. In Kap. 2 wurde schon in Bezug auf Regulationsprobleme ansatzweise beschrieben, wie hier unterstützende Verhaltensmodifikation aussehen könnte. Bei diesen Kindern kommt hinzu, dass auch sie durch die störungsbedingten Frustrationen emotional beeinträchtigt sind, zum Beispiel in Bezug auf ihre schulischen Leistungen. Nicht selten erfahren sie wiederholt Zurückweisung – durch Lehrkräfte, aber auch durch Mitschülerinnen und Mitschüler und manchmal leider auch innerhalb der Familie.

Für alle diese „Störungsgruppen" *gleichermaßen* sind die in Kap. 2 und 3 angesprochenen Prinzipien besonders wichtig, allen voran die Prinzipien 13 und 14 – „Beziehung ist nicht alles, aber ohne Beziehung ist alles nichts". Darüber hinaus lassen sich aus weiteren psychotherapeutischen Ansätzen Überlegungen ableiten, die allgemein berücksichtigt werden sollten, also bei „normalen", unauffälligen

Kindern ebenso wie bei Kindern mit all den verschiedenen Störungsgruppen. Diese stelle ich im Folgenden vor. Anschließend gehe ich noch auf einige Prinzipien ein, die jeweils nur für einzelne, spezifische Problembilder zentral sind.

Prinzip 33: Prinzip 1 bis Prinzip 32 umsetzen!

Egal, welche Schwierigkeit oder Störung Kinder und Jugendliche haben – *immer* benötigen sie emotionale und sonstige Unterstützung durch Eltern beziehungsweise ihnen nahestehende Personen. Wenn Heranwachsende beispielsweise keinen Platz in der Gruppe finden (Kap. 6), werden manche depressiv, andere nicht. Warum? Empirische Studien zeigen, dass einer der Unterschiede zwischen beiden Gruppen das Ausmaß an sozialer und emotionaler Unterstützung ist, welches die Betroffenen von Anderen wie Eltern oder Lehrkräften bekommen. Erleben sie, dass es Menschen gibt, die zu ihnen halten, an sie glauben, sie unterstützen? Können gemobbte Kinder wenigstens das Gefühl haben, irgendjemand steht ihnen bei? Oder gewinnen sie den Eindruck, ihnen selbst wird die Schuld zugeschrieben und sie werden mit ihren Problemen allein gelassen?

Egal, welche Störung die Kinder haben – *immer* sollten sie ferner Anerkennung dafür erhalten, wenn sie sich eigeninitiativ bemühen, aus ihren Schwierigkeiten herauszufinden. *Immer* sollte man sie ermutigen und unterstützen, Vertrauen in sich selbst aufzubauen.

In Kürze

Egal, welche Störung Kinder zeigen – *immer* benötigen sie a) ein wertschätzendes, liebevolles, kindzentriertes *Beziehungsangebot* und b) eine angemessene *Lenkung, Orientierung* beziehungsweise *Führung*. Sie benötigen das, was in der Pädagogischen Psychologie als *autoritativer* Erziehungsstil beschrieben wird (Kap. 2) und was die Klinische Psychologie ebenfalls in verschiedenen Therapieansätzen betont: So wird etwa in der GT *(klientenzentrierte, nondirektive Gesprächstherapie)* ausdrücklich die Bedeutung der Beziehung betont und in der VT *(Verhaltenstherapie)* die „Lenkung", Führung beziehungsweise das Orientierung- und Anleitung geben. Dieser Ansatz verfolgt das Ziel, Verhaltensänderung durch relativ direktives Eingreifen der Therapeutinnen oder Therapeuten beziehungsweise Erziehenden herbeizuführen.

Darüber hinaus gibt es einige weitere Prinzipien, die aus einer anderen Denk- beziehungsweise Therapieschule abgeleitet werden können – den *kognitiven* Ansätzen in der Psychologie beziehungsweise Psychotherapie, die besonders sinnvoll bei emotionalen Problemen berücksichtigt werden sollten. Hinweise hierauf habe ich schon im Motivationskapitel gegeben. Dort hatten wir beispielsweise gesehen, dass das Denken über Intelligenz motiviertes Verhalten bestimmt (Kap. 3). Kognitive Therapietheorien weisen darüber hinaus darauf hin, dass Gedanken auch eine zentrale Rolle bei Gefühlen spielen. Auch das haben wir schon gesehen, etwa bezogen auf die Emotionen Scham oder Stolz (Kap. 3). Auf die besagten kognitiven Ansätze gehe ich nun zunächst ganz allgemein ein. Anschließend betrachte ich noch einige

Überlegungen, die spezifisch für ausgewählte einzelne emotionale Beeinträchtigungen beziehungsweise „Störungen" relevant sind.

Prinzip 34: Positives Denken ja – aber bitte realistisch!
Viele Ratgeberbücher und Motivationstrainerinnen und -trainer raten, man solle positiv denken und an den Erfolg glauben, dann werde er sich schon einstellen und man würde glücklicher und zufriedener! In der Tat, *etwas Wahres* ist dran. Schon bei Prinzip 15 habe ich gezeigt, wie sinnvoll es ist, auf die eigenen Fähigkeiten zu vertrauen und eigene Wirksamkeit beziehungsweise Erfolg zu erwarten. Allerdings gilt auch hier wieder: Vorsicht vor zu starker Vereinfachung! Es ist – wie so häufig – wichtig, das richtige Maß, die „Mitte"[1], zu finden, also gleichzeitig auch die Grenzen dieser Haltung im Auge zu behalten.

Lassen Sie uns aber erst mit deren Wahrheitsgehalt anfangen. Es gibt empirische Hinweise, dass etwa depressive oder ängstliche Menschen in gewisser Weise *Wahrnehmungsverzerrungen* haben. So nehmen sie beispielsweise selektiv (ausgewählt) negative oder bedrohliche Aspekte überstark wahr. Oder sie ziehen aus einzelnen negativen Ereignissen „übergeneralisierte", also zu weitreichende, umfassende Schlüsse: Wenn sie *einmal* eine

---

[1]Viele Psychotherapien beziehen sich ausdrücklich auf philosophische Wurzeln aus der Antike, etwa die „RET", die sich unter anderem auf das Lehrkonzept Stoa des griechischen Philosophen Zenon von Kition aus dem vierten Jahrhundert vor Christus beruft. Ein weiteres Konzept aus gleicher Zeit, das nach wie vor Berücksichtigung findet, stammt von Aristoteles – auf Griechisch *mesotes* (dt. Mitte). Diese Mitte zwischen zwei Extremen gelte es zu finden, wenn man ausgeglichen und emotional stabil leben wolle.

Fünf geschrieben haben, zeigt dies in den Augen von Menschen während einer depressiven Episode, dass sie der/die *totale* Versager/in sind! Wenn einmal jemand unfreundlich oder leicht kritisch schaut, empfinden sie sich in solchen Phasen als von allen abgelehnt – unterstützende Mimik und Kommentare dagegen bleiben unbemerkt. Diese verzerrten Wahrnehmungen und Schlussfolgerungen sind nicht nur deshalb problematisch, weil sie den betreffenden Kindern und Jugendlichen selbst wehtun, sondern auch, weil daraus wenig hilfreiches Verhalten folgt: Sie lernen nicht mehr, weil es sich ja ohnehin nicht lohnt; sie gehen nicht mehr auf andere zu, weil die sie ja per se nicht mögen! Umgekehrt zeigen Studien, dass optimistische Menschen sich besserer Gesundheit erfreuen und dass Menschen, die überzeugt sind, „wirksam" sein zu können (Prinzip 15), tatsächlich emotional stabiler und ausdauernder bei Schwierigkeiten sind.

Das gilt jedoch nur, solange die positiven Einschätzungen einigermaßen *realistisch* sind. Tatsächlich segensreich ist ein Training von positivem Denken deshalb für die Untergruppe von Menschen, die sich selbst *unterschätzen* und die mit pessimistisch-ängstlicher Haltung durchs Leben gehen. Personen, die sich ohnehin überschätzen, hilft einen solches Training kaum beziehungsweise nicht langfristig. Positiv Denken sollte also präziser übersetzt werden mit: nicht *ungerechtfertigt* pessimistisch sein.

Der Hinweis auf mehr positives Denken ist also für solche Familien ein wichtiger Tipp, in denen sich unabsichtlich oder unbemerkt ein zu negatives Denken breitgemacht hat. Sinnvoll könnte deshalb sein zu prüfen, ob man grundsätzlich *negativistisch* ist: Hören Sie einmal in Ihrer Familie bewusst zu, wie Ihr Partner/Ihre Partnerin, das Geschwisterkind oder die Großeltern Misserfolge kommentieren. Hören Sie da sarkastische, verletzende, abwertende, entmutigende, übergeneralisierende Reaktionen? Ist dies der Fall, lohnt es sich in der Tat, sich ab jetzt zu bemühen, den Kindern wo immer möglich aufmunternde Kommentare und positive Rückmeldung zukommen zu lassen.

Allerdings hat das positive Denken selbstverständlich auch Grenzen. Als erziehende Person sollte man den Kindern *realistische* Ursachenzuschreibungen nahelegen (Prinzip 22). Wie der Motivationspsychologe und Klinische Psychologe Friedrich Försterling in vielen Arbeiten betont hat, ist es schwierig, angemessene Verhaltensweisen zu wählen, solange man die Umwelt geschönt einschätzt, also eigentlich falsch: Manchmal ist es einfach nicht ungerecht gewesen, sondern vollkommen richtig, wenn die Lehrkraft unter eine Schulaufgabe geschrieben hat, dass die Leistung ungenügend ist. „Lügt" man sich nun in die Tasche, man könne den Stoff eigentlich doch und nur die Lehrkraft möge einen halt nicht, versäumt man, den Stoff nachzuholen, und bei der nächsten Schulaufgabe klafft eine noch größere Vorwissenslücke.

Solche negative Rückmeldungen kann man leichter „aushalten" und damit zu einem realistischen Bild der eigenen Leistungen und Fähigkeiten gelangen, wenn die Kommentare entsprechend der oben ausgeführten Feedbackregeln formuliert sind (Prinzip 15): Das Ergebnis – die Leistung reicht noch nicht aus – wird nicht beschönigt. Diese niederschmetternde Nachricht wird jedoch entsprechend der Feedbackregeln formuliert – etwa verhaltensnah statt generalisierend – und es wird eine motivational günstigere Erklärung für das Ergebnis geliefert. Auch wenn die Lehrkraft die Rückmeldung (leider) nicht so geschrieben haben sollte, kann man diese Botschaft selbst für das Kind entsprechend deuten und umformulieren.

Um langfristig die Haltung aufzubauen, ein realistisches Bild anzustreben, hilft es auch, sich im umgekehrten Fall, also bei Erfolgen beziehungsweise guten Noten, die Mühe zu machen, selbst die Leistung nach *eigenen Maßstäben* einzuordnen. Auch jetzt kann man die Arbeit durchgehen und das Kind fragen, mit welchen der eigenen Ausarbeitungen es selbst zufrieden ist. Und bei welchen Stellen es möglicherweise sogar einfach Glück gehabt hatte: Vielleicht hat die Lehrkraft einen Fehler übersehen oder den Text zugunsten des Kindes missverstanden. So lernt das Kind mittelfristig, sich selbst Standards zu setzen und sich von Urteilen anderer unabhängiger zu machen. Günstig ist auch, wenn das Kind lernt, eigenständig weitere relevante Informationen einzuholen. Zum Beispiel, ob in anderen Schulen des gleichen Typs in der Regel schwierigere oder leichtere Schulaufgaben geschrieben werden. So lernen die Kinder einschätzen, dass sie zwar in ihrer Schule der gefeierte Star sind, aber in anderen Kontexten nicht zwingend mithalten können und sich doch noch etwas strecken sollten, oder umgekehrt, dass sie zwar ständig allein am Strampeln sind, dass aber die Schülerinnen und Schüler in der Nachbarschule viel spezifischer an ihre Aufgaben herangeführt werden und die Tests dann auch leichter ausfallen und sie dort gut mithalten könnten. Solche Perspektivwechsel helfen dabei, mittel- und langfristig realistischer zu werden.

Was aber, wenn diese realistische Einschätzung tatsächlich negativ ausfällt? Hier helfen die folgenden Prinzipien 35 und 36, emotional günstiger mit einer ungünstigen Einschätzung umzugehen, sodass irgendwann vielleicht doch eine positive Einschätzung realistisch werden kann.

Prinzip 35: Das eigene Denken überdenken – kognitive Therapieansätze berücksichtigen

Ich habe schon darauf hingewiesen, dass für emotionale Schwierigkeiten beziehungsweise für einen „intelligenteren Umgang mit negativen Emotionen" die *kognitive Therapie* (KT) besonders hilfreich ist. Dieser durch viele seriöse Studien abgesicherte Ansatz ergänzt die schon ausführlicher vorgestellte Verhaltenstherapie (VT) (Kap. 2) sowie die beziehungsorientierte, non-direktive Gesprächstherapie (GT). „Kognition" bedeutet Gedanke oder Bewusstseinsinhalt. Die Grundannahme dieser Therapierichtung besteht darin, dass man durch *anderes Denken* zu anderen Gefühlen und Motivation und darüber dann auch zu anderem Verhalten kommt. Ein Beispiel für die unterschiedliche Wirkung von unterschiedlichem Denken haben wir oben schon gesehen (Prinzip 14): Wenn man denkt, selbst Verursacher einer guten Leistung zu sein, ist man stolzer als wenn man denkt, der Erfolg sei dem Glück geschuldet, und man arbeitet ausdauernder und schlussendlich erfolgreicher.

Der Ansatz der kognitiven Therapie besteht deshalb darin, nicht Verhalten und Gefühle direkt ändern zu wollen, sondern indirekt, indem man die *Gedanken* ändert, die zu diesen Gefühlen und diesem Verhalten führen.

Fordert man beispielsweise ein Kind auf, selbstbewusster zu sein oder andersherum nicht mehr so schüchtern, funktioniert dies in der Regel nicht: Das Kind weiß nicht, *wie* es selbstbewusster beziehungsweise weniger schüchtern werden kann. Viel leichter kann ein Kind allerdings lernen und umsetzen, über bestimmte Sachverhalte anders zu denken. Und wenn man die Gedanken ändert, die dazu führen, dass ein Kind selbstbewusst oder aber schüchtern ist, dann verändert sich auch sein Erleben.

Man kann also einem Kind beispielsweise sagen, dass seine Leistung großartig war, und dass man denkt, dass diese gute Leistung daher kommt, dass sich das Kind sehr konzentriert vorbereitet hat. Vielleicht holt man sogar noch weiter aus und erklärt dem Kind, dass es mit dieser Fähigkeit zu beharrlichem und fokussiertem Arbeiten eine vielleicht noch wichtigere Fähigkeit demonstriert hat als nur die, die sich unmittelbar in der Biologieleistung niedergeschlagen hat – nämlich eine ganz grundlegende Kompetenz, die in vielen weiteren Bereichen relevant ist. Denkt das Kind das dann selbst auch, wird es „automatisch" selbstbewusster.

Noch ein Beispiel: Wenn ein Kind wütend wird, hilft es meist wenig, ihm zu sagen, es solle aufhören, so zornig zu sein. (Dies funktioniert übrigens bei einem selbst meistens auch nicht wirklich!) Das Kind weiß nicht, *wie* es in dieser als so ungerecht, frustrierend und gemein empfundenen Situation anders fühlen und reagieren kann. Was es allerdings kann: Es kann über die Situation *anders denken*. Häufig liegen Wut zwei Gedanken zugrunde: Das war *Absicht!* Und: Die oder der will mir *schaden!* Letzteres stellt häufig zusätzlich noch eine Selbstwertbedrohung dar.

Glaubt die oder der etwa, mit *mir* könne man so etwas machen?! Wie stehe ich denn da, wenn ich mich da nicht wehren kann?! Meint die oder der womöglich, mich müsse man nicht ernst nehmen?!

Gegen unangemessene Wutanfälle sind deshalb einerseits Menschen geschützt, die sich ihres Selbstwertes recht sicher sein können. Wenn man als erziehende Person Kindern helfen möchte, weniger dysfunktionale, also unangemessene, nicht-hilfreiche Wutanfälle zu erleben, dann sollte man daran arbeiten, ein gesundes *Selbstwertgefühl* aufzubauen (nicht zu verwechseln mit einem *über*steigerten, ins *Überhebliche* kippenden Selbstwertgefühl!) – unter anderem wieder über richtiges Feedback, günstige Attributionen und angemessene motivationale Haltungen.

Der zweite Hebel ist den kognitiven Therapien zufolge wieder, an der Ursachenzuschreibung zu arbeiten: Wollte die oder der andere einem wirklich *absichtlich* schaden? Konnte sie oder er wirklich steuern, *kontrollieren,* was passiert ist? Personen, die schnell zu Wut neigen, begehen häufig den Denkfehler, überstark Kontrollierbarkeit und Absicht wahrzunehmen, wo Dinge manchmal nur aus Achtlosigkeit oder Ungeschicklichkeit heraus geschehen sind. Es kann also helfen, Kindern diesen Zusammenhang zu erklären beziehungsweise in jeder einzelnen Situation mit ihnen die als angemessen wahrgenommene Ursachenzuschreibung durchzusprechen.

Prinzip 36: Erspar dir Qual – denk rational! Die RE(V)T von Albert Ellis umsetzen

Darüber hinaus gibt es innerhalb der kognitiven Therapie einen Ansatz, der sich damit befasst, wie *Ziele* und allgemein *Überzeugungen* formuliert werden. Manche Menschen halten ihre Ziele für „alternativlos" – die Dinge *müssen* so sein, wie man sich das so vorstellt. Andere formulieren ihre Ziele flexibler: Es *wäre schön,* wenn es so wäre; ich *möchte* gerne, dass es so ist. Der amerikanische Psychologe und Psychotherapeut Albert Ellis, der Begründer der sogenannten Rational-emotiven (Verhaltens-)Therapie oder kurz RE(V)T, einer speziellen Variante der kognitiven Therapie, sagt, dass flexiblere Formulierungen zu mehr psychischer Gesundheit und emotionaler Ausgeglichenheit führen.

Ellis bezieht sich in seiner Therapietheorie dabei auf die antike Philosophieschule der Stoa, vertreten von Seneca, Marc Aurel und Epiktet, sowie die des Epikur: „Es sind nicht die Dinge selbst, die uns beunruhigen, sondern die Vorstellungen und Meinungen von den Dingen." Im Sinne dieses Kerngedankens der Stoa meint auch Ellis, dass es nicht nur die Lebensereignisse an sich sind, die unser Erleben bestimmen, sondern auch oder sogar noch mehr, wie wir darüber denken. Die Ereignisse selbst bestimmen durchaus, ob wir positive oder negative Gefühle haben: Bei positiven Geschehnissen sind positive Gefühle wahrscheinlicher als negative, und bei negativen Ereignissen negative wahrscheinlicher als positive. Die Ereignisse bestimmen aber nicht darüber, *welche* positiven oder negativen Gefühle genau man erlebt. Schon oben bei Prinzip 21 haben wir gesehen, dass nicht nach jedem Erfolg dieselben positiven Emotionen folgen: Ob man beispielsweise Stolz empfindet, hängt laut dem Motivationspsychologen Bernard Weiner davon ab, wie man den Erfolg ursächlich erklärt.

In ähnlicher Weise sagt Ellis, dass man wie bei der „Wahl" zwischen mildem Ärger versus blinder Wut auch zwischen aktivierender Ängstlichkeit oder lähmender Furcht wählen kann. So können wir auf Negatives mit angemessener Traurigkeit oder tiefer, hoffnungsloser Verzweiflung reagieren oder auf einen eigenen, schwerwiegenden Fehler hin echtes, tief empfundenes Bedauern erleben oder überschwemmende Schuldgefühle. Was aber bestimmt diese Wahl jeweils? Nach Ellis scheidet sich das an zwei kleinen Wörtchen: „muss" oder „möchte". Das alternativlose, rigide Muss-Denken sei dysfunktional, das flexible Möchte-Denken dagegen funktional.

Wenn man, um gleich mit einem extremen Beispiel einzusteigen, schuld am Tod einer anderen Person ist, dann sei es selbstverständlich angemessen und wahrscheinlicher, negative als positive Emotionen zu empfinden. Nicht hilfreich, weder für einen selbst noch für die Person, an der man sich schuldig gemacht hat, sei es aber, von verzweifelten Schuldgefühlen überschwemmt zu werden. Diese verhinderten nicht nur, dass man die eigene Schuld annehmen lernen könne, sondern auch, dass man nach den verbliebenen Möglichkeiten suche, wie man den angerichteten Schaden wenigstens teilweise wieder gut machen oder abmildern könne (etwa indem man die Kinder des Verstorbenen finanziell unterstützt). Angemessenes Bedauern dagegen helfe, die eigene Schuld annehmen zu können und dadurch in der Lage zu sein, nach Wegen zu suchen, wie man dem Opfer der eigenen Schuld helfen könne. Und ob man Bedauern oder Schuld empfinde, sei davon abhängig, ob man dem Muss- oder Möchte-Denken verhaftet sei.

Dieses Beispiel war zugegeben extrem, aber es hat den Punkt deutlich gemacht. Schauen wir uns das nun an Beispielen aus dem Schulalltag an: Wenn eine Mutter findet, Lehrkräfte *müssen* gerecht sein, dann wird sie schnell sehr wütend, wenn sie wieder einmal den Eindruck hat, es gäbe zwei Arten von „Klassen" – die Lehrerlieblinge und die anderen. Diese Wut hilft der Mutter vermutlich wenig, im Gespräch mit der Lehrkraft den Vorwurf herauszunehmen und zielführend auf Lösungen hinarbeiten zu können. Gelänge es ihr, statt dem rigiden, zwanghaften, alternativlosen Muss-Denken verhaftet zu bleiben zu einem flexibleren Möchte-Denken zu gelangen, würde sie zwar immer noch negative Gefühle haben, aber keine, die ihr (und ihrem Kind) im Weg stehen: Sie würde laut Ellis angemessenen Ärger, nicht aber „blinde Wut" empfinden. Sie könnte sich sagen: „Es wäre schön, wenn mein Kind und ich das Glück hätten, nur auf gerechte Lehrkräfte zu treffen. Aber selbstverständlich sind auch Lehrkräfte nur Menschen, und es ist besser, zu akzeptieren, dass unter ihnen auch solche sind, die weniger gerecht sind."

Viel schwerer würde sich die Mutter dagegen tun, würde sie fordern: „Lehrkräfte müssen gerecht sein. Sie werden von mir, der Steuerzahlerin, bezahlt, und die Gesetze schreiben das vor! Ich verlange, dass sie die Kinder in der Klasse gerecht behandeln!" Ja, ich stimme – und zwar als diesbezüglich zugegebenermaßen auch leicht zum „Muss-Denken" neigende Betroffene – aus vollem Herzen zu: Es wäre wünschenswert, es wäre schön, es wäre leichter, wenn Lehrkräfte gerechter wären. Ich stimme mit Ellis aber auch diesem zu: Man hat zwei Probleme zum Preis von einem, wenn man dies ultimativ fordert! Nur dadurch, dass man Gerechtigkeit in dieser Form fordert, wird man sie nicht bekommen, und man wird zusätzlich leiden. Akzeptiert man stattdessen von vornherein, dass man auf Menschen treffen wird, die eben Menschen sind, hat man mehr emotionalen Spielraum für angemessenere Reaktionen wie diejenigen, die in Kap. 6 behandelt werden.

Akzeptieren darf also nicht verwechselt werden mit *resignativ hinnehmen.* Im Gegenteil: Gerade wenn man sich effektiv(er) für die legitimen Rechte des eigenen Kindes wie auch die fremder Kinder einsetzen möchte, wird es doppelt wichtig, wegzukommen von dem behindernden Muss-Denken und hinzuarbeiten zum flexiblerem Möchte-Denken!

Die Idee, dass das eigene Denken bestimmt, wie man sich in bestimmten Situationen fühlt, und ob diese Gefühle für die eigenen Ziele hilfreich oder schädlich sind, lässt sich an vielen weiteren schulischen Situationen illustrieren.

Vielleicht etwa findet es Ihre Familie richtig, dass Ihre Tochter nach der vierten Klasse in der Grundschule auf das Gymnasium wechselt. Dafür müsste sie aber rein rechnerisch in der letzten Klausur eine Zwei schreiben, damit sie den erforderlichen Schnitt von 2,3 schafft. Heißt das auch, dass sie tatsächlich eine Zwei schreiben *„muss"?!* Oder bedeutet es nur, dass es *schön wäre,* leichter, bequemer und langfristig günstiger wäre?

Ellis würde sagen, dass das Kind a) bessere Chancen hätte, die Zwei zu schreiben, die die *Arithmetik* fordert, wenn dies *psychologisch* nicht so gesehen wird, dass diese Note sein muss, sondern nur bevorzugt wird. Darüber hinaus, und fast noch wichtiger, führe es b) zu unterschiedlichen Reaktionen nach Erfolg, ob man vorher einem Muss- oder Möchte-Denken gefolgt war. Das Kind, das (psychologisch) die Zwei schreiben *musste,* ist nach Erhalt der Zwei für einen Moment erleichtert, kurz danach kriecht allerdings die Angst wieder in ihm hoch: „Hoffentlich erwischen sie mich nicht im Gymnasium dabei, dass ich tatsächlich doch nicht mithalten kann!" Das Kind, das sich dagegen vorher gesagt hatte, wie schön es wäre, wenn es eine Zwei schreiben würde, also im *Möchte-Modus* war, freut sich nicht nur. Nein, es ist stolz und voller Elan. Dieses Erfolgserlebnis beflügelt und trägt weit über eventuelle erste Misserfolge im Gymnasium hinweg.

Ellis zufolge sollte man deshalb dieses flexiblere Möchte-Denken vorleben und bestärken. Er nennt dieses Denken „rational", das Denken in dogmatischem Muss „irrational". Hieraus leitet sich auch der Name seiner Therapierichtung ab: Rational-emotive (Verhaltens-)Therapie, RE(V)T. Ellis ist überzeugt, dass dieses „rational" genannte, flexible Denken in Präferenzen selbst in allerschwierigsten, existenziellen Lebenslagen noch Spielraum lässt, emotional angemessener und hilfreicher zu reagieren. Das Kind, das im Zusammenhang mit schulischen Schwierigkeiten solches Denken einübt, lernt also tatsächlich etwas Wesentliches fürs Leben!

Prinzip 37: Sich vor Perfektionismus hüten

Ellis spricht in seiner Therapietheorie ein weiteres schulisch-relevantes Phänomen an, das aber auch bei vielen psychischen Erkrankungen eine Rolle spielt: die Tendenz

zu Perfektionismus. Auch dieser Haltung liegt ein „Muss"
zugrunde: Die Arbeit *muss* fehlerfrei, muss perfekt sein.
Ein *menschlicheres Maß* hätte dagegen die Forderung, die
Arbeit so gut wie möglich zu machen.

Es ist schade, wie sowohl in der Schule als auch am
Arbeitsplatz manchmal perfektionistische Anspruchlich-
keiten verhindern, dass wirklich gut gearbeitet werden
kann. Wenn beispielsweise in einem Aufsatz jemand sehr
klar zeigt, dass er gut mitgedacht und die Sachverhalte verstanden, sie auch gut formuliert und eigene Überlegungen
eingebracht, aber nur sechs von sieben zu lernenden
„Spiegelstrichen" (Einzelaspekte des Themas, die in den
Arbeitsblättern aufgelistet sind) in die Ausarbeitung einbezogen hat, wird dies bei perfektionistischer Ansprüch-
lichkeit nicht mehr als „Spitzenleistung" gewertet. Eine
andere Arbeit, die brav alle sieben „Spiegelstriche" mit
Standardformulierungen abarbeitet, aber keinen eigenen
Gedanken einbringt und kein besonders vertieftes Verständnis dokumentiert, wird dagegen häufig als „spitze"
bewertet, da formal alles da ist.

Wenn die Schülerinnen und Schüler sich aufgrund
solcher Erfahrungen dann ängstlich darauf kaprizieren,
dass allerkleinste, allerunwichtigste Detail auch noch auswendig zu lernen, verlieren sie den großen Überblick,
abstraktes Denken und Einordnungsfähigkeit. Es ist also
sehr(!) viel verloren, wenn man perfektionistisch denkt.
Ähnlich wie wir bereits betont haben (Prinzip 34), dass
es für ein realistisches Bild zielführend ist, auch eigene
Maßstäbe zu entwickeln, scheint es auch für die aus-
gewogenere (vgl. Mesotes) Entwicklung von Kompetenzen richtiger, eigene Maßstäbe zu entwickeln, statt einem

Perfektionismus zu folgen. Hilfreich wäre deshalb auch hier wieder: Ich möchte gerne eine Eins schreiben, das wäre schön. Aber eine Eins muss nicht zwingend sein, ich muss dafür nicht alle meine eigenen Maßstäbe über Bord werfen. Es ist nicht so wichtig, dass ich dafür von einer Lernziel- hin zu einer Leistungszielorientierung wechsle (Kap. 3).

Prinzip 38: Sich selbst der beste Freund sein: Unbedingte Selbstakzeptanz

Ellis zufolge hat das flexiblere, „rationale" Möchte-Denken im Gegensatz zum rigideren, „irrationalen" Muss-Denken nicht nur den Vorteil, dass man Ziele beharrlicher und gleichzeitig leichter, ohne hinderlichen Perfektionismus verfolgen kann und von erfolgreichem Erreichen dieser Ziele emotional mehr profitiert. Vielmehr führe diese Art Denken auch leichter zu *unbedingter Selbstakzeptanz.* Es wurde schon ausgeführt (Prinzip 13), dass es wichtig ist, als erziehende Personen den Kindern den Eindruck zu vermitteln, dass man sie „unbedingt" liebt, also ohne Bedingungen zu stellen. Man stellt also ihre Existenzberechtigung nicht bei jeder Schwierigkeit neu infrage. Wer als Kind das Glück hat/hatte, ein solches Beziehungsangebot zu bekommen, dem gelingt es leichter, sich selbst ebenfalls auf diese Weise anzunehmen. Wer nicht dieses Glück hat beziehungsweise hatte, kann durch kognitive Umstrukturierung dahin finden: Ich *muss nicht* die Bedingungen der anderen erfüllen, es *wäre nur schön* (bequemer, leichter), wenn das passen würde.

Prinzip 39: Schluss mit dem Stress!

Eine wesentliche „Zutat" vieler psychischer Auffälligkeiten ist Stresserleben. Das Risiko, dass beispielsweise eine
Depression ausbricht, ist sehr viel höher, wenn man zu
hohem Stress ausgesetzt ist, der nicht mehr zu bewältigen ist.

Stress entsteht einerseits, wenn die objektiven
Bedingungen schwierig sind. Aber auch beim Stresserleben
gilt, was allgemein bei kognitiven Ansätzen angenommen
wird und was bereits der griechische Philosoph Epiktet im
ersten Jahrhundert nach Christus gelehrt hat (Prinzip 36):
Es sind nicht die Ereignisse, sondern die Gedanken über
die Ereignisse, die zu Stresserleben führen. Ob ein objektiv
schwieriges Ereignis als stressend erlebt wird, hängt von den
kognitiven Bewertungen des Ereignisses ab. In seinem weit
über die Psychologie hinaus bekannt gewordenen Ansatz
betont beispielsweise Richard Lazarus, dass man sich bei
einem potenziell stressenden Ereignis zunächst fragt, ob
das Erlebnis beziehungsweise die Situation eine Bedrohung
darstellt – oder nur eine Herausforderung. Ist letzteres der
Fall, entsteht kein beziehungsweise weniger Stress. Ist ersteres der Fall, fragt man sich – *bewertet* man – im zweiten Schritt, ob man die Ressourcen hat, die Situation zu
bewältigen. Dies kann darin bestehen, das *praktische Problem* zu lösen – man ändert tatsächlich objektiv etwas an
der Situation. Alternativ kann man die potenziell stressende
Situation bewältigen, indem man an den im Zusammenhang mit dieser Situation auftretenden Gefühlen ansetzt
und sich bemüht, die emotionale Erregung zu reduzieren.
Dies, also Lösen des *emotionalen Problems,* lässt sich unter
anderem erreichen, indem man die oben ausgeführten
Überlegungen der RE(V)T heranzieht.

Ein Beispiel: Ein Kind soll eine Mathematikarbeit schreiben. Dem Modell nach fragt es sich als Erstes, ob dies eine Bedrohung darstellt. Bezieht sich die Arbeit auf schwierigen Stoff? Ist sie versetzungsrelevant? Baut die Lehrkraft oder das Zuhause Druck auf? Dann wird Stress wahrscheinlicher. Wird nun die Situation als Bedrohung bewertet, fragt sich das Kind, ob es die Ressourcen hat, die Bedrohung zu bewältigen: Ist genügend Zeit zum Lernen da, gegebenenfalls genügend Geld für Nachhilfe-unterricht? Falls ja, wird wiederum weniger Stress erlebt. Auch wenn man aufgrund fehlender Ressourcen nicht die Möglichkeiten sieht, die Situation ändern zu können, lässt sich der Stress noch mindern, indem man die Situation umbewertet – etwa als zwar versetzungsrelevant, aber vielleicht stellt die fehlende Versetzung als solche gar nicht ein so gewaltiges Unglück dar, als das man sie bislang betrachtet hat.

Wenn man also einem Kind helfen möchte, weniger Stress zu erleben, kann man daran ansetzen, ihm für die *problemorientierte* Bewältigung mehr Ressourcen zur Verfügung zu stellen, und für die *emotionsorientierte* Bewältigung schon als Modell ein anderes Denken vor-leben (Prinzip 2). Beides ist weniger trivial als sich anhört, deshalb noch einmal: Um den Stress des Kindes zu min-dern, hilft es, das *praktische* Problem lösen zu helfen! Unterstützung und Hilfe geben reduziert Stress! Zudem wird der Stress weniger, wenn man nicht das praktische, sondern das *emotionale* Problem löst – und zwar durch Umbewerten der Situation, also durch neues Denken über die Situation – die sogenannte *kognitive Umstrukturierung*.

Prinzip 40: Kontrollmöglichkeiten suchen!

Um Stress durch Umbewertungen reduzieren zu können, hilft es darüber hinaus, an der Wahrnehmung der eigenen *Kontrollmöglichkeiten* anzusetzen. In einem vielfach aufgegriffenen Forschungsprogramm hat der amerikanische Psychologe Martin E. P. Seligman gezeigt, dass Menschen „erlernt hilflos" werden können, wenn sie keine „Kontrolle" über Ereignisse wahrnehmen, die ihnen wichtig sind.

Diesen Ansatz kann man am besten mithilfe des klassischen Experimentes von Seligman und seinen Kollegen an Hunden erläutern: Die Tiere wurden zwei Gruppen zugelost – A und B. Dann setzte Seligman einen Hund der Gruppe A in einen Käfig und dessen Boden unter Strom. Im Käfig gab es eine Taste, mithilfe derer der Hund den unangenehmen Strom abstellen konnte. Gleichzeitig mit einem Hund der Gruppe A wurde ein Hund der Gruppe B in einen separaten Käfig in einem anderen Raum eingesperrt und gleichzeitig dessen Boden unter Strom gesetzt. Im Käfig des Hundes der Gruppe B gab es allerdings keine Taste, mit der er den Strom abstellen konnte. Die Käfige waren so verkabelt, dass der Strom immer genau dann abgestellt wurde, wenn der Hund der Gruppe A die richtige Taste gedrückt hatte. A_1 und B_1, ebenso wie A_2 und B_2, A_n und B_n erlebten also jeweils die identische Menge an unangenehmen Schocks; die Gruppen unterschieden sich aber dahin gehend, dass die A-Hunde kontrollieren konnten, die Schocks abzustellen, die B-Hunde dagegen nicht.

Nach dieser sogenannten Trainingsphase setzten die Forscher die Hunde in neue Käfige – und hier gab es nun für *beide* Gruppen die Möglichkeit, durch bestimmte Reaktionen den Stromstoß abzustellen. Während die A-Hunde das schnell verstanden, zeigten die Hunde der Gruppe B ein Syndrom von Reaktionen, das Seligman „erlernte Hilflosigkeit" nannte: Sie zeigten ein 1) *motivationales Defizit* – sie versuchten gar nicht erst, eine Taste zum Abstellen des Schocks oder eine Fluchtmöglichkeit zu suchen. Sie zeigten ferner ein 2) *kognitives Defizit* – selbst wenn sie zufällig die richtige Reaktion gefunden hatten, verstanden sie das nicht und wiederholten sie nicht. Besonders relevant für unser Kapitel hier: Sie zeigten ein 3) *emotionales Defizit:* Sie winselten und defäkierten.

Seligman wies darauf hin, dass dies ein Zustand ist, der dem einer Depression entspricht. In den frühen Arbeiten verwies er demnach darauf, dass man Menschen depressiv machen kann, indem man sie immer wieder Kontrollverlusten und Ohnmachtserfahrungen aussetzt. In neueren Arbeiten betont der Wissenschaftler als einer der Mitbegründer der „positiven Psychologie" mehr die Kehrseite. Er verweist auf zahlreiche Studien, die gezeigt haben, dass umgekehrt die wiederholte Erfahrung von Kontrolle Menschen widerständiger, „resilienter" macht.

Diese Kontrollmöglichkeiten können darin bestehen, dass man tatsächlich Ereignisse beeinflussen kann. Es kann aber auch schon reichen, sie vorhersehen beziehungsweise erwarten zu können, um wenigstens die Kontrolle zu haben, sich emotional darauf einstellen zu können. Je mehr Kinder zu Hause erleben, dass sie die für sie wichtigen Geschehnisse mit beeinflussen können oder wenigstens so transparent darüber gesprochen wird und die Kinder so einbezogen werden, dass sie vorhersehen können, wann was geschieht, desto widerstandsfähiger und emotional stabiler werden sie – und umso besser können sie mit den vielfältigen Kontrollverlusten umgehen, die in der Schule nur zu häufig eintreten.

In Kürze

Wie also kann man einem Kind dazu verhelfen, emotional stabiler mit den schulisch bedingten Frustrationen und Schwierigkeiten umzugehen?

Laut den kognitiven Therapietheorien wäre es hilfreich, zu angemesseneren *Ursachenzuschreibungen* für die Schwierigkeiten zu gelangen und *Denkfehler* wie Übergeneralisierungen zu vermeiden. Eine weitere Komponente besteht darin, Stärken wahrzunehmen: erkennen, welche inneren und äußeren *Ressourcen* man hat, um Probleme bewältigen zu können, damit diese weniger als stressend empfunden werden. Zu diesen Ressourcen zählt auch, häufiger *Kontrollerlebnisse* zu haben, sodass man zunehmend mehr Vertrauen in die eigenen Möglichkeiten wahrnimmt, wichtige Ereignisse kontrollieren zu können. Man hat also *Selbstwirksamkeitserwartungen* aufgebaut. Schließlich wäre eine grundlegende *Lebensphilosophie* hilfreich, derer zufolge man zwar schon versuchen möchte, Kontrolle über wichtige Ereignisse auszuüben, die aber beinhaltet, dass man gleichzeitig versteht, dass dies nicht der Fall sein *muss,* dass es nicht „das Ende der Welt" bedeutet, wenn man gewünschte Ziele auch mal nicht erreicht. Diese Ursachenzuschreibungen und Haltungen sind nicht nur in Bezug auf Leistungsziele relevant, sondern auch in Bezug auf soziale Ziele. Darauf wird in Kap. 6 noch ausführlicher eingegangen.

Wie einleitend ausgeführt, gibt es drei große Therapietheorien, aus denen man für die Erziehung Ideen ableiten kann und die einem helfen, das eigene Kind darin zu unterstützen, zu einer günstigeren motivationalen Haltung und emotionalem Erleben zu gelangen: die VT und die GT habe ich besonders in Kap. 2 in den Fokus genommen, die kognitiven Ansätze ansatzweise in Kap. 3, vor allem aber im ersten Teil des aktuellen Kapitels. Neben diesen sehr allgemeinen, unspezifischen, für alle „Störungen" relevanten Gedanken gibt es zu einzelnen Auffälligkeiten auch spezifische Befunde und Überlegungen, die sinnvollerweise in der Erziehung beziehungsweise Begleitung von Kindern und Jugendlichen berücksichtigt werden könnten. Diesem spezifischeren „Störungs"-Wissen wende ich mich nun zu – wobei ich „Störungs"-Wissen in Anführungszeichen setze, da ich ausdrücklich nicht nur die klinisch-relevanten Auffälligkeiten in den Blick nehme, sondern auch für die alltäglich auftretenden Vor-Formen Hinweise gebe.

Kasten 7

Die großen Manuale zur Beschreibung psychischer Störungen
Weltweit gibt es zwei große Manuale, in denen die Kriterien für unterschiedliche Störungen aufgeführt sind und Informationen zu ihrer Häufigkeit und bekannten Ursachfaktoren beziehungsweise relevanten Zusammenhängen kurz und prägnant zusammengefasst sind.
Zum einen ist da das von der Vereinigung der amerikanischen Psychiater (American Psychiatric Association, APA) herausgegebene „Diagnostic and Statistical Manual of Mental Disorders, Fifth Edition" – auf Deutsch: „Diagnostisches und Statistisches Manual Psychischer Störungen" – oder kurz DSM-5. Dieses wird in den USA und in der weltweiten Forschung weit verbreitet eingesetzt.

Starke Überlappungen dazu zeigt das von der Weltgesundheitsorganisation (WHO) herausgegebene ICD-10 (beziehungsweise das für 2018 angekündigte ICD-11), die „International Classification of Diseases" – auf Deutsch: „Internationale statistische Klassifikation der Krankheiten und verwandter Gesundheitsprobleme", das sich unter anderem auch der Beschreibung der psychischen Störungen widmet. Dieses Manual wird in Deutschland häufig eingesetzt.

Beide Manuale kann man in öffentlichen Bibliotheken ausleihen. Das ICD-10-Kapitel zu psychischen Störungen gibt es außerdem als kostengünstige Taschenbuchausgabe.

Prinzip 41: Spezifische Kenntnisse zu kindlicher Depression beachten! Unter anderem auf Reizbarkeit und ausbleibendes Wachstum, Selbst- versus Fremdwahrnehmung, Zusammenhänge zu anderen Störungen achten

Gerade in Hinblick auf das in der Alltagspsychologie vorherrschende negative, stereotype Bild vom pubertierenden Teenager erscheint mir besonders wichtig, dass Eltern einige wichtige Eigentümlichkeiten von Depression im Kindes- und Jugendalter kennen: Zuallererst ist wichtig zu verstehen, dass sich Depression in diesem Alter deutlich ausgeprägter als bei Erwachsenen auch in *Reizbarkeit,* in Gereiztheit äußern kann und nicht nur in der stereotypen antriebslosen Schwermut. Wer kennt nicht das Kindergarten- oder Grundschulkind, das angestrengt von einem schwierigen Vormittag nach Hause kommt und dann scheinbar aus dem Nichts heraus, unprovoziert, enorm patzig ist, was man sonst gar nicht von ihm kennt? Fragt man nach, findet sich ziemlich zuverlässig eine Episode, mit der das Kind von den Erzieherinnen und Erziehern beziehungsweise Lehrkräften allein gelassen und überfordert war. Auch im Jugendalter sollte man dringend erst an Überforderung denn an eigene Erziehungsfehler denken, wenn die Jungen und Mädchen gereizt reagieren.

Bis zum Beginn der Pubertät sind ferner Jungen und Mädchen in der Tat in etwa gleich häufig von Depression betroffen. Bei Mädchen steigen dann aber mit der Pubertät die Depressionsraten dramatisch an – und dies besonders in der Selbstwahrnehmung. Dass die Mädchen etwa in entsprechenden klassischen Fragebögen klar die Kriterien einer klinisch-relevanten Depression erfüllen, Erwachsene dies aber nicht wahrnehmen, ist natürlich alarmierend. Ich wiederhole deshalb noch einmal, was schon verschiedentlich angesprochen wurde: Bei Schwierigkeiten immer erst einmal mit einer Analyse reagieren, nicht gleich mit einem Vorwurf! Nicht gleich die Party verbieten, sondern ehrlich interessiert nachfragen, was eigentlich los ist!

Wichtige Symptome, die auch bei Erwachsenen auf eine Depression hindeuten, sind ferner wegen der besonderen Erfordernisse der Wachstumsphase bei Heranwachsenden besonders ernst zu nehmen: Veränderungen im *Schlafmuster* und/oder in Bezug auf das *Körpergewicht/Wachstum*. In einer depressiven Phase kann sowohl ein deutlich vermehrtes Schlafbedürfnis auftreten, ebenso wie umgekehrt Schwierigkeiten, ein- oder durchzuschlafen. Da die Heranwachsenden ganz banal für ihr körperliches Wachstum auf ausreichend Schlaf angewiesen sind, sollte man Störungen in diesem Bereich frühzeitig ernst nehmen. Aber auch in Hinblick auf die kognitive Leistungsfähigkeit ist ausreichender und richtiger Schlaf wichtig, wenn man keine Teufelskreise aus reduzierter Leistungsfähigkeit, beeinträchtigter Leistung, schlechterem Schlaf, dann noch stärker reduzierter Leistungsfähigkeit etc. verhindern möchte. Im Kasten 1 war schon ausgeführt worden, dass man sich zur Intervention bei Schlafstörungen unter anderem auf das klassische Konditionieren stützen kann. In einer professionellen Therapie werden noch viele weitere Möglichkeiten vermittelt. Mit Schlafstörungen muss man nicht leben!

In gleicher Weise finden sich bei Depressionen Veränderungen im Essverhalten – ebenfalls sowohl vermehrtes Essen wie umgekehrt auch Appetitverlust. Letzteres (und/oder nicht ausreichender Schlaf) kann dazu führen, dass die Kinder beziehungsweise Jugendlichen nicht mehr an Gewicht zunehmen beziehungsweise nicht weiter wachsen. Da es sich um ein ausbleibendes Wachstum handelt, wird das nicht so schnell wahrgenommen als wenn ein Kind plötzlich abnehmen würde. Nichtsdestotrotz kann dies ein sehr ernstes Alarmsignal sein!

Schließlich gehen mit Depression häufig auch Schwierigkeiten einher, sich zu entscheiden, ebenso wie Aufmerksamkeitsprobleme. Beides kann nicht nur zu schulischen und/oder sozialen Folgeproblemen führen, sondern sogar dazu, dass eine Depression womöglich gar mit einer ADHS verwechselt wird!

Depressionen sind nicht nur in sich selbst belastend, sondern sie gehen auch mit dem Risiko so genannter *komorbider* Störungen einher, Störungen, die gemeinsam mit dieser Erkrankung auftreten. Sehr häufig findet man bei Kindern und Jugendlichen, die sich selbst verletzen, erhöhte Depressionsraten, ebenso wie bei Kindern und Jugendlichen mit Essstörungen. Und selbstverständlich sind auch bei den suizidalen Jungen und Mädchen die Depressionsraten höher als bei den nicht-suizidalen (Kasten 8).

Kasten 8

Warnhinweise für Suizidalität kennen!

Bei Suizid findet man häufig im Vorfeld Warnhinweise, beispielsweise Äußerungen, dass man am liebsten tot wäre oder die Welt ohne einen besser dran wäre. Dies sollte man sehr wohl sehr ernst nehmen. Alarmstufe rot ist dann gegeben, sobald solche Äußerungen richtig *spezifisch, konkret* werden: Die Jugendliche zeigt einer Freundin die Tabletten, von denen bereits genügend gesammelt sind. Der Junge erwähnt den Zugfahrplan und eine bestimmte Stelle am Gleis, wo er beim 17-Uhr-Zug besonders geeignete Möglichkeiten vorfindet. Oder das Kind erzählt anderen, dass die Eltern über das Wochenende weg sein werden und es dann endlich seine Probleme lösen können wird.

Besonders aufmerksam sollte man auch werden, wenn sich *testamentartige* Handlungen finden: Das Kind beziehungsweise der Jugendliche verschenkt Dinge, die ihm besonders wichtig sind.

Ganz besonders trickreich und wichtig ist ein letztes Indiz: Aufgrund der mit Depression einhergehenden Antriebslosigkeit fühlen sich viele Depressive noch nicht einmal dazu fähig, Selbstmord zu begehen. Selbst hierzu fehlt die Energie! Wenn es ihnen allerdings *wieder besser geht,* kann das ein Hinweis auf einen bevorstehenden Suizid sein, und zwar über zwei verschiedene Möglichkeiten. Einerseits kann es sein, dass sich die Stimmung bei der Person gerade durch andere Mechanismen endlich aufhellt und der Antrieb zurückkommt – zum Beispiel, weil endlich eine Therapie zu wirken begonnen hat. Gute Therapeuten wissen, dass es jetzt eine kritische Phase gibt: Jetzt ist die Stimmung immer noch so düster, dass sich das Leben nicht zu lohnen scheint, aber der Antrieb ist schon so weit wieder da, dass man nun einen solchen Plan auch in die Tat umsetzen kann!

Der Zusammenhang zwischen Tat und Stimmungsaufhellung kann auch genau umgedreht sein: Wie man es auch von Amokläufen kennt, erscheinen die Täter rückblickend kurz vor der Tat unüblich gelassen, entspannt. Nachdem der Plan fest gefasst ist und alle Vorbereitungen abgeschlossen, können sie anfangen, eine gewisse Vorfreude darauf zu entwickeln, wenn ihre Würde wiederhergestellt sein wird (Amok) beziehungsweise im Falle von Suizid ihr Problem gelöst ist, sie die Widrigkeiten nicht länger aushalten müssen.

All diese Anzeichen machen es zwingend, bei ersten Symptomen nicht wegzuschauen und die Schwierigkeiten als pubertätsbedingt zu bagatellisieren!

Was können Sie tun? Sie haben hier in diesem Buch bereits drei therapeutische Ansätze kennengelernt, die nicht nur in der professionellen Psychotherapie greifen, sondern die Sie im alltäglichen pädagogischen Handeln nutzen können. In Hinblick auf Depression sind besonders die kognitiven Ansätze relevant. Negative Lebensereignisse wirken besonders unheilvoll, wenn sie auf einen *depressogenen* Denkstil treffen, also selbstwertschädliche Attributionen, ungünstiges Selbstkonzept, niedrige Selbstwirksamkeitserwartungen etc.

In aufschlussreichen Studien wurde zum Beispiel kurz vor Weihnachten der Attributionsstil von Studierenden erfasst sowie vor und nach Weihnachten ihre

Depressionswerte. Ferner wurden sie nach ihren Erlebnissen im Zusammenhang mit dem Weihnachtsfest zu Hause befragt. Tatsächlich waren diejenigen depressiver, die an Weihnachten mehr Streit und sonstiges Negative erlebt hatten. Von dieser Gruppe wiederum unterschieden sich zwei Untergruppen mit unterschiedlichen Denkstilen: Depressiv wurden vor allem diejenigen, bei denen eine Kombination aus negativen Ereignissen und depressogenem Attributionsstil vorlag.

Entsprechend kann man in Übereinstimmung mit kognitiven Ansätzen direkt am depressogenen Attributionsstil ansetzen. Wie wiederholt ausgeführt (insbesondere Prinzipien 21 und 22): Variable, externale Attributionen sind für Streitereien mit der Familie günstiger als internale, stabile. Besonderes Augenmerk sollte ferner auf ein Möchte-Denken gelegt werden statt eines Muss-Denken.

Aus der Perspektive der GT wäre dagegen wichtig, an den familiären Beziehungen selbst anzusetzen. Als Familie kann man natürlich schlicht daran arbeiten, Auseinandersetzungen zu reduzieren. Das Prinzip 15 zur Kommunikation ist damit auch für Prävention und Intervention von Depression relevant.

Schließlich ist im Zusammenhang mit den Symptomen einer Depression auch die VT interessant: Regelmäßiger Schlaf oder Essen kann belohnt werden, ebenso wie die Male, in denen es der depressiven Person gelingt, Entscheidungen zu treffen.

Vor allem aber entsteht schnell ein Teufelskreis aus depressiver Inaktivität, ausbleibenden Erfolgen und damit ausbleibenden Belohnungen, und Verstärkung

der depressiven Symptomatik. Hier kann ebenfalls verhaltenstherapeutisch an der Verstärkung der Aktivität
gearbeitet werden. Wenn sich Ihr Kind, das sich die ganze
Zeit immer nur zum Netflix-Schauen ins Bett legt, heute
tatsächlich mal aufrafft und zu einem Treffen mit alten
Freunden geht, dann sollten Sie möglicherweise besser
erfreut reagieren und dem Kind sogar Taxigeld geben, statt
es darauf hinzuweisen, dass es diese Zeit nun endlich auch
mal zum Lernen nutzen sollte!

**Prinzip 42: Essstörungen keine Chance geben: Unter-
stützen statt über Essen sprechen!**
Oben war schon gesagt worden, dass ein Zusammenhang zwischen Depression und Essstörungen besteht.
Gestörtes Essverhalten zeigt mit vielen weiteren Faktoren Zusammenhänge. Lange Zeit wurde die Familie für Ess-Störungen (mit-)verantwortlich gemacht.
Neuere Arbeiten fordern dagegen nachdrücklich, Eltern
beziehungsweise *Familie als Teil der Lösung* und nicht
als Teil des Problems zu betrachten. Zum Teil wird ausdrücklich von „unnecessarily blaming of the families"
gesprochen. Vor diesem Hintergrund ist es interessant,
dass ein Faktor, der sich in empirischen Studien als zentral erwiesen hat, interessanterweise der Schulkontext(!)
ist. Während es in manchen Schulen, Jahrgangsstufen oder
auch Klassen regelrecht Häufungen gibt, sind andere ver-
gleichsweise weniger „riskant" für die Schülerinnen und
Schüler. In einer relativ neuen amerikanischen Studie
fanden sich beispielsweise abhängig von der untersuchten
Schule so unterschiedliche Raten wie 0,9 % bis zu zwölf
Prozent Betroffene, die gestörtes Essverhalten zeigten.

Was aber lässt eine Schule beziehungsweise eine Jahrgangsstufe oder auch nur Klasse zu einem kritischen Kontext werden? Zunächst ist schlicht und einfach bedeutsam, ob viele der anderen Kinder dem klassischen Schönheitsideal entsprechen oder nicht: Weicht das Kind als einziges oder eines der wenigen von diesem Ideal ab, ist das Risiko für gestörtes Essverhalten höher – vor allem dann, wenn die wenigen anderen ebenfalls vom Ideal abweichenden Kinder in diesem Kontext bereits mit gestörtem Essverhalten begonnen haben. Damit hängt auch zusammen, ob in diesem Kontext dem Dünnsein ein besonders hoher Wert beigemessen wird oder nicht. Darüber hinaus steigt das Risiko für gestörtes Essverhalten in Kontexten, in denen mehr gehänselt wird. Gegen Mobbing vorzugehen ist demnach auch Prävention von Essstörungen. Dies ist besonders vor dem Hintergrund wichtig, als es Befunde gibt, dass über die Hälfte der essgestörten Kinder und Jugendlichen unter einer sozialen Phobie leiden (hierzu später mehr).

Doch nicht nur Hänseln durch Mitschülerinnen und Mitschüler erhöht das Risiko, sondern auch die oben schon wiederholt angesprochenen Beschämungserfahrungen durch Lehrkräfte, die Erfahrung, niedergemacht, heruntergemacht, schlechtgemacht worden zu sein („to be put down by a teacher").

Was können Familien nun tun? Es wurde schon deutlich, dass *Beziehungsstörungen* einen zentralen Anteil an der Entwicklung von Essstörungen ausmachen. Idealerweise sollte man also versuchen, zu unterstützen, um solche Beziehungen zu verbessern (Kap. 6), oder wenigstens ein eigenes, unbedingt wertschätzendes Beziehungsangebot für eine sichere Bindung anbieten (Prinzip 14), um Mangelerfahrungen abzufedern. Gerade bei essgestörten Kindern ist es wichtig, dass die Familie einerseits als unterstützend erlebt wird, andererseits aber nicht als kontrollierend: Fürsorge gepaart mit Respekt für Autonomie ist hier der Schlüssel – kurz: die *autoritative* Erziehung (Prinzip 33)!

Was den direkten Umgang mit dem gestörten Essverhalten selbst anbelangt, stehen zwei Aspekte im Vordergrund: Man sollte auf keinen Fall selbst als Modell den Einstieg in Diäten vorleben oder sogar dem eigenen Kind anraten, unter anderem, da dies die Gewichtsprobleme nur verschärft. Hierzu hat die Aachener Ärztin sowie Kinder- und Jugendpsychiaterin Beate Herpertz-Dahlmann kürzlich gezeigt, dass Personen, die zu Beginn der Studie schon mal eine Diät gemacht hatten, sechs Jahre später mit höherer Wahrscheinlichkeit übergewichtig oder gar fettleibig geworden waren.

Zweitens soll man, wenn man schon über Essverhalten spricht, den Gesundheitsaspekt und nicht das Schlanksein in den Vordergrund stellen. Empfohlen wird auch hier: Practice what you preach. Stellen Sie dem Kind nur gesundes, richtiges Essen und Trinken zur Verfügung, konsumieren Sie nicht selbst zu Hause ungesunde Nahrung. *Statt Reden* über Essen und Verbote *einfach machen,* also richtig gemeinsam essen!

Da bei Essstörungen häufig zusätzlich Aspekte gefunden werden, die auch für Depression typisch sind, etwa die Tendenz zu Angst oder *Rumination* – Sachverhalte wieder und wieder und wieder innerlich durchzugehen – oder der Neigung zu Perfektionismus, hat sich zusätzlich die kognitive Verhaltenstherapie bei diesen Betroffenen als hilfreich gezeigt. Da Essstörungen potenziell lebensgefährlich sind und auf jeden Fall die Lebensqualität dramatisch einschränken, sollte man dringend zusätzlich zu innerfamiliären Maßnahmen auch professionelle Hilfe in Anspruch nehmen.

Prinzip 43: Spezifische Kenntnisse zu Angststörungen beachten! Soziale Angst und Prüfungsangst: an Beziehung und an Denken ansetzen sowie VT-Techniken nutzen!

Im Zusammenhang mit gestörtem Essverhalten wurden eben schon *soziale Ängste* angesprochen. Hierbei handelt es sich im Kern um Angst vor *Bewertung*, weshalb es hier auch Überlappungen zu den noch zu besprechenden Prüfungsängsten gibt. Woher kommt soziale Angst, was ist hier Henne und was ist Ei? Eine finnische Längsschnittstudie (Prinzip 42) hat empirisch belegt, dass Mobbing das Risiko, im Laufe der Zeit eine soziale Phobie zu entwickeln, um das sechsfache(!) erhöht. Umgekehrt zeigte sich jedoch nicht, dass Angst das Risiko für Mobbing erhöht hätte. Allerdings traten bereits zu Beginn erhöhte Depressionswerte auf. Gestörte Erfahrungen mit Gleichaltrigen fügen Kindern und Jugendlichen demnach auch diesbezüglich ernsten Schaden zu. Hierzu passt, dass laut DSM-5 (Kasten 7) vorauslaufende Beschämungserfahrungen eine Schlüsselrolle spielen. Wünschenswert wäre natürlich, dass Lehrkräfte, die bei beiden Aspekten sehr segensreich in die Dynamik eingreifen könnten (siehe hierzu Schuster 2013), hier aktiv werden würden. So lange sie das aber nicht tun, wäre es hilfreich, selbst an den Beziehungserlebnissen der Kinder zu arbeiten.

Die Eltern können ihnen zum Beispiel andere Kontexte eröffnen sowie innerhalb der misslichen Kontexte an anderen Strategien, wie man selbst auftritt, ansetzen. Assertives, also unaggressiv-selbstbehauptendes Verhalten etwa kann man lernen (Kap. 6)!

Darüber hinaus spielen auch bei Angststörungen wieder Attributionen, Selbstwirksamkeitserwartungen und das Muss-Möchte-Denken eine große Rolle. Oben wurde es schon erwähnt: Eltern können eingreifen, wenn die Kinder bestimmte Gedanken äußern (zum Beispiel: ich muss von anderen akzeptiert werden), und ihnen nahelegen, diese in günstigerer Weise umzuformulieren (es wäre schön, wenn mich andere akzeptieren). Oder man artikuliert entsprechend selbst als Modell. Damit kann man mindestens an der Beschämungskomponente ansetzen – aus Beschämung über bestimmte soziale Verhaltensweisen anderer kann angemessener Ärger oder Bedauern und dann schließlich Akzeptanz werden.

Hilfreich ist hier auch eine professionelle Therapie. Das im Kasten 7 beschriebene DSM-5, das große Manual der amerikanischen Psychiater, beklagt, dass trotz des großen Leidensdrucks und der umfangreichen sozialen Beeinträchtigung, die mit einer sozialen Angststörung einhergehen, Betroffene selten und spät professionelle Hilfe suchen – im Schnitt erst nach 15 bis 20(!) Jahren! Das ist besonders schade, da Angststörungen zu dem gehören, was wirklich gut behandelbar ist! Ähnlich wie man mit Schlafstörungen nicht leben muss (Kasten 1), muss man dies auch nicht mit Angststörungen! Wieder kommen alle drei Ansätze zum Einsatz, die hier schon mehrfach angesprochen wurden: Kognitive Ansätze setzen am Denken über soziale Erfolge und Misserfolge an, beziehungsorientierte Ansätze würden dem unmittelbaren sozialen Umfeld nahelegen, mehr an einer wertschätzenden, empathischen, authentischen Beziehung zu arbeiten, und verhaltenstherapeutische Ansätze wären besonders wirksam (Kasten 9).

Kasten 9

Verhaltenstherapeutische Techniken bei Angststörungen: Systematische Desensibilisierung und Reizüberflutung
Eine oft eingesetzte und sehr erfolgreiche Technik bei Angststörungen ist das *Systematische Desensibilisieren.* Die Logik dahinter basiert wieder auf dem klassischen Konditionieren, wie bei Schlaf- oder Arbeitsstörungen (Kasten 1). Hier soll nun Entspannung an den ursprünglich Angst auslösenden Reiz gekoppelt werden. Im ersten Schritt stellt man mit dem Kind eine sogenannte Angsthierarchie auf: Was macht dir am meisten Angst, was am wenigsten? Vor den anderen vorne an der Tafel stehend eine Aufgabe lösen zu müssen? Vor den anderen, aber am eigenen Platz sitzend, eine Aufgabe lösen müssen? In Anwesenheit anderer, aber allein am Platz für dich selbst, eine Aufgabe lösen müssen? Das Klassenzimmer betreten und dabei von den anderen gesehen werden? Und so weiter. Jedes einzelne dieser Szenarien wird dann auf einer Skala, etwa von 1 bis 100, hinsichtlich des Angstpotenzials eingeschätzt und damit in eine Rangreihe gebracht.

Im zweiten Schritt lernt das Kind Entspannungsverfahren (siehe hierzu den Teil von Anette Fahle Abschn. 7.2). Gelingt es ihm nun mithilfe solcher Verfahren, tief entspannt zu sein, bittet man im dritten Schritt das Kind, sich diejenige Situation vorzustellen (der Fachausdruck hierfür lautet: *in sensu*), von der es zuvor angegeben hatte, dass sie auf der alleruntersten Angststufe sei (etwa: morgens aufwachen und wissen, dass man in einer Stunde zur Schule muss). Dies wiederholt man einige Male – die

Idee ist, dass an das morgendliche Denken an die Schule Entspannung *gekoppelt*, also klassisch konditioniert, wird. Merkt man, dass sich bereits bei dieser Vorstellung die Atmung verändert oder die Hände feucht werden, muss man zurück in die Entspannungstechnik. Mit dem ursprünglich Angst auslösenden Reiz darf ausschließlich Entspannung verbunden werden. Sobald das Kind soweit ist, bei dem Gedanken an das morgendliche Aufwachen und Realisieren, dass heute ein Schultag ist, nicht mehr mit veränderter Atmung oder Hautleitwiderstand zu reagieren, kann man unter tiefer Entspannung einen Schritt weitergehen. Das Kind soll sich vorstellen, am Frühstückstisch für die heutige Ausfrage zu üben, und so weiter. Mit der Zeit kann man auf *in vivo* wechseln, das Kind also nach demselben Muster an erste reale Situationen im wirklichen Leben heranführen.

Diese Prozedur ist sehr erfolgreich, aber auch ein wenig langwierig. Es gibt einen kürzeren, aber brachialen Weg, die sogenannte *Reizüberflutung*. Diese Technik basiert auf folgender Analyse: mit Angststörungen geht immer *Vermeidungsverhalten* einher. Während man noch dem Angst auslösenden Reiz ausgesetzt ist, ist man angespannt, nervös, schwitzt, errötet, das Herz rast. Alles sehr unangenehm! Verlässt man dagegen fluchtartig die angstbesetzte Situation, setzt langsam Entspannung ein: Der Atem wird ruhiger, die Flecken im Gesicht und am Hals verschwinden, die Hände trocknen. Herrlich! Welche Belohnung für Flucht! Das wird man wieder tun! Damit, also Flucht in der Angstsituation, verhindert man aber zu lernen, dass die befürchtete Katastrophe gar nicht eingetreten wäre. Also muss man genau diese Lernerfahrung ermöglichen: Man wirft das Kind sozusagen direkt ins kalte Wasser – aber vorbereitet dadurch, dass man ihm vorher die Idee dieser Technik erklärt hatte, und begleitet von einem Bademeister, der den Schwimmring zuwerfen könnte – also etwa einer Lehrkraft, die im Fall des Ausfragens vor der Klasse jegliche Lachanfälle der Klasse sofort unterbindet. Oder um das Beispiel eines

Schullandheimaufenthaltes zu nehmen: Die Lehrkraft müsste durch pädagogisches Arbeiten wie beispielsweise erlebnispädagogische Elemente, eigene Zuteilung der Gruppen, eigene Einteilung der Zimmerbesetzungen und ähnliches dafür Sorge tragen und sicherstellen, dass tatsächlich die befürchtete Katastrophe der Ausgrenzung dann auch nicht eintritt.

Kommen wir nun auch noch speziell zur *Prüfungsangst.* Traditionell werden hier zwei Komponenten unterschieden: die Erregung sowie die Sorgengedanken. In Bezug auf die Erregung helfen Entspannungsverfahren (Kap. 7), in Bezug auf die Sorgengedanken kognitive Umstrukturierung.

Besonders hilfreich ist, wenn man mit den Kindern und Jugendlichen über die Störung selbst spricht und ihnen deutlich macht, dass sie mit ihren Sorgengedanken Kapazität von der Aufgabenbearbeitung selbst abziehen. Der Fachausdruck, den die Kinder sehr mögen, lautet: *Aufgabenirrelevante Kognitionen* – Gedanken, die nichts mit der Arbeit selbst zu tun haben – interferieren (kommen dazwischen) mit der Arbeit. Man kann den Kindern aufzeigen, dass sie bei einer Klausur, für die 50 min angesetzt gewesen waren, effektiv nur 15 min gearbeitet haben, die Restzeit ging mit irgendetwas anderem drauf – und dafür ist ihr Ergebnis regelrecht grandios zu nennen! Nächstes Mal sollten sie aber versuchen, den Gedankenfluss zu stoppen, der mit der Aufgabe nichts zu tun hat.

Prüfungsangst kann man aber auch mindern, indem man die Sicherheit erhöht, das erforderliche Wissen zu haben. Daher ist ein Wissen über „Lernen lernen" beziehungsweise Lernstrategien hilfreich (Kap. 5), ebenso wie Kontrollerleben: Es wäre wünschenswert, wenn man zusammen mit den anderen Eltern an der Schule durchsetzen könnte, dass Tests zuverlässiger angekündigt werden (und nicht kurzfristig verschoben), dass transparenter und rechtzeitiger mitgeteilt wird, welcher Stoff genau drankommen und auf welche Inhalte es ankommen wird etc.

Prinzip 44: Keine Verlassenheitsgefühle zulassen! Selbstverletzendem Verhalten vorbeugen!

Oben war schon angesprochen worden, dass mit Depression häufig auch selbstverletzendes Verhalten einhergehen kann. Es wird kontrovers diskutiert, ob selbstverletzendes Verhalten von suizidalem Verhalten abgegrenzt werden sollte (so wie es im DSM-5 gehandhabt ist) oder doch ausgeprägte Überlappungen angenommen werden sollten. Wichtiger als diese vielleicht eher akademische Frage ist aber, was eigentlich diesem bizarr und seltsam anmutenden Verhalten zugrunde liegt.

In empirischen Studien finden sich Hinweise darauf, dass solche Jugendliche sich „verlassen" fühlen und nicht nur hilflos, sondern hoffnungslos. Auch hier wird wieder von Beschämungserfahrungen berichtet. Die Konzentration auf die Selbstverletzung lenkt für einen Moment von den negativen Gefühlszuständen ab und sorgt so für Entspannung. Und das ist ein wirkmächtiger Verstärker! In der nächsten Situation, in der sich die/der Jugendliche gestresst fühlt und die sie/er nicht bewältigen kann, wird sie/er zu dem Verhalten greifen, welches ihr/ihm, wenn auch nur kurzfristige, Entlastung ermöglicht hat. Hinzu mag noch eine weitere Verstärkung kommen:

signifikante Bezugspersonen – Eltern, Lehrkräfte, Geschwister oder Freunde – mögen die Symptome sehen und so sehr erschrecken, dass sie der/dem Betroffenen enorm viel Aufmerksamkeit schenken. Wie bei Prinzip 1 schon ausgeführt, wäre dagegen richtiger, ihr/ihm ohnehin grundsätzlich genug Aufmerksamkeit zu geben und wenn nur eingeschränkt, dann vermehrt dann, wenn sie/er das erwünschte Verhalten zeigt – etwa wenn es ihr/ihm gelungen ist, in gedrückter Stimmung zum Klettern zu gehen, und sie/er danach besser drauf ist. Spätestens jetzt könnte man mit ihr/ihm sprechen, was sie/ihn vorher so bedrückt hatte – und, wenn möglich, ihr/ihm dann auch bei ihrem/seinem praktischen Problem beistehen!

Prinzip 45: Auch bei ADHS nicht nur am Verhalten, sondern auch an Denken und Beziehung arbeiten!

Als ich die pädagogische Verhaltensmodifikation dargestellt habe, habe ich dies vor allem auf normale, unauffällige Jugendliche bezogen. Empirische Studien zeigen, dass eine systematische pädagogische Verhaltensmodifikation auch bei ADHS durchaus wirksam sein kann, genauso wie eine Medikation. Dabei ist es wünschenswert, dass diese verhaltenstherapeutischen Gedanken sowohl im Schul-, als auch im häuslichen Kontext umgesetzt werden. Die Vereinigung der Amerikanischen Psychiater (APA) fordert deshalb auch, dass Medikation immer das Mittel der zweiten, nicht der ersten Wahl sein sollte – was nicht heißt, dass Arzneien niemals zum Einsatz kommen sollten. Wenn beispielsweise der Schulkontext nicht mit an einem Strang zieht und einer der beiden Partner in der Familie ebenfalls nicht, dann mag eine Zeit lang eine medikamentöse Behandlung angezeigt sein, um massive Folgebeeinträchtigungen zu verhindern.

Aus psychologischer Sicht sollte dies aber *immer* durch pädagogische Verhaltensmodifikation begleitet werden, aber auch durch Beziehungsgestaltung und Arbeit am Denken. Häufig findet man nämlich ein sekundäres Problem: Die Kinder machen sich für ihre Störung selbst runter. Ihr Selbstwertgefühl ist also in Mitleidenschaft gezogen. Hier kann man wieder kognitiv ansetzen, wieder unter anderem: Attributionen verändern, das Muss-Denken verändern, Selbstwirksamkeitserwartungen aufbauen, Hilflosigkeit abbauen etc.

Prinzip 46: Psychohygiene betreiben! Gesunden Lebensstil als Schutzfaktor nutzen

Die bisherigen Prinzipien sind direkt aus verschiedenen Therapieschulen abgeleitet. Nicht immer braucht es aber eine professionelle Therapie beziehungsweise Überlegungen und Ideen, über die man erst einmal nachdenken muss. Manchmal reicht schlicht „der gesunde Menschenverstand". Die APA weist explizit darauf hin, dass Faktoren, die in der Alltagspsychologie gut bekannt sind, tatsächlich auch laut wissenschaftlichen Studien nennenswerte Effekte bringen. Hierunter fällt ganz generell ein gesunder Lebensstil mit richtiger Ernährung, ausreichendem Schlaf und viel Bewegung

Prinzip 47: Rumination abstellen lernen!

Verschiedentlich wurde das Phänomen der *Rumination* angesprochen, der Tendenz, Sachverhalte innerlich wieder und wieder und wieder durchzukauen. Dieses Sorgendenken beziehungsweise solche Gedankenketten ziehen kognitive Kapazität ab und sie tun einem auch nicht gut. Ein erster Schritt besteht auch hier in der Einsicht, dass man sich selbst mit Grübeln im Wege steht. Lernt man, etwa mithilfe von Achtsamkeitsübungen (vgl. zum Beispiel die Darstellung des Pioniers J. Kabat-Zinn 2018) wahrzunehmen, dass man gerade in Gedankenketten verfangen ist, kann man üben, sich *auf etwas anderes* zu konzentrieren. Ergänzend könnte verhaltenstherapeutisch, also etwa mit (Selbst-) Belohnungen gearbeitet werden.

In Kürze

Emotionale Schwierigkeiten – ob Vorstufen oder tatsächlich Störungen – wie Depression, Ängste, Essstörungen oder selbstverletzendes Verhalten sowie Begleitkomponenten von ADHS: Bei allem dem ist es wichtig, am *Denken* und an der Beziehung zu arbeiten. In der pädagogischen Arbeit mit Kindern und Jugendlichen sollte man also die Ideen der in den Kap. 2 und 3 behandelten VT- und GT-Ansätze durch solche aus den kognitiven Therapieansätzen ergänzen.

Man sollte weg von pessimistischem und hin zu positivem, gleichwohl realistischem Denken. Wirklich hilfreich wäre ferner flexibles Möchte-Denken, also Denken in Präferenzen statt absoluten Forderungen. Dies hilft gegen behindernden Perfektionismus und unterstützt „unbedingte Selbstakzeptanz". Kognitive Umstrukturierung spielt ferner eine zentrale Rolle dabei, Stress zu reduzieren, und Erleben von Kontrollmöglichkeiten macht einen widerstandsfähiger.

In Bezug auf die internalisierende, also nach innen gerichtete Störung Depression ist besonders wichtig zu wissen, dass mit der Pubertät besonders bei den Mädchen Fallzahlen dramatisch ansteigen. Das kann mit dem Risiko von Wachstumsstörungen einhergehen sowie mit vielen weiteren Störungen wie Essstörungen oder selbstverletzendem Verhalten. Das große Problem von Depression im Kindes- und Jugendalter besteht darin, dass sie sich häufig eher in Gereiztheit als in der stereotypen Schwermut äußert und daher nicht selten als „typisches" Pubertätsmerkmal bagatellisiert wird. Deshalb ist unbedingt erforderlich, wenigstens die Merkmale von Suizidalität zu erkennen.

In Hinblick auf Essstörungen entlasten neuere Forschungsergebnisse die lange Zeit fast „vorwurfsvoll" beschuldigte Familie. Vielmehr wurden wichtige Faktoren im Schulkontext identifiziert. Darunter fällt zum Beispiel Mobbing, das seinerseits ein großes Risiko birgt, dass das betroffene Kind soziale Ängste und auch Prüfungsängste entwickelt.

Bei all den angesprochenen Störungen können Aspekte aller drei hier vorgestellten Therapieformen – VT, GT und kognitive Therapie – *in der familiären Erziehung* umgesetzt werden, mit etwas unterschiedlichen Gewichtungen. Bei ADHS steht etwa die VT im Vordergrund, bei Depression die kognitive Therapie. Beziehung (vgl. GT) spielt bei allen Störungen eine zentrale Rolle, besonders bedeutsam allerdings bei Kindern und Jugendlichen, die durch selbstverletzendes Verhalten auffallen.

5

Praktisches Lernproblem – neue Strategien ausprobieren

© Springer-Verlag GmbH Deutschland, ein Teil von
Springer Nature 2019
B. Schuster und A. Fahle, *Mit mehr Leichtigkeit und Freude durch die Schulzeit,* https://doi.org/10.1007/978-3-662-57311-2_5

Die Elterngeneration heutiger Schülerinnen und Schüler ist meist in einer Zeit beziehungsweise in Kontexten aufgewachsen, in denen es noch selbstverständlich schien, dass *Lernen in der Schule* stattfindet, und schulische Arbeit *in der eigenen Verantwortung* der Schülerinnen und Schüler liegt. Benötigte ein Kind extra Unterstützung, hat es vielleicht Nachhilfe durch einen älteren Jugendlichen bekommen, aber selbst das war fast schon „verpönt", galt als eine Art unzulässiges, die Fairplay-Regeln durchbrechendes „Doping".

Das erste und vielleicht wichtigste, was ich Ihnen in diesem Kapitel mitgeben möchte, ist die Einschätzung: Das hat sich geändert! Der Nachhilfemarkt blüht. Ebenso ein Markt von sogenannten „Lernheften" oder „Lösungsheften". Kaum eine Lehrkraft gibt es zu und unter den Eltern wird das Wissen streng gehütet oder nur unter der Hand weitergegeben: Es gibt „Lehrerbände" zu den Schulbüchern, in denen die Lösungen zu den Aufgaben abgedruckt sind, die in den in der Schule verwendeten Lehrbüchern gestellt werden. Auch Bände, in denen Beispielschulaufgaben mit Lösungen abgedruckt sind. Das Problem mit dieser Verheimlichungspolitik besteht meines Erachtens darin, dass manche Kinder und/oder Eltern das wissen, andere nicht.[1] *Das* scheint mir eine Verletzung von Fairplay zu sein! Glaubt man nämlich weiterhin, dass die anderen Kinder tatsächlich alle schlau genug wären, alles alleine hinzubekommen, lässt man möglicherweise das

---

[1]Bei manchen Verlagen kann man diese Bücher nur bestellen, wenn man nachweist, Lehrkraft zu sein. Über Bekannte, manchmal auch über die Lehrkräfte an der eigenen Schule oder auch andere Strategien lässt sich das aber umgehen.

eigene Kind im Stich und befördert die falsche Attribution (Prinzip 21).

Ein extremes Beispiel: Als ich einmal unsere Tochter fragte, warum sie in einem bestimmten Fach „schlechte" Noten habe, aber die Mitschülerinnen und Mitschüler trotz des angeblich verheerenden Unterrichts zurechtzukommen scheinen, erklärte sie, dass die anderen viermal(!) pro Woche Nachhilfe genau in diesem Fach hätten! Und es gibt Eltern, die zugeben, dass sie lieber 800 EUR monatlich für Nachhilfe einplanen als diesen Betrag als Gebühr für eine Privatschule zu bezahlen, da der Erfolg an einer als anspruchsvoll geltenden Schule besser aussehe als einer an einer teuren Privatschule! Ich will hier nicht die politische Dimension solcher Entwicklungen thematisieren, sondern Ihrem Kind (und Ihnen) dazu verhelfen, zu realistischeren, weniger selbstwertschädlichen *Attributionen* zu gelangen. Wenn andere so „aufrüsten", dann bedeutet es nicht, dass Ihr Kind „dumm" oder für den betreffenden Schultyp nicht geeignet ist, wenn es nicht so leicht mitkommt! Es bedeutet allerdings, dass es sich etwas Gedanken um *Strategien* machen sollte, wie es sich *selbst* den Stoff erarbeitet – wenn ihm schulische Leistungen wichtig sind.

Im Folgenden möchte ich einige ausgewählte, ganz alltagspraktische Hinweise geben, wie Kinder und die sie begleitenden Eltern den Lernprozess etwas einfacher gestalten können und welche Hilfen sie dafür heranziehen können. Die Aufstellung ist jedoch nicht vollständig – es gibt eine Fülle von hilfreichen Darstellungen zu Lernstrategien (s. Hinweise auf ausgewählte und weiterführende Literatur). Ich picke hier dasjenige heraus, das aus meiner

Sicht wichtig beziehungsweise praktikabel ist – das heißt, so für die Kinder in den Alltag integrierbar, dass auch die realistische Chance besteht, dass sie es tatsächlich machen.

Prinzip 48: Lernen am ausgearbeiteten Lösungsbeispiel
Oben wurde bereits auf die „Lehrer"-Bände verwiesen. Hiermit zu arbeiten, wäre insofern auch für Schülerinnen und Schüler hilfreich, da sie eine Lösung zu der jeweiligen Aufgabe erhalten. Damit können sie ihre eigene Ausarbeitung vergleichen und bekommen so Anhaltspunkte, wie ihre eigene Arbeit einzuschätzen ist. Falls sie mit dem Stoff noch nicht zurechtkommen, liefern die Lösungsbeispiele Hinweise, wie man eigentlich hätte an die Aufgaben herangehen sollen – auch ohne im betreffenden Fach inhaltlich kompetente Eltern oder Nachhilfe haben zu müssen!

In der Pädagogischen Psychologie gibt es einen Ansatz, der diesen Gedanken systematisiert beziehungsweise weiter differenziert und der in vielen außerschulischen Lernheften umgesetzt wird: das „Lernen am ausgearbeiteten Lösungsbeispiel". Den Schülerinnen und Schülern wird zunächst in verständlichen[2] Worten der Sachverhalt erklärt; wenn Vorwissen nötig ist, wird darauf verwiesen, worin genau dieses besteht und wo man dieses gegebenenfalls nachholen kann. Dann wird *Schritt für Schritt* am Beispiel erläutert, wie man das abstrakte Wissen anwendet.

---

[2]Bedauerlicherweise sind die Erklärungen in offiziellen Schulbüchern häufig wenig verständlich, da sie nicht für autodidaktisches Aneignen des Stoffes, also das Selbststudium, angelegt sind, sondern auch noch Raum für die Erläuterungen durch eine Lehrkraft lassen wollen.

So werden zum Beispiel in Latein zunächst noch einmal die zentralen Konstruktionen erklärt, dann ist ein Beispielsatz zuerst ganz abgedruckt, danach noch einmal in Sequenzen zerlegt. Pro Sequenz wird eine Übersetzung geliefert und eine Erklärung der Konstruktion. Dann wird wieder alles zusammengefügt. Ähnlich auch in Mathematik. Selbst für Deutsch gibt es solche Materialien, anhand derer man Schritt für Schritt *zunächst nachvollziehen* kann, wie eine Lösung aussehen könnte. Die nächsten Seiten sind dann so angelegt, dass man *zunehmend eigenständig* arbeiten muss, aber am Lösungsbeispiel den eigenen Ansatz überprüfen kann.

In diesem Sinn kann es auch sehr viel lehrreicher sein, fünf (lieber zehn) Musteraufsätze zu lesen als einen Aufsatz selbst zu schreiben, ohne eine Ahnung zu haben, wie man an diesen bitte herangehen soll! Solche Materialien gibt es mittlerweile selbst für Abituraufgaben – es gibt Ministeriumsseiten, aber auch Verlage, über die man frühere Abituraufgaben mit Lösungen und Erwartungshorizont beziehen kann.

Wenn Sie selbst einmal erleben wollen, welchen Unterschied die zuerst nachvollziehende, dann zunehmend eigenständigerc Strategie für das Lernen macht, kaufen Sie sich ein einfaches Tangram-Spiel (oder schneiden sie eines aus Karton aus) – eine Art Puzzle aus wenigen geometrischen Figuren, die zusammengesetzt unter anderem ein Quadrat ergeben. Versuchen Sie, damit vorgegebene Figuren zu legen. Das ist ganz schön anspruchsvoll! Und nun lassen Sie sich zu mehreren Vorlagen die Lösungen geben und legen diese nach. Nach einigen Vorlagen, bei denen Sie nachvollziehen konnten, wie man sie lösen konnte, fangen Sie an, den Dreh herauszuhaben, und es wird viel, viel einfacher, als wenn Sie die ganze Zeit mit eigenen Versuchen verschwendet hätten. Diese Einsicht hat sich auch in der Pädagogischen Psychologie durchgesetzt: Das „Dogma", Kinder müssten selbst die Prinzipien entdecken, um sie wirklich zu verstehen, kostet viele Schülerinnen und Schüler häufig ineffektiv verschwendete Zeit. Es ist also mitnichten immer der Königsweg, wenn die Kinder Lösungen selbst entdecken! Sie lernen auch viel durch Nachmachen, und können das Wissen dann später selbst auf neue Probleme übertragen!

Warum aber geben Lehrkräfte nicht einfach selbst die Lösungen zusammen mit den Hausaufgaben heraus? Man könnte ja einfach die kopierten Lösungsseiten austeilen. Ein möglicher Grund: fehlendes Vertrauen. Wenn die Kinder schon die Seite haben, dann schreiben sie einfach ab, statt es selbst zu versuchen! Meines Erachtens wäre dies erst einmal mehrere Versuche wert: Wenn die Kinder merken, dass es beim Hausaufgabenmachen und Lernen gar nicht um Kontrolle, sondern um ein Angebot geht, und sie nicht hilflos gemacht werden sollen, sondern im Gegenteil jede erdenkliche Hilfestellung an die eigene Hand bekommen, werden sie möglicherweise mit der Zeit besser einsteigen. Falls nicht, müsste man ergänzend eine Zeitlang mit den Prinzipien der pädagogischen Verhaltensmodifikation arbeiten (Kap. 2), aber immer auch erklären, warum (Prinzip 49).

Prinzip 49: Üben und anwenden. Dabei richtig üben und gezielt üben!
Erhalten Kinder und Jugendliche derartige Hilfen für das zunehmend eigenständigere Erarbeiten, können sie

leichter den Ratschlag beherzigen, den Philipp Melanchthon bereits 1537 gab: „Ich weiß, dass die Heranwachsenden von der Arithmetik durch die Meinung abgeschreckt werden, sie sei schwierig. Das ist ein gewaltiger Irrtum, vielmehr sind die Anfangsregeln in so hohem Maße augenscheinlich, dass sie schon Knaben zugänglich sind, weil ja der ganze Gegenstand seinen Ursprung in der Natur des menschlichen Geistes hat. Freilich verlangt er, wie alle Künste, *Übung* und *Anwendung*" (Hervorhebung durch BS).

Üben und Anwenden sind tatsächlich das A und O des Wissenserwerbs. Die Expertiseforschung, die sich fragt, unter welchen Bedingungen Menschen zu herausragenden Experten werden, hat empirisch bestätigt, dass Menschen, die es zum Könner gebracht haben, tatsächlich ganz banal stundenlang, wochenlang, monatelang, ja jahrelang mit Üben zugebracht haben!

Dieses Üben sollte aber *richtig* erfolgen: Der einflussreiche schwedische Psychologe und Expertiseforscher Karl Anders Ericsson hat betont, dass man nicht nur viel, sondern *gezielt* üben muss. Manche mögen das vom Klavierspielen kennen: Vielen macht es mehr Spaß, das ganze Stück auf einmal durchzuspielen, auch wenn man immer wieder an derselben Stelle hängen bleibt, als Takt für Takt zu üben. Viel erfolgreicher wäre allerdings, tatsächlich vor allem die eine Stelle, an der man hängen bleibt, besonders intensiv zu üben, und dann erst das ganze Stück zusammenzusetzen.

Ein Kind, das Latein lernt und die grammatische Konstruktion des *Nominativus cum Infinitivo* (NcI) nicht versteht, profitiert relativ wenig von der Hausaufgabe, einen ganzen Absatz von fünf Zeilen zu übersetzen, in dem viel Standardwissen gefragt ist, aber nur ein einziges Mal ein NcI vorkommt. Vielmehr sollte dieses Kind fünf Sequenzen mit einem NcI übersetzen – der Rest des jeweiligen Bandwurmsatzes interessiert nicht! Analog dazu sollte ein Kind, das in Mathematik keinerlei Schwierigkeiten mit den routinemäßigen Standardaufgaben hat, aber damit, selbst einen Ansatz zu finden, mit dem eine atypische Aufgabe gelöst werden kann, nicht noch mehr Standardaufgaben durchrechnen! Diese zusätzliche Übung ist reine Zeitverschwendung: Es muss zehn Aufgaben haben, bei denen es jeweils einen Ansatz finden muss.

Bei diesem Üben ist Ericsson zufolge ferner wichtig, dass der Lernende auf die Aufgabe *fokussiert* und konzentriert ist. Wie man das Kind in eine solche Haltung hineinführen kann, wurde in Kap. 2 erläutert. Ferner sollte das Kind relativ unmittelbar *Feedback* erhalten. Am Beispiel oben mit dem Ansatzfinden bei Mathematikaufgaben ist dies sofort einzusehen, dass dies hilfreich wäre. So wird es auch bei ausgearbeiteten Lösungsbeispielen gehandhabt. Zudem wäre aber auch emotionales Feedback schön – Anerkennung durch die Eltern (Kap. 2)!

Um richtig gut zu werden in einem Bereich, braucht es Ericsson zufolge noch einen letzten Schritt: Man muss seine *Komfortzone verlassen.* Ericsson zufolge geben sich viele damit zufrieden, passable Skifahrer zu sein, passabel Klavier spielen zu können, aber auch passabel Ärztin zu sein oder ähnliches. Um wirklich gut Ski zu fahren, zu heilen oder auch Biologie zu studieren, darf man sich aber nicht immer nur mit den Aufgaben befassen, die routinemäßig gefordert sind, sondern muss sich selbst auch Herausforderungen außerhalb des Üblichen stellen.

Wenn man zum Beispiel täglich kocht, um die Familie zu ernähren, kann man dabei mit der Zeit zwar richtig gutes Essen zuwege bringen, aber wahrscheinlich probiert man kaum neue Rezepte aus. Trotz unzähliger Stunden, die man am Herd verbracht hat, wird man damit nicht zur Spitzenköchin beziehungsweise zum Meisterkoch! Vielleicht fährt man auch schon seit 30 Jahren täglich eine Stunde quer durch den Berufsverkehr. Dennoch wird man einer brenzligen Fahrsituation im Winterurlaub nicht zwingend besser begegnen als jemand, der erst seit zwei Jahren Auto fährt, aber bereits zwei Fahrsicherheitstrainings mit kritischen Situationen absolviert hat. Wenn man seine Komfortzone nicht verlässt, lernt man trotz zusätzlich investierter Zeit also nichts mehr dazu!

Prinzip 50: Verteiltes Lernen

Das von Schülern und Schülerinnen gerne als „Bulimie"-Lernen bezeichnete kurzfristige massive Lernen führt kaum zu nachhaltigen Behaltensleistungen und effektivem Aufbau von zunehmendem Vorwissen. Das Problem daran ist möglicherweise mehr das „kurzfristige" als das „massierte". Lernen am Stück kann durchaus sinnvoll sein, um in den Stoff „einzutauchen" und unabgelenkt an einer Sache dran zu bleiben, bis sie durchdrungen ist. Was aber in jedem Fall unbedingt erforderlich ist, ist Wiederholung. Diesbezüglich spricht man von *„verteiltem"* Lernen. Wenn ein Kind sich ein ganzes Wochenende lang anschaut, wie das Sinnessystem aufgebaut ist, versteht es dieses möglicherweise besser, als wenn es sich hiermit immer mal wieder eine Stunde beschäftigt. Aber: Um sich den Stoff auch langfristig besser merken zu können, ist (zusätzlich) nötig, die zentralen Aspekte *mehrmals zu wiederholen.*

Ausreichend Wiederholung braucht es vor allem dann, wenn es, wie in der Schule oft der Fall, letztlich um reines Auswendiglernen oder Automatisieren von Operationen geht, etwa bei der Addition in der Mathematik. Empirische Studien zeigen, dass bei solchen Aufgabentypen wenige Minuten Extratraining nachweisbare Effekte nach sich ziehen, die aber verteilt statt einmal am Stück erfolgen sollten.

Effektives Lernen bedeutet deshalb auch zu lernen, sich zu *organisieren.* Einen Plan zu machen. Rechtzeitig anzufangen. Leider unterstützen Lehrkräfte das insofern häufig nicht, da viele selbst erst zwei Tage vor der Klausur einen Plan zu haben scheinen, was überhaupt drankommen soll. Hier müssten die Schülerinnen und Schüler lernen, sich solidarisch zusammenzuschließen und sich gemeinsam für ihre Interessen einzusetzen (für den Umgang mit solchen sozialen beziehungsweise beziehungsbezogenen Aspekten des Lernens Kap. 6).

Prinzip 51: Lernen durch dozieren (unterrichten, erklären)

Zu lernen, sich zusammenzuschließen und gemeinsam vorzugehen statt gegeneinander anzutreten, hat noch weitere Vorteile. Lernen in Arbeitsgruppen beziehungsweise gemeinsam mit anderen kann den Sachverhalt nutzen, dass man am besten *durch lehren lernt.* Das können Sie zum Beispiel beobachten, wenn Ihr Kind in der Schule ein Referat halten musste und genau dieses Thema dann auch in der Schulaufgabe drankam. Was man einmal *einer anderen Person erklären* musste, hat man in der Regel mehr durchdrungen und damit besser verstanden.

Dies können Sie auch zu Hause, ohne Arbeitsgruppe, umsetzen: Lassen Sie sich von Ihrem Kind erklären, was im Unterricht gerade gemacht wird, und versuchen Sie, das zu verstehen! Das kann wirklich interessant und lehrreich sein! Nicht nur zeigen Sie Ihrem Kind damit am Modell eine echte Lernzielorientierung (Prinzip 30), sondern Sie bringen das Kind auch dazu, den Stoff in eigenen Worten zu formulieren. Dabei wird es merken, wo es stockt beziehungsweise noch einmal nachschauen muss. Oder es bezieht Sicherheit daraus, dass „selbst Sie" das durch die Erklärung des Kindes so schnell verstanden haben! Sie sehen also: Sie müssen gar nicht Experte in dem Stoff sein, um Ihrem Kind helfen zu können. Und nebenbei ist diese Art der fachlichen Unterstützung Arbeit an der Beziehung (Prinzipien 13 und 14).

Prinzip 52: Querverbindungen herstellen!

Lehrkräfte unterrichten in der Regel ihr eigenes Fach und wissen nicht, was die Kolleginnen und Kollegen gerade machen. Möglicherweise war vor nicht allzu langer Zeit in Geschichte eine Epoche dran, aus der nun auch in Deutsch Lektüren gelesen werden. Die Kinder sind nicht darin geübt, eigenständig solche *Parallelen* zu entdecken – wenn Sie Ihnen dabei helfen, wird es aber mit der Zeit für sie zur Routine. Das macht es ihnen dann in Deutsch und in Geschichte und eventuell sogar in Kunst leichter, für die nächste Schulaufgabe zu lernen.

Auch bei Sprachen helfen *Querverbindungen,* schneller zu lernen. Wenn man einmal sehen gelernt hat, wie viel Latein in Englisch steckt, bleiben die englischen Vokabeln (oder umgekehrt die lateinischen) ungleich besser haften. Allein wenn das Kind versucht, die gemeinsame Wurzel von zwei Wörtern zu finden, hat es danach die jeweils andere Vokabel „automatisch" mitgelernt. Man spricht auch von *elaborieren:* vertiefen durch verknüpfen.

Prinzip 53: Abstrahieren – Stoff in eigenen Worten zusammenfassen

Die bisherigen Prinzipien in diesem Kapitel haben gemeinsam, dass das Kind *aktiv* am Stoff arbeitet. Eine Minimalversion dessen besteht darin, dass es *in eigenen Worten* das Wissen *zusammenfasst.* Werden zu viele vorformulierte Arbeitsblätter ausgegeben, brauchen die Schülerinnen und Schüler nicht mehr selbst aufschreiben, worum es geht. Da tiefere (aktive) Verarbeitung aber zu längerfristiger Behaltensleistung führt, wäre selbst ein einfaches Abtippen oder Abschreiben in eine eigene Datei beziehungsweise ins Heft hilfreich, selbst mit nur geringfügigen eigenen Umstrukturierungen. Als nützlich hat sich auch schlichtes *Unterstreichen* erwiesen. Am Anfang muss man allerdings selbst diese einfache Strategie besprechen, da viele Schüler und Schülerinnen dazu neigen, einen zu großen Teil des Textes zu markieren. Zusammenfassende Notizen am Rand erfordern ebenfalls eine gewisse Abstraktionsleistung und dienen damit demselben Zweck.

Das Prinzip, den Stoff in eigenen Worten zusammenzufassen, wird beim schon angesprochenen Arbeiten in Gruppen automatisch umgesetzt. Wenn Ihr Kind weder eine Arbeitsgruppe hat, noch Sie Zeit haben, dass das Kind ihnen den Stoff erklärt, dann soll das Kind halt den Stoff wenigstens der Wand erzählen – auch damit fasst es selbst aktiv den Stoff zusammen und es übt, Sätze zu formulieren. Wenn es das der Wand auch noch laut sagt, übt es ferner mündliche Beiträge zu leisten und nicht durch die eigene Stimme irritiert zu sein.

Prinzip 54: Fragen an den Stoff stellen!
Ermuntern Sie Ihr Kind, nicht zu meinen, immer alles „können" zu müssen, sondern die Stellen zu finden, wo etwas unklar ist! Und weiterzufragen! *Fragen zu stellen* gilt als eine der effizientesten Lernstrategien! Der Physik-Nobelpreisträger Isidor Isaac Rabi wird in verschiedenen Quellen mit der Behauptung zitiert, seine Mutter habe großen Anteil an seinem Werdegang – etwa in „Great Minds Start With Questions" in der amerikanischen Elternzeitschrift *Parents Magazine* aus September 1993:[3]

> My mother made me a scientist without ever intending to. Every other Jewish mother in Brooklyn would ask her child after school: So? Did you learn anything today? But not my mother. ‚Izzy,' she would say, ‚did you ask a good question today?' That difference – asking good questions – made me become a scientist.

---

[3]„Meine Mutter hat mich zum Wissenschaftler gemacht, ohne das überhaupt zu beabsichtigen. Jede andere jüdische Mutter in Brooklyn fragte ihr Kind nach der Schule: Was hast du heute gelernt? Nicht so meine. ‚Izzy', pflegte sie zu fragen, ‚hast du heute eine gute Frage gestellt?' Dieser Unterschied – gute Fragen stellen – hat mich zum Wissenschaftler werden lassen." (Übersetzung durch BS).

Dies ist natürlich der Königsweg des aktiven Erarbeitens von Stoff!

Prinzip 55: Klüger auswendig lernen – klassische Lernstrategien anwenden

Leider muss man in der Schule vieles einfach stumpf auswendig lernen. Hierzu sollte man als Minimum berücksichtigen, dass man dieses zunächst mehrere Male kurz hintereinander wiederholen sollte, dann nach einem kurzen Abstand noch einmal einige Male und dann wieder mit zunehmend längeren Abständen und zunehmend weniger häufig – aber eben wiederholt zu wiederholen!

Stapel-Methode Dabei hilft die *Drei-Stapel-Methode,* manchmal auch *Fünf-Stapel-Methode.* Die Vokabeln, Formeln etc. werden auf eine Seite einer Karteikarte geschrieben, die Übersetzungen oder Erläuterungen auf die andere. Man kann sich nun selbst abfragen und die Lösung durch Drehen der Karte überprüfen. Konnte man die Vokabel flüssig und vollständig, kommt sie auf Stapel 1. Kommt sie richtig, aber stockend, auf Stapel 2. Weiß man sie gar nicht, auf Stapel 3. Stapel 1 wird an diesem Nachmittag gar nicht mehr angefasst und mit dem neu durcheinander gemischten Stapel 2 beginnt man das Wiederholen. Was jetzt flüssig war, kommt ebenfalls weg. Was nicht flüssig war, landet auf Stapel 3. Dieser wird dann so lange neu gemischt und wiederholt, bis alle Karten weg sind oder nur noch ein kleiner übrig bleibt, mit dem man am nächsten Morgen beginnt. Man stellt also sicher, dass die weniger gut gelernten Verbindungen *häufiger* wiederholt werden und man nicht wertvolle Lernzeit mit dem Stoff vergeudet, den man ohnehin schon kann. Dank des Mischens werden die Vokabeln nicht einfach mithilfe des Ortes, an dem sie im Vokabelheft in der Liste standen, kurzfristig erinnert, sondern langfristig und auch in anderen Kontexten, etwa in einem Übersetzungstext zwei Jahre später.

Strukturieren und Bündeln Häufig müssen Schülerinnen und Schüler auch längere Listen von Unterpunkten, Merkmalen oder ähnlichem lernen. Diese Listen können verblüffend unsortiert, unsystematisch durcheinander sein und auch schlicht zu lang. Die Lernpsychologie hat gezeigt, dass man sich Listen von sieben (eigentlich fünf) plus/minus zwei Punkten gut merken kann. Bei Listen von zwölf einzelnen Punkten ist eine inhaltliche Gliederung sinnvoll: Man versucht, nach Gruppen zu *sortieren* und für diese Überschriften zu finden. So kann man den Stoff auf fünf Überpunkte *reduzieren.* Lernt man zunächst die Überpunkte und separat zu den Überpunkten die zwei oder drei Unterpunkte, bewegt man sich jeweils in dem Bereich von sieben (fünf) plus/minus zwei.

Wenn Sie beispielsweise Ihrer Partnerin oder Ihrem Partner auf dem Weg zum Einkaufen noch nachrufen, doch bitte Orangen mitzubringen und Milch. Und, ach ja, auch noch Käse und Salz. Bitte auch Äpfel, Spaghetti und Butter. Vielleicht noch Tomaten und Wein. Salz auch noch, und, klar, die Zeitung nicht vergessen. Dann bekommen Sie wahrscheinlich nur die Hälfte davon.

Sagen Sie aber: „Kannst du bitte aus der Milchabteilung Milch, Butter und Käse mitbringen? Und aus der Gemüseabteilung Äpfel, Orangen und Tomaten. An Haltbarem bring Spaghetti, Salz und Wein mit. Und zum

Schluss noch bitte die Zeitung, ja?" Die Liste ist ungleich leichter zu reproduzieren – und Sie bekommen den vollständigen Einkauf.

Akronyme Zusätzlich kann man sich selbst ein kleines Akronym basteln und braucht sich dann nur noch das zu merken. Für das Einkaufsbeispiel wäre MiGeHaZ denkbar: *Mi*lchabteilung, *Ge*müse, *Ha*ltbares und *Z*eitung. Jetzt geht man zu *Mi* – der Milchabteilung, und dort muss man nur die leicht zu merkende Anzahl von drei Dingen abrufen, das Gleiche beim Gemüse und bei den haltbaren Lebensmitteln. Bleibt einzig noch die Zeitung.

Was steckt dahinter? Damit längere Listen, beispielsweise auf vier Spiegelstriche reduziert, auch zuverlässig reproduziert werden, fasst man also die vier verbliebenen Punkte noch weiter zu einem Wort. Hier haben wir aus den Anfangsbuchstaben der vier Überpunkte eine Wortneuschöpfung kreiert, ein *Akronym* gemacht. Ergeben solche Akronyme dann sogar noch ein richtiges Wort oder einen Namen, ist es noch mal leichter: AIDA – *attention, interest, desire, action* – ist ein bekanntes Beispiel.

Merksätze beziehungsweise Eselsbrücken „Wer nämlich mit h schreibt, ist dämlich!" Wer hat das nicht selbst erlebt: Solche Eselbrücken muss man nur einmal hören, schon hat man sich den Inhalt gemerkt. Nicht alle Eselsbrücken müssen dabei „däm"lich (oder „herrlich") sein wie diese, sondern sie können richtig nett sein: „Im Osten geht die Sonne auf, im Süden will sie hoch hinaus, im Westen will sie untergeh'n, im Norden ist sie nie zu seh'n."

Eselsbrücken oder Merksätze sind extrem hilfreich, allerdings leider auch selten. Viel mehr als „753 – Rom schlüpft aus dem Ei" oder „*M*ein *V*ater *e*rklärt *m*ir *j*eden *S*onntag *u*nsere *n*eun[4] Planeten", als Merkhilfe für die Planeten *M*erkur, *V*enus, *E*rde, *M*ars, *J*upiter, *S*aturn, *U*ranus, *N*eptun und *P*luto werden kaum im Unterricht vermittelt.

Man kann sich solche Eselsbrücken aber *selbst basteln.* Das Lernen der römischen Zahlen etwa ist gar nicht so einfach wie das viele Lehrkräfte denken. I und X schaffen die Schülerinnen und Schüler noch leicht, aber schon C kann schwierig sein. Hier hilft ihnen die Strategie, *aus bekanntem Wissen* etwas *abzuleiten:* C kommt von Centum = 100. Was aber mit V = 5, L = 50 und D = 500 machen? Beim Versuch, diese willkürlichen Buchstaben-Zahlenzuordnungen auswendig lernen zu wollen, kann man ganz schön ins Schwitzen kommen! Und schon hat man seinen Merksatz: „*V*om *L*ernen *D*urstig": *V* kommt vor *L* und *D,* muss also die 5 sein. Da dann L kommt, muss L die 50 sein und D die 500. Solche Sätze zu finden, kann manchen Kindern richtig Spaß machen, und Lernen wird enorm abgekürzt.

Weitere Mnemotechniken Während Akronyme und Merksätze relativ leicht umsetzbar sind und Schülerinnen und Schüler schnell lernen, solche zu nutzen oder selbst zu kreieren, treffen andere bekannte Mnemotechniken eher auf Widerstand, da sie als zu aufwendig empfunden werden – etwa die Methode der Orte oder die

---

[4]Zwischenzeitlich wurde Pluto der Status eines Planeten aberkannt. Für die nun acht Planeten gibt es verschiedene Abwandlungen des alten Merkspruches.

Schlüsselwortmethode. Dann kann man versuchen, die Methode an Alltagsbeispielen zu illustrieren. So kennt das Kind vielleicht das Phänomen, vor längerer Zeit eine Bergwanderung gemacht zu haben, sich nun aber nicht mehr genau an den Weg zu erinnern. Geht es den Weg erneut, kann es sich bei jeder Weggabelung plötzlich an die nächste Etappe erinnern, aber immer noch nicht viel weiter. Die Methode der Orte macht sich genau dies zunutze: Kommt man gedanklich an einen Ort, ist eine mit diesem Ort verbundene Erinnerung „automatisch" da. Bei der Technik soll man sich Wege vorstellen, die man gut kennt, und an allen möglichen Wegpunkten und -gabelungen einen zu merkenden Sachverhalt „ablegen". Um dieses Wissen dann abzurufen, muss man dann nur noch innerlich diesen Weg abgehen. Ob für Ihr Kind solche sehr wohl effektiven, aber eben manchmal auch leider mit anfänglichem Unbehagen verbundenen Techniken taugen, müssen Sie individuell ausprobieren.

Prinzip 56: Episoden um Wissen kreieren
Weniger Unbehagen löst in der Regel folgende Lernstrategie aus: Um den zu lernenden Stoff herum soll eine *Episode* kreiert werden, ein kleines Ereignis, ein Geschehen, da man im Schlepptau einer lebendigen Episode verblüffend viele Details abspeichert. Dieses Phänomen lässt sich am Beispiel des Angriffs auf das World Trade Center veranschaulichen. Die meisten können sich nicht nur genau an den Moment erinnern, als sie davon erfahren haben, sondern dazu noch irrelevante Details – etwa an das, was sie gerade gegessen haben oder was die Person anhatte, die ihnen die Nachricht erzählt hat.

Zu lernendes Wissen in ein kleines Theaterstück einzubauen – oder noch besser: in einen lustigen Sketch –, macht es in ähnlicher Weise einfach, dieses Wissen später abzurufen. Lehrkräfte könnten beispielsweise im Unterricht entscheidende Sitzungen nachspielen lassen, in welchen über eine neue Verfassung debattiert wurde. Sollen die Schülerinnen und Schüler zum Beispiel die Atlantik-Charta nie wieder vergessen, lässt man einen Schüler Churchill spielen und einen anderen Roosevelt. Sie sollen sich vorstellen, auf dem Schiff im Atlantik zu sein und zehn Minuten lang über gemeinsame Ideen diskutieren und die wichtigsten Grundsätze zu Papier zu bringen. Wenn so etwas im Unterricht nicht gemacht wird, ist vielleicht in der Familie Raum dafür?

Prinzip 57: *Seeding* **– einen Samen pflanzen**
Eine weitere hilfreiche Technik stammt eigentlich aus der Psychotherapie (Kap. 7): Einen Samen pflanzen beziehungsweise auf Englisch *seeding*. Vor der eigentlichen absichtsvollen, gezielten, *deliberate* Lern- beziehungsweise Übephase wird eine Phase vorangeschaltet, in der sich das Kind noch gar nichts (bewusst) merken soll. Es wird aber schon einmal ein Konzept erwähnt, es fällt schon einmal ein einschlägiger Name oder es wird eine bestimmte Idee angerissen – ein Samen wird gepflanzt.

Wird dieses Konzept später dann richtig erläutert, ist es schon vertrauter, und kann tatsächlich leichter gelernt werden. Die Minimalvariante des *seeding* besteht darin, die Seite mit den Vokabeln einfach einmal durchzulesen, bevor sie als Hausaufgaben aufgegeben werden. Wenn sie dann tatsächlich gelernt werden müssen, ist bereits ein Anker dafür da. Der Same geht auf!

Prinzip 58: Testeffekt: sich gegenseitig abfragen

Unter Prinzip 51 habe ich bereits ausgeführt, warum es sinnvoll ist, mit einem *Gegenüber* zu lernen – mit Mitschülerinnen und Mitschülern oder einem Elternteil. Egal, mit welcher der oben beschriebenen Techniken Ihr Kind den Stoff gelernt hat: Zusätzlich kann man den sogenannten *Testeffekt* nutzen: Wissen *abrufen* zu müssen, führt zu besserem Lernen als Wissen wiederholt einfach für sich zu rekapitulieren. Statt Vokabeln zehnmal zu wiederholen, ist es demnach sinnvoller, sie fünfmal zu wiederholen und dann abgefragt zu werden. Perfekt ist es natürlich, wenn sich zwei Schüler/innen gegenseitig ausfragen: Eine Person wiederholt, die andere ruft dabei das Wissen ab. Zusätzlich ist ganz nebenbei eine soziale Situation geschaffen.

In Kürze

Lernen kann durchaus schlauer vonstattengehen als stumpfes Wiederholen der Hefteinträge. Um sich Stoff zunächst eigenständig zu erarbeiten, hilft Lehrmaterial, das Lernen mit ausgearbeiteten Lösungsbeispielen ermöglicht. Es braucht allerdings immer eigenständiges Üben und Anwenden. Dabei heißt richtiges Üben, die Schwachstellen gezielt und konzentriert anzugehen, statt die starken immer wieder zu wiederholen. Zwischen den Wiederholungen sollte etwas Zeit liegen, da verteiltes Üben erfolgreicher ist als Üben en bloc. Je aktiver der Stoff erarbeitet wird, desto besser. Dies umfasst

- abstrahieren, etwa durch Zusammenfassen des Stoffs in eigenen Worten, oder wenigstens beim gezielten Unterstreichen,
- elaborieren, also Vertiefen durch Herstellen von Querverbindungen, und ganz besonders
- eigene Fragen zu stellen!

Selbst beim reinen Auswendiglernen kann man optimieren, begonnen mit *seeding* über bündeln/strukturieren, Akronyme und Merksätze bis zu klassische Mnemotechniken wie der Methode der Orte. Nicht vergessen sollte man den Testeffekt: Wissen zwischendrin abrufen zu müssen bringt mehr als es immer wieder nur zu rekapitulieren. Hierbei kann man den sozialen Effekt zusätzlich nutzen und sich gegenseitig abfragen.

Diese Hinweise sollen eine erste Anregung sein. Wer es schafft, all dies umzusetzen, kann dann gerne zusätzlich komplizierter erscheinende Techniken wie beispielsweise die Schlüsselwortmethode und ähnliches ausprobieren. Viel wäre aber schon gewonnen, wenn überhaupt ein Grundstock davon umgesetzt werden würde. Die hier vorgestellte Zusammenstellung erscheint alltagstauglich und realistisch, vor allem, wenn Sie die Prinzipien aus Kap. 2 beherzigen. Denken Sie bitte auch daran: Macht sich Ihr Kind an all diese viele Arbeit mit Üben und Anwenden, hat es schon zwischendrin immer mal wieder eine kleine Anerkennung verdient (Prinzip 1)!

6

Soziales Problem – Situationen und Denken ändern

Wie im einleitenden Kapitel bereits ausgeführt, erleben Kinder und Jugendliche im Zusammenhang mit der Schule zahlreiche Frustrationen, die zu Hause abgefedert

© Springer-Verlag GmbH Deutschland, ein Teil von
Springer Nature 2019
B. Schuster und A. Fahle, *Mit mehr Leichtigkeit und Freude durch
die Schulzeit,* https://doi.org/10.1007/978-3-662-57311-2_6

werden müssen. In Bezug auf leistungsbezogene Schwierigkeiten finden sich in Kap. 5 einige mögliche Strategien, in Hinblick auf Motivation und emotionales Wohlbefinden führen die Kap. 3 und 4 aus, welche Haltungen und welches Denken hilfreich sein könnten.

Eine spezielle Art schulischer Frustrationen bedarf darüber hinaus besonderer Aufmerksamkeit: Ablehnung durch Mitschüler und Mitschülerinnen und/oder Lehrkräfte. Durch diese Zurückweisung werden die Bedürfnisse nach *Zugehörigkeit* und *Anerkennung* bedroht. Dem betroffenen Kind kann es schon helfen, wenn es seine eigenen Reaktionen besser *einordnen* kann und es versteht, warum es die Situation als so belastend erlebt. Dafür wirkt es sich günstig aus, wenn ihm seine Umwelt Empathie – Einfühlungsvermögen – entgegenbringt. Deswegen erläutere ich zunächst, warum diese Bedürfnisse so fundamental oder gar existenziell sind. Hieraus ergibt sich dann, dass es in solchen Fällen vordringlich ist, die *Situation* zu ändern. Um dies aber effektiv zu erreichen, bietet es sich erneut an, am eigenen *Denken* anzusetzen sowie dem Kind *Selbstbehauptung* beizubringen beziehungsweise es selbst zu lernen.

Prinzip 59: Schluss mit dem Bagatellisieren – das Leid verstehen lernen!

Viele bagatellisieren nach wie vor angespannte *peer*-Beziehungen, nach dem Motto: „Nun ja. Kinder können ganz schön brutal sein", das sei schließlich normal. Dann wird häufig ein *naturalistischer Fehlschluss* gezogen: Was normal ist, soll auch so sein. Gleiches gilt für Lehrkräfte, die als ungerecht wahrgenommen werden: „Es gibt halt immer solche und solche. Jeder hat mal Pech. Damit muss man leben."

Beginnen wir erst einmal damit, ob es „normal" ist, von anderen abgelehnt und gar ausgeschlossen zu werden. In der Tat gibt es ganz frühe Zeugnisse solcher Prozesse: Bereits in der Bibel wird in der Josephsgeschichte beschrieben, wie die eifersüchtigen Brüder den Lieblingssohn des Vaters ausstoßen, dieser gar in die Sklaverei verkauft wird. Auch aus dem antiken Griechenland ist dieses Phänomen bekannt: Beim sogenannten Scherbengericht (ὁ ὀστρακισμός – Ostrakismos) konnten die Bürger Athens im 5. Jahrhundert vor Christus die Namen missliebiger Personen auf Tonscherben ritzen. Erhielt eine Person genügend Nennungen, konnte sie für einige Jahre der Stadt verwiesen werden. In der englischsprachigen sozialpsychologischen Literatur verwenden viele Arbeiten deshalb den Fachbegriff *ostracism* (Ostrazismus). Auch aus dem Tierreich ist das Phänomen bekannt, und bereits Konrad Lorenz übertrug den hier verwendeten Begriff *Mobbing* auf ein äquivalentes Beispiel von Verhalten bei menschlichen Jugendlichen. Und die meisten Erwachsenen können sich an entsprechende Situationen aus der eigenen Schulzeit erinnern oder erleben oder beobachten solche am eigenen Arbeitsplatz.

Also: Nichts Neues unter der Sonne. Warum also so ein Drama veranstalten? Was ist an Zurückweisung durch *peers* so schlimm, was an Ablehnung durch eine Lehrkraft? Außer dass die Kinder und Jugendlichen schlicht und einfach keine freudvolle, leichte Schulzeit haben, zeigt eine Vielzahl von Studien darüber hinaus eine immense Bandbreite negativer Folgen: von sozialen Phobien über

Depression, Essstörungen und selbstverletzendem Verhalten bis hin zu Lebensmüdigkeit beziehungsweise Selbstmordgedanken. Auch die schulische Leistungsfähigkeit wird in Mitleidenschaft gezogen!

Eine einflussreiche Studie zu sogenanntem *sozialem Schmerz (social pain)* macht anschaulich, wie ernst das Leid ist, wenn jemand *beleidigt* wird, wie krankmachend es sein kann, wenn jemand *gekränkt* wird, wie groß der Schmerz, wenn jemand *schmerzenden* Erfahrungen ausgesetzt ist. Der Sozialpsychologe Kip Williams sowie die Neurowissenschaftlerin Naomi Eisenberger und der Neurowissenschaftler Mathew Lieberman baten normale Versuchspersonen, sich per funktioneller Magnetresonanztomografie (fMRI) das Gehirn durchleuchten zu lassen, während sie verschiedene Tätigkeiten ausführten. Zunächst stachen die Versuchsleitenden den Teilnehmerinnen und Teilnehmern kurz in den Finger – und der Scanner zeigte, wie erwartet, Aktivität in denjenigen Hirnregionen an, von denen man weiß, dass sie bei der Verarbeitung von Schmerzreizen beteiligt sind.

Danach kam das eigentlich interessierende Experiment. Die Versuchspersonen sahen auf dem Bildschirm vor sich je eine Figur links, oben und rechts am Bildschirm. Diese repräsentierten angeblich drei Mitspieler an anderen Computern. Ferner sahen sie eine Hand, die sie selbst symbolisieren sollte, und einen Ball. Wurde die Hand der Versuchsperson angespielt, konnte sie mit den Cursortasten bestimmen, an welche der drei Figuren sie den Ball weiterspielt. Am Anfang erhielten alle den Ball relativ gleichmäßig, und so ging es für die eine Hälfte der Versuchspersonen auch weiter. Die andere Hälfte von

Versuchspersonen wurde allerdings nach einer gewissen Zeit von den angeblichen drei weiteren Mitspielern nicht mehr angespielt – und dieselben Zentren fingen zu leuchten an, die vorher bei der Schmerzverarbeitung beteiligt gewesen waren! Für das Gehirn ist also Schmerz gleich Schmerz – egal, ob körperlicher oder seelischer.

Allein die Kenntnis dieser Studie hilft, dem betroffenen Kind mehr Mitgefühl entgegenzubringen und es besser emotional unterstützen zu können. Darüber hinaus könnte man auch dem Kind selbst von dieser Studie erzählen. Es kann dann seine eigenen Reaktionen besser einordnen und „macht sich nicht noch selbst runter" dafür, dass es solche „Kleinigkeiten" so ernst nimmt.

Zudem hat die Stressforschung gezeigt – auch dies zu wissen, hilft –, dass ein großes negatives Ereignis viel leichter zu verarbeiten ist als es viele, kleine, wiederholte, nicht-endende Mühseligkeiten sind. Im Englischen spricht man von *daily hassles* – alltäglichen Ärgernissen oder auch Mikrostressoren. Bei Mobbing hat man es sehr klar mit Letzterem zu tun – es hört und hört nicht auf.

Wenn Menschen ein großes negatives Ereignis erleben, wenn sie zum Beispiel Opfer einer Naturkatastrophe werden oder als Feuerwehrmann an einem sehr belastenden Einsatz beteiligt waren, entwickeln viele eine sogenannte Posttraumatische Belastungsstörung (PTBS). Dasselbe haben mehrere Studien auch bei Mobbing gefunden! Typisch für eine PTBS sind unter anderem intrusive Gedanken: Ohne es kontrollieren zu können, drängen sich belastende Erinnerungen ins Bewusstsein. Bei einem Feuerwehrmann würde niemand auf die Idee kommen, ihm zu sagen, er solle einfach nicht mehr daran denken, es einfach nicht mehr so ernst nehmen. Einem Kind, das Opfer von Mobbing wurde, rät man aber genau das! Ist es wirklich so viel stärker als der Feuerwehrmann?!

Verschärfend kommt für die Kinder und Jugendlichen hinzu, dass traditionelle Gruppen, in denen man „qua Geburt" Mitglied war, seltener oder weniger bedeutend geworden sind: Familie und Nachbarschaft erfahren deutlich höhere Fluktuation als früher, ebenso die Gruppen in Vereinen. Und Kirchengemeinden, die einst Hort von Stabilität und Gemeinschaft waren, haben ebenfalls massiv an Bedeutung verloren. Dafür ist die Wichtigkeit, akzeptiertes Mitglied in der *peer*-Gruppe zu sein, nicht nur durch die hohe Zahl an Stunden, die man mittlerweile in der Schule verbringen muss, sondern auch durch die Digitalisierung sogar noch gestiegen: Wer nicht in einer WhatsApp-Gruppe aufgenommen wurde, der wird auch im analogen Kontext vergessen, wenn es um eine gemeinsame Aktivität geht. Und wer die Schule wechseln möchte, um Mobbing zu entfliehen, ist noch nicht einmal am Schultor der neuen Schule angekommen, da eilt ihm per *cybermobbing* schon längst sein Ruf voraus. Keineswegs ist mit neuen Mitschülerinnen und Mitschülern also ein Neuanfang garantiert!

Diese Schwierigkeiten, einen Platz in einer Gruppe zu finden, erleben wir alle deshalb als so gravierend, weil wir *evolutionär* so angelegt sind, dass wir die Gruppe zum Überleben brauchen. Wir spüren instinktiv, dass der soziale Tod in unserer Vorzeit häufig gleichbedeutend mit dem physischen war: Gemeinsam in der Gruppe kann man deutlich erfolgreicher jagen. Ohne Schutz der Gruppe ist dagegen selbst das Sammeln von Beeren oder

Pilzen gefährlicher. Kip Williams, einer der Autoren der beschriebenen Schmerzstudie, berichtet von einer früher bei den australischen Ureinwohnern praktizierten Variante der Todesstrafe: Die Stammesältesten zeigten mit einem Stück Holz auf den Delinquenten. Diesem Holz wurden magische Kräfte zugeschrieben, da die so sanktionierte Person offensichtlich in der Regel sehr schnell starb. Niemand durfte mehr mit dieser Person sprechen oder ihr Essen bringen, nichts war mehr erlaubt. Sie war vollkommen ausgestoßen, was offensichtlich so viel Stress ausgelöst hat, dass dieser zu dem auch von anderen Naturvölkern bekannten *psychogenen Tod* geführt hat.

In das hier gezeichnete Bild passt, dass Psychotherapeutinnen und -therapeuten informell dasselbe sagen, was die Gesellschaft der Amerikanischen Psychologen und Psychologinnen (APA) mittlerweile auf ihrer Homepage betont: Die Folgen von andauernder emotionaler Misshandlung in der Kindheit können mindestens genauso schwerwiegend oder gar schwerwiegender sein als die von einmaligen sexuellen Übergriffen.

Prinzip 60: Auch Ablehnung durch die Lehrkraft nicht bagatellisieren!
Eine weitere ungute Folge von Mobbingerfahrungen besteht in Leistungseinbrüchen. Bei Prinzip 31 haben wir die Studie von Mercer und DeRosier vorgestellt. Sie zeigt, dass geringe Sympathie durch Lehrkräfte zunächst zu einem Einbruch im sozialen Status geführt hatte und danach in den Leistungen. Die Betroffenen, ebenso die mobbenden Mitschülerinnen und Mitschüler sowie die passiven Mitlaufenden spüren in solchen Fällen häufig,

dass das entsprechende Kind „vogelfrei" geworden ist, dass die Lehrkraft dieses Kind weniger schützen wird als andere, mit denen sie sich zu „verbrüdern" scheint. Manche Lehrkräfte ziehen sich sogar in best-gemeinter Absicht bewusst von gemobbten Kindern zurück, da sie der Klasse nicht den Eindruck vermitteln wollen, sie würden genau dieses Kind bevorzugen, indem sie sich etwa bei Streitereien immer hinter dieses Kind stellen. Diese manchmal sogar in Fortbildungen ausdrücklich angeratene(!) Strategie verkennt, dass es in Bezug auf keines der Kinder je richtig gewesen wäre, *parteiisch* zu sein! Wie in Kap. 2 ausführlich erläutert, geht es vielmehr darum, sehr klar das Verhalten abzulehnen, nicht aber die Person – angenommen werden sollten alle Schülerinnen und Schüler.

Zieht sich die Lehrkraft dagegen zurück, kann sich das betreffende Kind im Klassenzimmer weniger sicher fühlen als die anderen Mitschülerinnen und Mitschüler. Hiermit stehen dem Kind weniger gedankliche Ressourcen zur Lösung der schulischen Anforderungen zur Verfügung als denjenigen, die sich um ihre Sicherheit keine Sorgen machen müssen.

Bei Leistungseinbrüchen sollte man deshalb immer auch prüfen, ob unerkannt und/oder unabsichtlich solche Prozesse eingesetzt hatten. Dies ist umso wichtiger, als Lehrkräfte – in der Regel unabsichtlich oder eben möglicherweise sogar in bester Absicht – maßgeblich weitere situationale Faktoren mitgestalten, die die Ausgrenzungsdynamiken noch weiter befördern (Prinzip 62).

Interessanterweise löst diese Dynamik nicht nur bei Gemobbten oder Ausgegrenzten Stress aus, sondern auch bei den beobachtenden Mitschülerinnen und Mitschülern. Zu realisieren, dass keiner einschreitet, dass man „das" ungestraft mit jemandem machen darf, löst bei manchen Kindern und Jugendlichen die Angst aus, gegebenenfalls selbst in diese Rolle zu kommen. Bei anderen Schülerinnen und Schülern mag dies auch ein schlechtes Gewissen auslösen, dass man nichts unternimmt – auch nicht schön!

Vor diesem Hintergrund sollte man genau so wenig bagatellisieren, wenn ein Kind den Eindruck hat, von der Lehrkraft nicht gemocht zu werden oder dass diese ungerecht sei, als wenn das Kind den Eindruck hat, von den Mitschülerinnen und Mitschülern abgelehnt zu werden.

Prinzip 61: Vorsicht vor dem *fundamentalen Attributionsfehler* und *Bestätigung durch Verhalten* – bitte keine Opferbeschuldigung!
Von Mobbing und massiver Ausgrenzung sind nur wenige Klassen völlig verschont, in den meisten Klassen findet man eine Konzentration auf ein bis zwei Opfer, wie ich in einer eigenen empirischen Studie bereits in den 1990er-Jahren an deutschen Schulen gefunden habe. Dass diese Dynamik damit nur eine kleine Untergruppe betrifft, führt dazu, dass man als beobachtende wie auch als betroffene Person dazu neigt, der gemobbten Person *selbst* die Schuld zuzuschreiben. Der ist ja auch so komisch; die gefällt sich ja in der Rolle!

Eine Schulamtsleiterin hat einmal explizit vor einer Fortbildung im informellen Gespräch gesagt, dass sie sich zur Regel gemacht habe, erst zu fragen, ob jeweils noch andere in der Klasse betroffen wären. Wenn *nur eine*

Mutter das Klima der Klasse moniere, werde sie grundsätzlich nicht aktiv! Doch selbst wenn diese Schulamtsleiterin beschlossen hätte, mal „selbst nach dem Rechten zu sehen", und die Klasse besucht hätte, hätte möglicherweise eine zweite Falle zugeschlagen, die unsere Psychologie uns stellt: Hätte sie nämlich das betreffende Kind in der Klasse beobachtet, dann wäre ihr wahrscheinlich aufgefallen, dass es tatsächlich mürrischer oder stiller, weniger offen, weniger fröhlich, weniger aufgeschlossen auftritt als die anderen. Während diese sich mit einem lustigen Spruch, einer herzlichen Umarmung, einem netten Blick begrüßen, trottet das betreffende Kind einfach wort- und blicklos zu seinem Platz. Der „naheliegende" Schluss: Er müsste halt mal offener sein oder sie bräuchte eben ein Training in sozialer Kompetenz!

Diesem Trugschluss saßen lange auch Forschende auf. Die Annahme war, man müsse nur durchschnittliche oder beliebte Kinder beobachten und schauen, wie diese sich typischerweise verhalten – und solches Verhalten dann abgelehnten Kindern beibringen. Damit wäre das Problem gelöst. Dieser Ansatz verkennt, dass man bestimmte Verhaltensweisen erst zeigen kann, wenn man in einer bestimmten Position ist: Schlägt ein beliebtes Kind vor, noch Eis essen zu gehen, gehen alle begeistert mit. Tut ein unbeliebtes Kind dies, zerreißen sich die anderen womöglich zusätzlich die Mäuler darüber, wie wenig das Kind kapiert! Dass die *Situation,* in der man steckt, die Bandbreite an möglichen Verhaltensweisen begrenzt, sollte man unbedingt verstehen lernen, statt dem Kind sein Verhalten vorzuhalten.

Prinzip 62: Den Einfluss situationaler Faktoren erkennen lernen!

In der Einleitung wurde betont, dass aus sozial- und pädagogisch-psychologischer Sicht Faktoren in der *Situation* mindestens genau so bedeutsam sind wie Merkmale des betroffenen Kindes, wenn nicht gar wichtiger, wenn man Mobbing verstehen möchte. Wie die wiederholt angesprochene Studie von Mercer und DeRosier gezeigt hat, befindet sich ein von der Lehrkraft geschätzter Schüler oder eine Schülerin in einer ganz anderen *Situation* als ein Kind, das die Lehrkraft weniger mag. So kann ein eher ängstliches Kind, das sich aber in der Sicherheit der Anerkennung durch die Lehrkraft weiß, im Unterricht möglicherweise deutlich selbstbewusster auftreten als ein eigentlich vorlauteres Kind, das aber weiß, dass die Lehrkraft jede seiner Äußerungen missbilligen wird. *Stärkeungleichgewicht* spielt in Mobbing-Prozessen eine so zentrale Rolle, dass die meisten Definitionen eben dies als essenziellen Bestandteil von Mobbing verlangen: Alles, was einem Kind zu relativer Stärke verhilft, schützt das Kind, beziehungsweise was es relativ schwächt, setzt es einem Risiko aus.

Situationale Faktoren mögen auch ganz „zufällig" zustande kommen. Stellen Sie sich beispielsweise eine gerade neu zusammengestellte Grundschulklasse vor. Hierin wurde auch eine Gruppe von vier Kindern aufgenommen, die schon seit langer Zeit befreundet ist. Man hat sich in den vergangenen Jahren nicht nur regelmäßig getroffen, sondern war auch in der großen Gruppe mit allen vier Elternpaaren wiederholt gemeinsam im Urlaub. Viele weitere Kinder kommen aus demselben

Gemeindebezirk, aber zwei aus einem ganz anderen, und ein Kind ist überhaupt erst neu zugezogen.

Nun lässt die Lehrkraft in guter Absicht am Anfang das Spiel „Mein rechter Platz ist leer, ich wünsche mir X hierher" spielen … Dann ist es sehr wahrscheinlich, dass die Kinder der Vierergruppe erst einmal die Namen der Mitglieder der eigenen Gruppe nennen. An zweiter Stelle fallen vermutlich die Namen der Kinder aus dem gleichen Bezirk. Relativ unwahrscheinlich ist dagegen, dass die Namen der drei den anderen bisher unbekannten Kinder fallen – einfach weil man die Namen noch nicht kennt und weil man die alten Freunde nicht kränken möchte.

Da nun aber die Namen von vieren weit überzufällig häufig genannt werden und die Namen von anderen dreien dagegen weit abgeschlagen, sieht es so aus, als würden die ersteren wichtig sein, dass man sich mit denen besser gut stellen sollte, während die drei „Namenlosen" bedeutungslos sind. Verstärkt wird dieser Eindruck noch, wenn die Lehrkraft im Unterricht Fragen stellt und dasjenige Kind, das zuletzt geantwortet hatte, darf nun das nächste aufrufen (eine übrigens erstaunlich übliche, als modern verstandene Praxis). Nun wird ein Kind nicht nur *sichtbarer* dadurch, dass es häufiger genannt wird, sondern es erhält auch mehr Möglichkeit, Leistung zu demonstrieren. Wie bereits ausgeführt (Prinzip 31), kann es unter solchen Bedingungen schnell zu einem Engels- oder aber Teufelskreis von sich selbst erfüllenden Prophezeiungen kommen.

Wie noch können Kinder allein durch die *Situation* unterschiedliche *Sichtbarkeit* bekommen? Wichtig ist die *Sitzordnung.* Studien, bei denen die Lernenden per Zufall

auf die Plätze gesetzt wurden, zeigen, dass es im Klassenzimmer ein Dreieck gibt, das die erste Reihe ohne die beiden äußersten Plätze umfasst und bis zu dem mittleren
Platz in der dritten Reihe geht. Wer hier sitzt, wird häufiger aufgerufen, passt deshalb vorsichtshalber mehr auf,
und hat am Ende bessere Noten! Und dieser Effekt ist
nicht der „Selbstselektion" geschuldet, dass also etwa die
Fauleren sich ganz nach hinten setzten – da die Sitzplätze
ja ausgelost worden waren! Schauen wir ferner die Kinder auf den „Zehenspitzplätzen" an – das sind diejenigen
Plätze, bei denen sich die Lehrkraft recken muss, um die
Kinder sehen zu können. Diese Schülerinnen und Schüler
werden seltener wahrgenommen, seltener aufgerufen. Sie
erwarten nicht, aufgerufen zu werden, und passen deshalb
weniger auf, geben in der Folge logischerweise schlechtere Antworten, werden deshalb zukünftig noch seltener aufgerufen – und sind damit weniger sichtbar, zeigen
schlechtere Leistungen, erleben deshalb weniger Stolz: alles
Prozesse, die sie auch in ihrer sozialen Position schwächen.

Sitzordnung bestimmt nicht nur Leistung und Sichtbarkeit und darüber möglichen Status, sondern auch unterschiedlich Gelegenheit zu *Kontakt* und vermittelt darüber
dann auch wieder Status. Wie wichtig Kontaktmöglichkeiten durch *räumliche Nähe* für Beziehungen sind, hat
schon einer der Gründerväter der Sozialpsychologie, Leon
Festinger, in seiner berühmten Wohnheimstudie unter
Studierenden gezeigt. Mit einer einzigen, simplen Frage –
nach der Adresse(!) – konnte er treffsicher vorhersagen,
wer am Ende des ersten Semesters miteinander befreundet
sein würde. Festinger sagte schlicht vorher, dass diejenigen, die in demselben Wohnheim leben, am Ende des

Semesters mit größerer Wahrscheinlichkeit befreundet sein würden als diejenigen, die in zwei verschiedenen Wohnheimen wohnen. Innerhalb des gleichen Wohnheims wiederum freundeten sich eher diejenigen aus demselben Stockwerk an als diejenigen aus verschiedenen Stockwerken – und auf der gleichen Etage eher diejenigen, die Tür an Tür wohnen, als solche vom Ende des Flurs. Und das stimmte auch!

Welche Mechanismen könnten solche Befunde erklären? Diejenigen, die im gleichen Gebäude wohnen, treffen sich häufiger zufällig auf dem Weg nach Hause, es ergeben sich Gelegenheiten zu kurzen, informellen Gesprächen und spontanen Einladungen zu Aktivitäten. Dies umso mehr, wenn man noch im selben Stockwerk wohnt und sich unter anderem im Fahrstuhl treffen kann. Und fehlt einem noch Zucker für den Kaffee, geht man in der Regel nicht bis zum Ende des Flures, um sich welchen auszuleihen, sondern schaut erst einmal beim unmittelbaren Nachbarn vorbei, ob der etwas hat. Und wenn man schon dabei ist, fragt man vielleicht auch, ob er vielleicht zum Kaffee dazu kommen möchte …

Ähnlich sieht dies im Klassenzimmer aus: Das Kind, das in der ersten Reihe am äußersten Rand, direkt bei der Tür sitzt, hat keinerlei „natürlichen", absichtslosen Grund, von sich aus *in* das Zimmer selbst hineinzugehen, automatisch an den anderen vorbeizukommen. Wenn es mit der Vierergruppe in den beiden Tischen der dritten und vierten Reihe am Fenster reden möchte, muss es einen gezielten Punkt daraus machen! Die Kinder der vierten Reihe am Fenster dagegen können jedes Mal eine andere Route zu ihrem Platz wählen – immer werden sie an Mitschülerinnen und Mitschülern vorbeigehen. Und *en passent* ergeben sich Mikrokontakte, kleine, unbeabsichtigte und damit leicht wirkende Gespräche!

Kommen wir noch einmal zurück auf das Eingangsbeispiel der vier Kinder, die sich bereits sehr gut kennen, und die drei, die einzeln kamen. Lässt die Lehrkraft die Sitzplatzwahl „einfach laufen", werden diejenigen, die in solchen Cliquen zur Schule kommen, sich gegenseitig immer Plätze in Gruppen reservieren, die auch aus sozialer Perspektive passend sind. Den einzelnen Kindern bleiben Plätze wie der beschriebene Eckplatz in der ersten Reihe an der Tür.

Aus diesem Grund wäre es deshalb notwendig, dass Lehrkräfte hier gestaltend eingreifen. Ein Aspekt dabei sollte sein, immer wieder neue Konstellationen herzustellen, sodass jeder aus der Klasse mal mit jedem zu tun haben muss. Eine letzte klassische sozialpsychologische Studie erklärt, warum.

Der US-amerikanische Psychologe Robert Zajonc zeigt, wie aus *Vertrautheit* Mögen folgt. Er präsentierte Versuchspersonen Dias von chinesischen Schriftzeichen. Solche Zeichen sind Personen, die nicht chinesisch können, so fremd, dass die Versuchspersonen nicht realisierten, dass ihnen manche Zeichen häufiger gezeigt wurden als andere. Danach sollten die Testpersonen die Attraktivität der Zeichen einschätzen. Tatsächlich bewerteten sie diejenigen am positivsten, die sie am häufigsten gesehen hatten.

In einer von mir betreuten Abschlussarbeit hat Thomas Dubowy Fotos von Studierenden der Erziehungswissenschaften (EWS) gemacht und diese haben wir ganz ähnlich wie die Schriftzeichen anderen EWS-Studierenden und in Fortbildungen auch Lehrkräften unterschiedlich häufig gezeigt. Unter anderem haben wir dann gefragt, welchen der fotografierten Studierenden man etwa bei einem Schullandheimaufenthalt gerne als Kollegen oder Kollegin dabei hätte. Und es zeigte sich tatsächlich: Wer häufiger präsentiert worden war, wurde als sympathischer wahrgenommen und lieber mitgenommen – auch wenn ursprünglich, beim allerersten Betrachten, einem andere zunächst sympathischer vorgekommen waren! Sichtbarkeit und Vertrautheit sind also ein Schlüssel zu Sympathie!

Wenn Lehrkräfte sich auf solch einfach umzusetzendes Wissen nicht einlassen, hilft es, dem eigenen Kind solche *Mechanismen* zu erklären – wie verschiedentlich betont, trägt dies wenigstens dazu bei, dass sich das Kind nicht auch noch selbst für seine Schwierigkeiten „runtermacht".

In Kürze

Dieser Abschnitt hat *beispielhaft* einige Faktoren benannt, die in der *Situation* liegen und nicht in der Person des Kindes. Viele weitere situationale Faktoren spielen eine Rolle – ein besonders wichtiger darunter ist die Schul- beziehungsweise Klassenkultur. Diese wird im nächsten Abschnitt behandelt.

Prinzip 63: „Es gibt kein richtiges Leben im Falschen"

„Es gibt kein richtiges Leben im Falschen." Dieses berühmte Zitat von Theodor Adorno scheint manchmal auch für den Schulkontext zuzutreffen. So gibt es Eltern, die, wenn sie auf die Schulzeit ihrer Kinder zurückblicken, zu dem Schluss kommen, sie hätten *seltener* zu Sprech- stunden gehen sollen, da ihre Interventionsversuche den

Kindern eher geschadet hätten. Andere Eltern meinen, sie hätten viel früher und viel *häufiger* zu Sprechstunden gehen sollen – schließlich habe auch ihr Kind Rechte und diese hätten sie nachdrücklicher durchsetzen müssen. Wie man es macht, scheint es verkehrt!

So geht es auch den Kindern selbst: Was auch immer sie tun, es scheint falsch! Kinder und Eltern realisieren eines nicht: Man ist in einer Struktur gefangen, in der es egal ist, was man tut – weil es darauf nicht ankommt! Worauf es ankommt, sind situationale Faktoren oder Schulkulturen, die anderes Verhalten belohnen als das, welches man selbst für richtig hält beziehungsweise den ministeriellen Vorgaben entsprechen würden.

Tatsächlich gibt es in der Psychologie eine Diskussion um die *dunkle Seite von Beliebtheit (dark side of peer popularity):* In manchen Schul- oder Klassenkulturen gewinnen Kinder durch Fehlverhalten Status – unter anderem, da sie durch das Fehlverhalten Sichtbarkeit bekommen (Prinzip 62). Beschrieben wurde auch, dass es bei den Beliebten eine Untergruppe gibt, die dem Ziel, populär zu sein, alles unterordnet – und das ist mitnichten die Gruppe, mit denen die Lehrkraft zusammenarbeiten sollte, wenn es um die Gestaltung des Klassenklimas geht.

Wenn Lehrkräfte solche Subkulturen, in denen Fehlverhalten sozial belohnt wird, zulassen oder durch „Komplizenschaft" auch noch fördern, muss sich Ihr Kind entscheiden, *etwas Falsches* zu machen oder *etwas falsch!* Eine Entscheidung, vor die niemand gestellt werden sollte! Eine Situation, aus der Sie versuchen sollten, Ihr Kind herauszuholen. Hilfestellungen dazu (keine Garantie!) liefern die nächsten Prinzipien.

Prinzip 64: Die „Mitte" finden zwischen Unsicherheit bis Unterwürfigkeit und Dominanz bis Aggression: Selbstbehauptend auftreten

Realistischerweise wird man als Eltern oder Kind solche Situationen nicht leicht ändern können. Umso mehr gilt erneut, dass man versuchen sollte, nicht sich selbst/ dem eigenen Kind die Schuld zuzuschreiben. Man sollte also mit der eigenen Ursachenanalyse beginnen. Im zweiten Schritt sollte man versuchen, nicht von sich zu verlangen, in der Lage zu sein, das Problem selbst zu lösen. Entspannender und gleichzeitig effektiver wäre, wenn es einem gelänge zu sagen: „Es *wäre schön,* es wäre hilfreich, wenn ich Einfluss auf die Schul-/Klassenkultur nehmen könnte, aber ich *muss* das *nicht* schaffen" (Prinzip 36).

Schafft man es, mit dieser Möchte-Haltung in ein Gespräch zu gehen, etwa mit einer Lehrkraft, mit welcher Strategie, mit welcher Art von Verhalten ließe sich nun weiter konkret und sinnvoll vorgehen?

Ein gutes Beispiel dafür, wie man mit durch und durch misslichen Situationen umgehen kann, mit Situationen, in denen man den Eindruck hat, das eigene Kind oder man selbst sei (psychischer) Gewalt ausgesetzt, hat uns der Gründer und langjährige Leiter des Hamburger Instituts für Sozialforschung, Jan Philipp Reemtsma geschenkt. Im Jahr 1996 wurde er Opfer einer Entführung. In einem Interview mit der Süddeutschen Zeitung, erschienen am 6. Mai 1996, kurz nach seiner Freilassung nach Zahlung von Lösegeld, beantwortete er die Frage nach seinem Umgang mit seinen Entführern so: „Es gibt zwei Möglichkeiten, Menschen aggressiv zu machen. Die eine ist, wenn man sich zu sehr unterwirft, und die andere, wenn man sie beschimpft und seinerseits aggressiv ist. Ich habe versucht, diese beiden Extreme zu meiden, und ich habe mich sehr höflich benommen.“

Wenn man also als Eltern versuchen möchte, auf eine Schul- oder Klassenkultur hinzuarbeiten, in der das eigene Kind durch die Lehrkraft geschützt und nicht sabotiert wird, in der weniger doppelte Standards gelten als in Prinzip 62 beschrieben, dann ist es wichtig, genau auf den eigenen Umgangston und das eigene Auftreten zu achten: Es geht darum, selbstbehauptend oder – wie es in der Fachsprache heißt: „assertiv“ – aufzutreten. Es bedeutet, weder in die Rolle des Bittstellers zu rutschen, noch in die des Anklägers. Das ist sehr viel leichter gesagt als getan.

Man kann sich jedoch an einem Prinzip aus der Mediation orientieren, der Streitschlichtung (Kasten 1): „Hart in der Sache, sanft zur Person.“ Attackieren Sie klar das Problem, aber nicht die Lehrkraft. Bleiben Sie Ihrem Gegenüber sachlich, freundlich, höflich. Aber knicken Sie in legitimen Anliegen so lange nicht ein, bis eine Klärung herbeigeführt ist.

Aber auch das klingt leichter, als es dann getan ist – vor allem für Kinder. Manchmal kann man das aber vorab in *Rollenspielen* üben. Eine unserer Töchter hatte im Kindergartenalter eine Erzieherin, die sie klar nicht mochte. Zunächst hatten wir beschlossen, das einfach zu ignorieren. Doch dann erzählte die Tochter, dass die Erzieherin immer einen bestimmten blöden Spruch sage, der ihren Namen verhunze. Als wir beim Abholen diesen dann auch aus den Mündern von Kindern auf dem Hof hörten, war klar: Spätestens jetzt war die Zeit gekommen zu handeln. Genauso klar war: Ein Gespräch mit dieser Person würde wenig Erfolg versprechend sein.

Also sagten wir unserer Tochter (sie war damals etwa vier Jahre alt), sie solle es so machen wie der Max aus dem Buch „Die wilden Kerle" – sie solle der Erzieherin ganz fest auf die Nasenspitze schauen und dann ganz bestimmt sagen: „Frau X, ich *erwarte,* dass Sie das nie wieder sagen." Nachdem wir das mehrere Male geübt hatten, ergab sich zufällig am Abend die Situation, dass die Tochter mit dem Vater in einen kleinen Streit über das Aufräumen geriet. Woraufhin sie irgendwann sagte: „Ja, Papa, mach ich ja. Aber ich *erwarte,* dass du nie wieder so schreist." (Nur nebenbei: Er war nur etwas nachdrücklicher geworden.) Beide brachen wir in schallendes Gelächter aus. Diese Reaktion ermutigte offensichtlich unsere Tochter. Jedenfalls kam sie schon am nächsten Tag nach Hause und sagte, die Erzieherin habe ihr zugesichert, den Spruch nie wieder zu sagen. Sie habe es genauso wie gestern bei Papa gemacht, und es habe wieder geklappt …

Um nicht missverstanden zu werden: Es gibt Situationen, in denen das Machtgefälle so ausgeprägt ist, dass auch solche Reaktionen nicht mehr helfen. Und das eigentliche Problem ist nicht die eigene richtige oder falsche Reaktion, sondern das falsche Verhalten des Gegenübers – im Reemtsma-Beispiel das kriminelle, im Erzieherinnenbeispiel das unprofessionelle. Aber wenn schon das Machtgefälle so groß ist, dann sollte man Hebel, die man hat, zu nutzen versuchen. Und assertives Auftreten kann ein Hebel sein – eventuell nicht groß genug, aber einen Versuch wert.

Der Versuch, selbstbehauptend aufzutreten, gelingt außerdem vielleicht leichter, wenn man eine konkrete Strategie hat, wie man mittel- und langfristig im Austausch mit dieser Person vorgehen möchte. Hier hilft Prinzip 65!

Prinzip 65: *Tit-for-tat-plus-one* – oder: **Wie du mir, so ich dir, aber mit extra kooperativer Vorgabe!**

Gehen Sie häufiger in öffentlichen Bädern schwimmen? Dann kennen Sie es vielleicht: Manche – etwa männliche, jüngere – Mitschwimmer donnern unverschämt ihre Bahnen entlang. Es bleibt nur noch die Flucht: ausweichen auf eine andere Bahn. Manche – typischerweise ältere, weibliche – Mitschwimmerinnen, gerne auch mit Rüschenbadehaube, weichen dagegen schon frühzeitig aus. Hier muss man schon „heilig" sein, um seinerseits ebenfalls eine Kurve zu schwimmen, um wiederum den Damen Platz zu machen. Der erste wird also für unverschämtes Verhalten belohnt, die zweite für freundliches bestraft, ausgenutzt.

Genau ein solches Muster konnte ich in einer eigenen empirischen Studie in den 1990er-Jahren bei Schulkindern zeigen. In der Sozialpsychologie gibt es ein Forschungsfeld, das sich Spieltheorie nennt. Hier wird ein Paradigma besonders oft untersucht: das *Gefangenendilemma*. In der ursprünglichen Illustration werden zwei Verdächtige vor die Wahl gestellt, eine Tat zu gestehen oder sie zu bestreiten und ihrem Komplizen anzuhängen. Beide Verdächtige können nicht miteinander reden. Ihnen wird Folgendes gesagt: Gestehen beide, erwartet beide zwar eine Strafe, aber eine milde. Schwärzen beide den jeweils anderen an, habe man genug gegen sie in der Hand, um über beide eine ordentliche Strafe zu verhängen. Die einzige Möglichkeit, ganz leer auszugehen, bestehe darin, den anderen zu verpfeifen und darauf zu hoffen, dass dieser seinerseits die Tat gesteht. Damit hätte dann die Justiz genug in der Hand, um diesem eine saftige

Strafe aufzubrummen (verpetzen plus Geständnis), und der petzende Gefangene kann freikommen.

In der eben angesprochenen Studie erfasste ich zunächst, ob Kinder in ihrer Klasse beliebt, abgelehnt, durchschnittlich und/oder gemobbt waren. Dann gab ich ihnen Szenarien vor, die das oben beschriebene Gefangenendilemma nachstellten (mit Geldbeträgen statt Strafen), und ließ sie zwischen kooperativer und kompetitiver Reaktion wählen. Durchschnittliche Kinder wählten über alle Szenarien hinweg ziemlich genau 50:50. Zudem machten sie ihre Wahl unter anderem von Informationen darüber abhängig, wie der Interaktionspartner angeblich in den letzten Runden gespielt habe, aber auch davon, ob sie glaubten, gegen ein gemobbtes oder gegen ein beliebtes Kind zu spielen.

Daneben gab es zwei Untergruppen, die genau das von Reemtsma beschriebene Verhalten zeigten: Die einen wählten *immer* kompetitiv! Das waren diejenigen, die in der Klasse abgelehnt waren. Interessanterweise wurden sie aber *nicht* gemobbt! Mit ihnen ist offensichtlich nicht gut „Kirschen essen". Die andere Untergruppe dagegen wählte *immer* kooperativ, egal, welche weiteren Informationen vorlagen. Sie machten also alles richtig, was unser offizielles Sozialisationsziel anbelangt: Sie waren nett. Das Problem: Ihre Kooperation wurde nicht belohnt! Gegen diese Kinder spielten die anderen besonders kompetitiv. Das ist verständlich bei der Struktur des Spieles: Es bestand ja nur ein geringes Risiko, dass diese kompetitiv spielen würden, und in solchen Situationen lohnt sich Kompetition! Die Gruppe der Kinder, die diese überstarke kooperative Strategie bevorzugte, waren die gemobbten!

Wie aus diesem Dilemma herausfinden? Dass das prinzipiell gehen kann, zeigen die vielen Schwimmerinnen und Schwimmer, denen es gelingt, kooperativ abwechselnd so auszuweichen, dass sich für alle passende Muster entwickeln, zum Beispiel, hochschwimmen in der Randspur, zurück in der inneren Reihe. Aber wie machen die das, wie schaffen es letztere, in die Kooperation zu finden? In der Spieltheorie wird als Ausweg die Strategie *tit-for-tat-plus-one* vorgeschlagen: Wie du mir, so ich dir. Bist du kooperativ, dann ich auch. Bist du allerdings kompetitiv, dann ich aber auch. Soweit bleibt diese Strategie noch in der Kriegs- und Aufrüstungslogik stecken. Um der zu entgehen, braucht es das *plus one:* eine kooperative Vorgabe.

Im Schwimmbad etwa zeige ich in der ersten Runde durch Ausweichen, dass ich bereit zur Kooperation bin (kooperative Vorgabe). Beantwortet in der nächsten Runde der Mitschwimmer das mit sturer Kompetition, muss ich – leider – ebenfalls mal kurz kompetitiv werden *(tit-for-tat):* Nun halte ich in der nächsten Bahn ebenfalls ohne Ausweichen stur dagegen. Wenn wir mit dem Kopf aneinander anstoßen: Man selbst ist vorbereitet! Um zur Kooperation zu finden, ist nun nötig, sofort in der nächsten Runde wieder auszuweichen *(plus one).* Man zeigt damit: Ich kann auch anders, will das aber eigentlich nicht. Mach mit in der Kooperation, und es geht für uns beide am besten. Probieren Sie es mal aus!

Um noch mal die Logik zu wiederholen: Man gibt eine kooperative Vorgabe vor und behält diese auch so lange bei, so lange die anderen mitziehen. Versuchen diese nun die Kooperationsbereitschaft auszunutzen und werden kompetitiv, muss man nun auch – *tit-for-tat* – kompetitiv reagieren – allerdings nicht „beleidigt" in der Kompetition verharren, sondern ganz schnell das *plus-one*-kooperative Friedensangebot machen: Ich kann anders, aber ich will das so nicht. Ich will lieber kooperativ.

Diese Art der Assertivität, also selbstbewusst und unaggressiv auch mal seinen eigenen Platz behaupten, kann man ebenfalls in Rollenspielen mit den Kindern üben. Eine Bekannte von uns hatte das Problem, dass ihr Kind zu schüchtern und zu ängstlich war, und drohte, in einen Mobbing-Prozess zu rutschen. Der Therapeut des Kindes riet zu einer Übung: Der Junge solle auf dem Gehweg einer belebten Einkaufsstraße einer Großstadt zügig langgehen, ohne dabei auszuweichen. Die Mutter dürfe in einigem Abstand nebenhergehen, aber nicht eingreifen.

Die Schilderung dieser Mutter zu hören, war ergreifend: Zunächst ging es gut, aber dann begegnete das Kind „einem Schrank von Mann". Als die Mutter dessen gigantische Umrisse andeutete, war ihre eigene Angst deutlich zu spüren. Kunstpause und strahlendes, immer noch ungläubiges Lachen: „Und der Schrank ist ausgewichen!!!"

Prinzip 66: Beim eigenen Kind ansetzen – die Mitte finden zwischen Zugehörigkeit und Autonomie

Der Zeitgeist scheint zu verlangen, sich selbst zu verwirklichen, sich selbst zu optimieren, seinen eigenen Weg zu finden. Autonomie ist in der Tat auch vielen psychologischen Modellen zufolge ein zentraler Faktor für psychisches Wohlergehen. Ein Beispiel ist das Modell der Motivationspsychologen Richard M. Deci und Edward L. Ryan (Prinzip 3). Aber wie andere auch haben Deci und

Ryan auch betont, dass das Bedürfnis nach Zugehörigkeit ebenfalls hohe Bedeutsamkeit hat. Schon in der Bibel wird formuliert, dass man diese beiden Motive *in Balance* bringen sollte: „Liebe deinen Nächsten *wie* dich selbst!" Liebe dich und gehe deinen Weg, liebe gleichzeitig deinen Nächsten und gehe ein Stück seines Weges mit!

In der Erziehung scheint es demnach sinnvoll, darauf zu achten, Kindern eine Orientierung an *beidem* nahezulegen – den eigenen Werten und Interessen zu folgen sowie umgekehrt sich an die Vorstellungen und Wünsche anderer anzupassen. Immer nur anpassen kann ebenso krank machen wie immer nur das eigene Ding durchziehen einsam machen kann. Konkret könnte man ein Abwägen zwischen „gesundem Egoismus" – besser gesagt: selbstbewusstes Eintreten für die eigenen, legitimen Interessen – und einer prosozialen Orientierung an den Bedürfnissen anderer folgendermaßen illustrieren: Wenn auf dem Spielplatz nur eine Schaukel frei ist, sollte man das eigene Kind nicht sofort bitten, doch auch mal für andere die Schaukel frei zu machen. Ebenso wenig sollte das eigene Kind so lange unbegrenzt schaukeln, bis ein anderes Kind resigniert davonschlurft. Hilfreich wäre eher, beiden zu sagen, dass sie einfach abwechseln sollen: Eine kurze Zeit darf das eigene Kind schaukeln, dann macht es die Schaukel frei und so weiter. Man kann die Kinder noch fragen, ob ihnen wichtig ist, dass man die Zeit – etwa jeweils drei Minuten – misst, was sie meist gar nicht wollen. Relativ schnell finden sie bei solchen Vorgaben die Variante, dass sich das eine Kind rückwärts auf den Schoss des anderen setzt und beide eine wunderbare Zeit zusammen auf der Schaukel haben – und zwar beide gleichzeitig!

> **In Kürze**
>
> Man sollte Autonomie ebenso wenig verabsolutieren wie Zugehörigkeit. Kleine in den Alltag eingebaute „Übungen" wie bei dem Schaukelbeispiel helfen Kindern, diese Balance grundsätzlich anzustreben.

Prinzip 67: Kommunikation mit Lehrkräften – Bedeutung der Machtasymmetrie verstehen

Lassen Sie uns fast zum Abschluss dieses Kapitels zu einem der am schwierigsten erscheinenden Punkte kommen – zu der Kommunikation mit der Lehrkraft. Dies erscheint manchmal deshalb so problematisch, als im System ein grundsätzlicher Widerspruch angelegt ist: Einerseits sollen Lehrkräfte dem Kindeswohl dienen, andererseits verfügen sie über eine in der Rolle angelegte Machtfülle, die leicht zu Machtmissbrauch verführen kann. Aus der sozialpsychologischen Forschung des amerikanischen Psychologen Philip G. Zimbardo zum *Luzifer-Effekt* weiß man Folgendes: Ganz gewöhnliche Personen ohne irgendwelche emotionalen oder sozialen Auffälligkeiten können dazu gebracht werden, für sie selbst erstaunlichen Machtmissbrauch zu begehen, wenn sie in eine „Wärter"-Rolle gebracht werden, gegenüber Personen, die in der „Gefangenen"-Rolle sind. Zimbardo hatte dies unter anderem in seinem bekannten Stanford-Gefängnis-Experiment gezeigt. Diese Analyse hat er zudem vorgelegt bei dem Versuch, die erschütternden Vorgänge im Rahmen des Folterskandals in Abu Ghraib, dem Zentralgefängnis in Bagdad, zu verstehen.

Sozialpsychologische Forschung hat auch hier wieder nach Bedingungen außerhalb der Persönlichkeit gesucht, die Machtmissbrauch in solchen Situationen wahrscheinlicher machen. Und die identifizierten Faktoren erschrecken, wenn man an die Schule – und diesbezüglich, muss man selbstkritisch anmerken, ansatzweise auch an die Hochschule – denkt, da die Parallelen offensichtlich sind: Wenn Personen *allein arbeiten* (im Raum), *ohne* nennenswerte *Kontrolle* oder Überprüfung durch Dritte, unter *Stress* stehen und dann auch noch *schlecht* für ihre Aufgabe *ausgebildet* sind, dann steigt das Risiko für dysfunktionale Prozesse. Für die „schlechte Ausbildung" muss man noch nicht einmal (nur) den „Sündenbock" Ministerium oder die gegebenenfalls schlechte Hochschullehre verantwortlich machen: Alle Dozierenden, die im Erziehungswissenschaftlichen Studium (EWS) beteiligt sind, können ein Lied davon singen, wie sehr einige Studierende danach trachten, sich diesem Bereich des Studiums zu entziehen – weil sie ihn nicht so wichtig finden wie die fachlichen Inhalte. Und später stehen sie vor Klassen und kommen mit den Disziplinschwierigkeiten nicht zurecht ...

Empirische Forschung zeigt aber weiter, dass Disziplinschwierigkeiten der Nährboden für Mobbing sind. Erklären kann man diesen Zusammenhang unter anderem damit, dass die Schülerinnen und Schüler in solchen Kontexten lernen, dass „alles geht", und es kommt zur *graduellen Eskalation* (Kasten 2). Zusätzlich ist die Lehrkraft so aufgerieben, dass sie keine Kapazität mehr für die aktive Gestaltung der sozialen Prozesse hat.

Wie nun mit einer derart geforderten Lehrkraft ein vernünftiges Gespräch führen, in dem sie sich den legitimen Anliegen öffnet? Oben wurde schon die Mediation angesprochen, die Streitschlichtung (Prinzip 63). Deren Grundsätze können nicht nur herangezogen werden, wenn ein Vermittler, ein Mediator, anwesend ist. Sie lassen sich explizit auch für *bilaterale Verhandlungen* nutzen – etwa im Gespräch Lehrkraft–Vater. Die Grundzüge werden hier erklärt (Kasten 10); eine ausführlichere Darstellung mit konkretem Beispiel findet sich in Kap. 10 in Schuster (2017).

Kasten 10

Das Harvard-Konzept

Beim sogenannten Harvard-Konzept hat der Rechtswissenschaftler (interessanterweise kein Psychologe!) Roger Fisher im Rahmen eines Projektes der namensgleichen Elite-Universität zu Verhandlungsführung zusammen mit einem Kollegen, William Ury, und dem Lektor ihres Verlages, Bruce Patton, Überlegungen aus der Psychologie zusammengetragen, die für politische *Verhandlungen* nützlich sind – aber auch vor Gericht oder in der Wirtschaft. Die Ideen sollen dabei in gleicher Weise für *bilaterale Verhandlungen* nutzbar sein, wie auch dann, wenn es einen *Vermittler* braucht. Der Leitsatz lautet: *schlichten statt richten* – oder wie es im englischsprachigen Titel so nett heißt: *Getting to Yes!* Besser man findet (gemeinsam) eine *niederlagelose, integrative Lösung*, als dass einer einen Richterspruch fällt und in Eigenregie verfügt, wie ein Problem gelöst werden soll.

Den Autoren zufolge gelingen solche Verhandlungen oder auch Schlichtungen umso besser, je mehr die folgenden vier Säulen beachtet werden: 1) Trennen von Mensch und Problem, 2) Interessen hinter den Positionen erkennen,

3) kreative Lösungen zu beiderseitigem Vorteil entwickeln, sowie 4) vorab rationale, objektive Kriterien festlegen.

Das Prinzip 1, das Trennen von Mensch und Problem, betrifft den schon angesprochenen Leitsatz: „Hart in der Sache, sanft zur Person." Das Gespräch mit der Lehrkraft etwa wird erfolgreicher werden, wenn man sich an die Kommunikationsregeln hält (Prinzip 15), etwa wertschätzend und aufnehmend zuhört oder selbst präzise spricht. Hilfreich sei aber auch ein auf den ersten Blick sehr überraschender Vorschlag: Wenn der andere in unangemessenem Ton spricht, ihn nicht unterbrechen und bitten sachlich zu werden (da viele dann erst recht ärgerlich werden), sondern ihn ausreden lassen und dann *selbst* in sachlichem Ton und eigenen Worten wiedergeben, was der andere gesagt hat. Durch diese strukturierende Wiederholung signalisiert man dem anderen, ihn ernst zu nehmen, kann frühzeitig Missverständnisse verhindern oder ausräumen und die sachliche Tonart vorgeben.

Wichtig sei aber auch, sich in die Lage des anderen hineinzuversetzen, dessen Perspektive zu übernehmen. Den Autoren zufolge haben wir das in der Regel nicht nur wenig geübt. Instinktiv wollen wir das gar nicht, da wir insgeheim fürchten, dann zu leicht „nachzugeben". Das sei aber ein Fehler, so die Autoren, da eine zentrale Säule ihres Konzeptes genau dies braucht, nämlich (2) Interessen hinter den Positionen erkennen. Hält man sich an Prinzip 1, traut sich das Gegenüber, auch sozial weniger akzeptable, ihn aber nichtsdestotrotz bewegende Motive zu nennen, auf einem bestimmten Standpunkt zu beharren beziehungsweise sich auf bestimmte Lösungen nicht einlassen zu wollen. Nur wenn man aber die echten Interessen kenne und die eigenen offenlege, könne man nach „niederlagelosen, integrativen" Lösungen suchen, bei denen alle Interessen berücksichtigt werden.

Solche Lösungen zu finden, wird schließlich einfacher, wenn man ausgetrampelte (Denk-)Pfade verlassen kann. Daher wird auch der Einsatz von Kreativitätstechniken empfohlen – besonders, wenn ein betreuender Mediator oder eine Mediatorin anwesend ist, die diese Techniken beherrscht. Zusätzlich wird vorgeschlagen, von vornherein Maßstäbe festzulegen, an welchen sich Lösungen bemessen lassen. Im Schulkontext etwa Lösungen, bei denen möglichst wenige Schülerinnen und Schüler involviert werden sollen, oder solche, die ganz kurzfristig umsetzbar wären, oder die kein Einverständnis des Rektors erfordern und ähnliches.

Prinzip 68: Kommunikation mit anderen Eltern

Im Rahmen von misslichen sozialen Dynamiken ist nicht nur die Kommunikation mit der Lehrkraft manchmal herausfordernd, sondern auch die mit den Eltern von Mitschülerinnen und Mitschülern, von denen man den Eindruck hat, dass sie einen zentralen Anteil am Geschehen haben. Auch hier gilt: Um das praktische Problem zu lösen, sollte man bei sich selbst am eigenen emotionalen Problem ansetzen und versuchen, möglichst zum flexiblen Möchte-Denken zu kommen. Die anderen Eltern *müssen nicht* die Interessen Ihres Kindes mit im Blick haben, es wäre nur schön, netter, für alle mittelfristig besser. Aber sie müssen nicht!

Um sie dazu zu bewegen, mit Ihnen zu kooperieren, gilt erneut: Bleiben Sie höflich und sachlich (nicht die Person angreifen!), aber im Interesse klar und hartnäckig (hart zur Sache). Machen Sie kooperative Vorgaben, aber beantworten Sie kompetitive Vorgaben durchaus auch mal kompetitiv. Doch bleiben Sie nicht dort stehen, sondern kommen Sie möglichst schnell wieder zu einer kooperativen Vorgabe zurück – finden Sie aus einem eventuellen eigenen „Be-*Leid*-igtsein" möglichst schnell heraus.

Aus diesem Grund kann es manchmal sinnvoll sein, erst als Eltern den Rat eines Coaches aufzusuchen, und gegebenenfalls später erst das Kind zur Therapie zu schicken.

Prinzip 69: Umgang mit Schwierigkeiten in der eigenen Familie

Ein zentraler Aspekt von Mobbingprozessen ist das *Stärkeungleichgewicht* (Prinzip 62). Alles, was Ihr Kind, wenn auch nur kurzzeitig, schwächt, erhöht das Risiko, dass es in eine „unterlegene" Position rutscht. Schwächen können zum Beispiel Krankheiten oder die Arbeitslosigkeit eines Elternteils, Trennungen, Erkrankungen des Kindes selbst und ähnliches.

Es scheint mir wichtig, dass Eltern realisieren, dass die Kinder in solchen Situationen schnell zwei Probleme zum Preis von einem bekommen: Zur Erkrankung des Elternteils gesellen sich mit höherer Wahrscheinlichkeit Schwierigkeiten mit Freunden und Klassenkameraden hinzu. Auch wenn man möglicherweise nicht mehr die Kapazität hat, sich darum zu kümmern, kann man aber genau das ansprechen, den Kindern erklären, ihnen zeigen, dass man versteht, dass sie gerade noch ein zusätzliches Paket aufgebürdet bekommen. Dann können Kinder ihre Erfahrungen einordnen – immerhin eine Minimalvariante von Kontrollerleben für sie.

Und vielleicht hat man ja doch noch die Kapazitäten, so etwas wie Ersatz für einen selbst zu organisieren: etwa eine alte Freundin bitten, die Kinder mal mit in den Urlaub zu nehmen, oder über Jugendorganisationen eine Freizeit buchen – viele Städte und Gemeinden bieten kostengünstig Fahrten und Ferienprogramme an. Vielleicht ermöglichen

Sie eine Auszeit auf einem Bauernhof. Oder gerade jetzt kümmern Sie sich darum, dass das Kind in einen Verein aufgenommen wird, obwohl – oder gerade weil – Sie vielleicht glauben, dafür nun nicht auch noch Zeit zu haben.

Prinzip 70: Alternativen – Kinder mit (jüngeren) Kindern zusammenbringen!

Der Vorschlag, nach einem Verein zu suchen, ist nicht nur wichtig zur Stressregulation des Kindes und dafür, dass es trotz Stress etwas Freude in seinem Alltag erlebt. Es ist auch wichtig, weil dies *alternative Kontakte* ermöglicht. Es ist kein Luxusproblem, wenn ein Kind nicht im Austausch mit Gleichaltrigen steht. Bei Prinzip 13 wurde der Philosoph Martin Buber zitiert: „Am Du werden wir erst zum Ich". Wenn im Moment nicht gelöst werden kann, dass das Kind Kontakte innerhalb seines Schulkontextes bekommt, dann wenigstens anderswo. Dies befriedigt nicht nur das essenzielle, fundamentale Bedürfnis nach Zugehörigkeit. Vielmehr verhilft die Erfahrung, in einem anderen Kontext angenommen zu werden, dem Kind auch zu einer hilfreichen Attribution: Es liegt nicht an mir, sondern an der speziellen Gruppe, dass ich Schwierigkeiten habe.

Um dies sicherzustellen, hilft ein kleiner Trick: Suchen Sie gegebenenfalls eine Gruppe mit etwas jüngeren Kindern aus. Wenn Ihr Kind in der neuen Gruppe der/die Jüngste, Kleinste ist, ist es von vornherein schwieriger, als wenn er/sie zu den „Großen" gehört, zu denen die Kleinen meistens ohnehin „aufschauen". Diesen kleinen Vorsprung kann man Kindern in schwierigen Phasen mitgeben.

Prinzip 71: Vorsicht vor Schul- oder Klassenwechsel – bitte psychologisch begleiten!

Bei Mobbing werden der Druck und das Leid häufig so groß, dass Klassen- oder Schulwechsel in Betracht gezogen werden – was Schulleitungen auch gerne sehen, weil sie ja dadurch das Problem scheinbar leicht loswerden. Bereits der Begründer des Forschungsfeldes zu Mobbing, der Skandinavier Dan Olweus, hat verschiedentlich berichtet, dass sich die Schulleitung da doch sehr täuscht: Man kann gar nicht so schnell schauen, wie in der alten Klasse ein neues Opfer nachwächst – die Kinder haben ja gelernt, dass es enorm effektiv war, jemanden loswerden zu können, der einem im Moment mal gerade nicht so behagt!

Das kann einem als betroffene Eltern vielleicht egal sein – weniger aber, dass man ebenso gar nicht rasch genug schauen kann, wie das eigene Kind auch im neuen Kontext in dieselbe Rolle rutscht. Dafür sind verschiedene Mechanismen verantwortlich. Zum Beispiel *cybermobbing,* was faktisch gar keinen Neuanfang ermöglicht (außer man geht ins nicht-deutschsprachige Ausland). Größere Bedeutung aber hat die erlernte Hilflosigkeit: Ihr Kind hat mittlerweile das von Martin Seligman beschriebene Syndrom entwickelt (Prinzip 40). Es ist emotional beeinträchtigt und wirkt damit weniger attraktiv als ein fröhlich-selbstbewusstes und beliebtes Kind. Es erwartet Zurückweisung und versucht deshalb gar nicht erst, in Kontakt zu kommen. Es überinterpretiert einzelne Episoden vor dem Hintergrund seines erworbenen Denk-„Schemas".

Ein Schulwechsel sollte also individuell psychologisch vorbereitet sein, damit er eine Chance hat – also entweder selbst die besprochenen Gedanken durchdenken und mit dem Kind sprechen, oder therapeutische Begleitung in Anspruch nehmen.

Generell sollten Klassen- und Schulwechsel allerdings nicht gefördert werden, da damit dem Opfer Schuld signalisiert wird und die Klasse „belohnt" wird. Auf Basis von Olweus' Arbeiten sind deshalb mittlerweile in mehreren skandinavischen Ländern die Schulen per Gesetz gehalten, im Zweifel eher die als Haupttäter und Täterinnen identifizierten Kinder der Schule zu verweisen, als das Opfer ziehen zu lassen. Meines Erachtens wäre es schön, wenn gar niemand ziehen müsste – alle Beteiligten sind Kinder und Jugendliche, die erst noch lernen dürfen sollten! Aber dazu braucht es Erwachsene, die ihnen dabei helfen – die bereit sind, hin statt weg zu schauen!

Prinzip 72: Aktiv werden: „Kleiner" Aufwand – großer Ertrag!

Die Ausführungen oben haben zunächst dafür sensibilisiert, dass die Konsequenzen ungebrochener Ausgrenzungserfahrungen für die Betroffenen – Opfer genauso wie für die Täterinnen und Täter – nicht bagatellisiert werden sollten, und dass häufig die beteiligten Kinder – auch hier Opfer wie auch Täterinnen und Täter – weniger „Schuld" tragen als gestaltbare situationale Faktoren (hierzu s. Schuster 2013). Solche Phänomene sind „normal", dennoch wäre es fatal zu schließen, dass solche Dinge „von allein" gut werden.

Zudem ist in der Regel bei Interventionen ein „super" Preis-Leistungs-Verhältnis zu erwarten: Das Ausmaß des Ertrages steht in keinem nennenswerten Verhältnis zum Ausmaß der notwendigen Hilfe. Eine Analogie: Es ist

„normal", dass Frauen Kinder gebären. Dennoch kann dies sehr schmerzhaft und unter Umständen auch sehr gefährlich sein. Eine *kurzzeitige* und/oder *kleine* Hilfestellung – von Hebamme oder Arzt – und alles ist in der Regel gut. Die gleiche Geburt ohne Hilfe? Womöglich bleiben lebenslange Schäden zurück, und es mag gar der Tod für Kind oder Mutter drohen.

Auch die eingangs geschilderten antiken Erzählungen machen deutlich, dass Ausgrenzungsprozesse nicht unbeschränkt ausarten sollten. Die Josephserzählung in der Bibel über den ausgestoßenen Lieblingssohn des Vaters durch seine Geschwister endet mit einer großen Wiedervereinigung – der Prozess wird also gestoppt! Auch beim antiken Scherbengericht wurde von vornherein festgelegt, dass die Ausweisung zeitlich begrenzt ist, sie dauerte in der Regel zehn Jahre. Darüber hinaus wurde die jeweilige Person *nicht völlig entrechtet:* Sie durfte beispielsweise ihren Besitz behalten.

Auf die per Grundgesetz zugesicherten Rechte sollten meines Erachtens Eltern nicht verzichten – auch wenn in der Presse immer wieder moniert wird, „Helikopter"-Eltern würden zu schnell zum Rechtsanwalt rennen. Der Vorwurf verkennt einerseits, dass in einem Rechtsstaat übergriffige Eltern ohnehin dadurch keine Vorteile erreichen (sollten), dass aber umgekehrt ernstlich betroffene Eltern eine Chance bekommen (sollten), sich für die Rechte ihrer Kinder stark zu machen. Seit wann haben wir entschieden, dass es verwerflich sein soll, sich für legitime, legale Rechte von Heranwachsenden einzusetzen?! Dieser Schutz muss nicht zwingend vor Gericht durchgesetzt werden. Häufig kann er in ganz kleinen

Maßnahmen bestehen: Sitzordnung ändern, Kinder mal
in anderen Konstellationen gemeinsame Erlebnisse ermöglichen, jemanden Verantwortung und damit Sichtbarkeit
übertragen, der bislang eher untergegangen ist, und, und,
und. Wenn sich die Situation partout nicht ändern lässt,
bleibt immer noch, standhaft hinter dem Kind zu stehen –
zur Not dann aber auch mal auf dem Rechtsweg!

In Kürze

Arbeiten Sie als Eltern zuallererst an der Beziehung: Stehen
Sie bedingungslos hinter dem Kind. Vielleicht geben Sie
ihm Tipps – aber nicht den Eindruck, dass es sich permanent
„selbst überwachen" muss. Es ist in Ordnung, wie es ist!

Helfen Sie dem Kind auch, Alternativen zur Schule aufzubauen – etwa in Sportgruppen oder bei Ferienaktivi-
täten. Hinsichtlich der schulischen Situation sollte man
eher versuchen, in der Schule selbst etwas zu ändern. Verlangen Sie dabei aber nicht zu viel von sich: Die Machtver-
hältnisse arbeiten gegen Sie. Daher schließe ich mich auch
nicht dem Lamento über Eltern an, die sich anwaltliche
Hilfe suchen. Meines Erachtens ist vielmehr zu differenzie-
ren zwischen narzisstisch veranlagten, privilegierten „Helikopter"-Eltern, deren Kindern es ohnehin gut geht, und
verzweifelten Eltern, die spüren, dass sie ihr Kind schützen
müssen! In dieser Situation profitieren nicht nur die Kinder, sondern auch Sie selbst als Eltern, wenn Sie versuchen,
selbstbehauptender aufzutreten, etwa, indem Sie sich an
der *tit-for-tat-plus-one*-Strategie orientieren.

7

Im Konkreten Fall

© Springer-Verlag GmbH Deutschland, ein Teil von
Springer Nature 2019
B. Schuster und A. Fahle, *Mit mehr Leichtigkeit und Freude durch
die Schulzeit,* https://doi.org/10.1007/978-3-662-57311-2_7

7.1   Beispiele, Übungen, Techniken

Zunächst werde ich (BS) hier kurz die zentralen Psychotherapietheorien wiederholen. Am Beispiel von drei konkreten Fällen – Depression mit Sozialangst, ADHS und Prüfungsangst – werde ich dann veranschaulichen, wie Sie die zuvor in Kap. 2 bis 6 behandelten Überlegungen und Prinzipien konkret zu Hause im erzieherischen Alltag umsetzen können. Anschließend daran schildert Anette Fahle in Abschn. 7.2 ausgewählte Techniken und Übungen, die in der kinderpsychotherapeutischen Praxis genutzt werden.

In der psychotherapeutischen Arbeit mit Kindern und Jugendlichen kommen grundsätzlich dieselben Therapieverfahren zum Einsatz wie bei Erwachsenen: Die Verhaltenstherapie (VT) arbeitet zum Beispiel mit dem Systematischen Desensibilisieren (Kasten 9) oder der Reizüberflutung, aber auch mit Belohnungssystemen, etwa wenn ein ADHS-Kind es schafft, nicht sofort seinen Impulsen zu folgen, sondern kurz Luft zu holen und einen Moment abzuwarten, oder wenn ein depressives Kind initiativ wird. Im Erziehungsalltag kann dies in der „Pädagogischen Verhaltensmodifikation" umgesetzt werden. Hier stehen inhaltliche Grundgedanken im Vordergrund und weniger „Techniken" wie etwa ein ausgefeiltes, explizites Sanktionssystem.

Besonders bei jüngeren Kindern wird die Grundidee der klientenzentrierten Gesprächstherapie (GT) umgesetzt, häufig in Form der sogenannten (nicht-direktiven) Spieltherapie, deren Wurzeln in der Psychoanalyse liegen. Hierbei liegt das Augenmerk erst einmal darauf, dass der Therapeut oder die Therapeutin ein sicheres, wertschätzendes Beziehungsangebot macht. Das Kind soll in dieser Atmosphäre die Möglichkeit erhalten, spielerisch auszudrücken, was es bewegt, und neue Verhaltensweisen auszuprobieren.

Daneben wird nicht nur für Erwachsene, sondern auch für Kinder die Rational-Emotive Verhaltenstherapie (REVT) nach Albert Ellis angeboten, meist in Kombination mit der inhaltlich eng verwandten kognitiven Therapie (KT) oder auch *cognitive behavioral therapy* (CBT) nach Aaron T. Beck. Bei der REVT wird bei „dysfunktionalem" Erleben nach sogenannten „irrationalen" Muss- Gedanken gesucht und versucht, diese zu flexibleren Möchte-Gedanken zu verändern. Kindgerecht aufgearbeitet ist dies beispielsweise in einer Art Märchenbuch für Kinder: „Fritzchen Flunder und Nora Nachtigall"! Die Autoren bieten mit sechs Geschichten Anregungen, wie Kinder und Erwachsene über Ängste, Ärger, Selbstakzeptanz und Frustrationen reden können, und darüber, wie sich Probleme lösen lassen, ohne zu streiten.

In der KT konzentriert man sich auf kognitive Verzerrungen wie die schon angesprochenen Übergeneralisierungen oder selektive Wahrnehmung. Im Zentrum steht die *kognitive Triade* – negative, kritische Gedanken über das Selbst, über die Welt, über die Zukunft. In der Therapie versucht man, die negativen und pessimistischen Erwartungen zu hinterfragen und gemeinsam zu prüfen, ob es wirklich Belege für solche weitreichenden Schlüsse gibt.

Wie ausgeführt, muss man bei solchen „Denkfehlern" als betreuende Person immer auch berücksichtigen, selbst manchmal auf den ersten Blick eventuell nicht das zu sehen,

was die Kinder sehen. Interessant ist in diesem Zusammenhang beispielsweise der Befund, dass bei Mädchen mit
Beginn der Pubertät im *Selbstbericht* die Depressionsraten
dramatisch steigen, bei Weitem aber nicht so ausgeprägt im
Fremdbericht. Deshalb sollten die Erziehenden ganz deutlich machen, die Kinder und Jugendlichen ernst zu nehmen
in ihrer Wahrnehmung, dass man aber versuchen möchte,
mit ihnen gemeinsam zu untersuchen, wo sie sich mit
ihrem Denken selbst im Wege stehen mögen. Der Fokus
sollte darauf liegen, den Kindern oder Jugendlichen zu zeigen, wie sie selbst durch ihre Gedanken ihre Gefühle kontrollieren und mutmachendere, positivere Selbstgespräche
führen könnten. Hilfreiche Materialien hierzu finden sich
unter anderem in dem sehr praxisnahen Werk von Paul
Stallard von 2015. Hier wird, unter anderem mithilfe von
eigens entwickelten Arbeitsblättern, illustriert, wie man
dem Kind aufzeigen kann, was seine eigenen Gedanken für
sein Erleben und Handeln bedeuten.

In der Praxis, im Rahmen einer kognitiven Verhaltenstherapie, findet man meist eine Kombination all dieser therapeutischen Richtungen, oder, wie es fachsprachlich heißt:
einen multimodalen Ansatz. Selbstverständlich werden
nicht nur in der GT Gespräche geführt und Spielmaterial
kommt nicht nur in der Spieltherapie zum Einsatz, sondern unter anderem auch ganz ausdrücklich in der KT, in
der auch verhaltenstherapeutische Elemente selbstverständlich sind. Der Unterschied liegt eher in den Gewichtungen:
Bei Depression etwa steht meist erst einmal KT im Vordergrund, bei ADHS eher zunächst die VT, jeweils aber in der
Regel ergänzt durch die anderen Ansätze.

Eine Idee davon, wie in konkreten Einzelfällen das
gesamte *Therapiepaket* aussehen würde, bekommt man

etwa in dem von Franz Petermann (2009) herausgegebenen „Fallbuch". Der Autor beschreibt für ausgewählte Störungen – einschließlich der, die wir hier erwähnen – ausführlich, welche einzelnen Schritte eingeleitet werden. Auch für Eltern mögen ferner einige neuere, klassische Lehrbücher der Klinischen Psychologie und Therapie bei Kindern und Jugendlichen sehr lesenswert sein – im Kapitel „Hinweise auf ausgewählte und weiterführende Literatur" werden einige Titel genannt.

Das Kapitel konzentriert sich allerdings darauf, was *Eltern* in konkreten Fällen tun können – vor allem, wie sie die in diesem Buch ausgeführten Prinzipien und Ideen bei Einzelfällen in ihrem Erziehungsalltag umsetzen beziehungsweise zusammenführen könnten. Dafür rekapituliere ich anhand ausgewählter Beispiele – für ein depressives Kind mit sozialer Angst, ein ADHS-Kind sowie ein Kind mit Prüfungsangst (die Fälle sind einschlägigen Lehrbüchern wie den angegebenen entnommen[1]) – noch einmal, wie die dargelegten Prinzipien und Techniken konkret angewendet und gegebenenfalls durch Übungen ergänzt werden können.

Fall 1: Depression mit sozialer Angst

Der achtjährige Jacob geht in die dritte Klasse, und sowohl seine Eltern als auch Lehrkräfte sind besorgt. Er wird als reizbar, übersensibel und mürrisch beschrieben. Obwohl

---

[1]Wir haben uns entschieden, typische Fälle aus einschlägigen Lehrbüchern zu verwenden. Diese wurden von Personen beschrieben, die nicht „von vornherein" die hier vorgestellte theoretische beziehungsweise therapeutische „Brille" aufhaben. Damit wollen wir deutlich machen, dass die Prinzipien, die wir hier vorstellen, auf *repräsentative* Fälle anwendbar sind.

überdurchschnittlich intelligent, hat er Schwierigkeiten, in der Schule mitzuhalten. Er ist leicht entmutigt und gibt auf, wenn er etwas nicht sofort versteht. Er nennt dann entweder die Aufgabe blöd oder er sagt, er kann sie nicht, weil er dumm sei. Auf dem Spielplatz spielt er in der Regel allein und er vermeidet Gruppenaktivitäten, es sei denn, ein Erwachsener organisiert und begleitet sie.

Zu Hause regen sich die Eltern über seine Launenhaftigkeit, Negativität und seinen Jähzorn auf. Ihnen zufolge war er zu Beginn der Grundschule ein kluger und aktiver, humorvoller Junge. Allerdings sei er schon immer etwas ernsthafter und zurückhaltender gewesen als Gleichaltrige. Rückblickend können sie schwer genau den Zeitpunkt benennen, zu dem die Schwierigkeiten losgingen, aber bestimmt dauern sie schon seit zwei Jahren an. Den Eltern zufolge scheint Jacob grundsätzlich das Schlimmste von sich und anderen zu erwarten. Zudem spiele er so viel wie möglich alleine Videospiele. Die Eltern hätten versucht, mit ihm über ihre Besorgnis zu reden, aber er weise weit von sich, dass er Schwierigkeiten habe. Er sagt, das ständige Nörgeln der Eltern frustriere ihn, genauso wie ihn das Verhalten des Bruders nervt.[2]

Hier zeigt sich zunächst ganz deutlich, dass sich Depression im Kindesalter in *Reizbarkeit* („reizbar", „mürrisch") zeigen kann statt beziehungsweise ergänzend zu „offen-sichtlicher" Traurigkeit. Die Depression beziehungsweise die soziale Angst geht ferner mit *Leistungsbeeinträchtigungen*

---

[2]Aus Parritz & Troy (2011: Disorders of Childhood, S. 215; leicht gekürzte und bearbeitete Übersetzung durch BS).

einher („Schwierigkeiten, in der Schule mitzuhalten"), die nicht durch fehlende Intelligenz zu erklären sind. Jacob zeigt die typische niedrige *Selbstwirksamkeitserwartung* („leicht entmutigt") und spürt intuitiv, dass die *Wahl der Aufgabenschwierigkeit* für ihn nicht passt: Er müsste erst einmal mit leichten beginnen („Aufgabe blöd"), da er ein niedriges *Fähigkeitsselbstkonzept* („dumm") hat. Er ist *nicht* hinreichend *sozial integriert* („spielt allein") und zeigt die typische, mit Angst einhergehende *Vermeidungsreaktion* („vermeidet Gruppenaktivitäten").

Die Beschreibung des Falles liefert auch schon Hinweise auf mögliche Hebel: Jacob ist vom Videospielen wegzubekommen und lässt sich zu Aktivität veranlassen, wenn er sich *sicher* fühlen kann („durch Erwachsene begleitet"). Hierzu benötigt er Erwachsene, besonders Eltern, die ihm ein *sicheres* und *wertschätzendes Beziehungsangebot* machen – die Eltern könnten demnach an ihren *emotionalen Reaktionen auf sein Fehlverhalten* („regen sich auf") ansetzen. Hierauf ist er besonders angewiesen, da ein in der Literatur beschriebener Risikofaktor für Mobbing vorliegt („ernsthaft", „zurückhaltend", auch „überdurchschnittlich intelligent" – alles *Abweichungen*). Er hat nicht nur das typische Vermeidungsmuster gelernt, sondern auch die von Beck beschriebene kognitive Triade – *negative Sicht von sich selbst, der Welt und der Zukunft* („Schlimmstes von sich und anderen erwarten"). Bislang scheinen keine großen Anstrengungen gemacht worden zu sein, Jacob *Alternativen* für sein Fehlverhalten zu geben („spielt viel Video"). Wenn die Eltern seine Probleme ansprechen, scheinen sie *bei sich* zu sein, weniger beim Kind („über *ihre* Besorgnis reden", kursiv von BS) und sie scheinen die „Fehler" bei ihm selbst zu sehen („*er* Schwierigkeiten habe", kursiv von BS). Die Modifikationsversuche der Eltern scheint er als *gegen* seine *Person, nicht* gegen sein *Verhalten* gerichtet wahrzunehmen („ständige Nörgeln der Eltern"). Zusätzlich deuten sich Schwierigkeiten zu einem weiteren signifikanten „Du" an, seinem Bruder („nervig").

Wie nun aus diesen Schwierigkeiten herausfinden? Wie bei allen Störungen, bei Depression aber ganz besonders, hat hier die *Beziehungskomponente* Vorrang. Damit die Eltern dazu in der Lage sind, sollten sie als allererstes Prinzip 41 zur Kenntnis nehmen und verstehen, dass Jacobs „Fehlverhalten" ein Symptom von Depression ist, kein Hinweis auf „Lust am Nerven". Dies zu wissen hilft ihnen, Jacob zu signalisieren, dass sie ihn mögen und schätzen – auch dann, wenn er anstrengend ist, auch dann, wenn er schlecht gelaunt und streitlustig ist (Prinzip 13). Dies können sie auch zum Ausdruck bringen, wenn sie sich an die Kommunikationsregeln halten und beispielsweise mehr Ich-Botschaften verwenden als Du-Botschaften, die ein Machtverhältnis signalisieren (Prinzip 15). Jacob spürt dann, dass es um ihn geht und die Eltern nicht bei sich selbst sind (Prinzip 10) und dass er nicht als Vorbedingung für ihre Zuneigung und Zuwendung angenehm sein *muss* (Prinzip 36)!

Da es aber für ihn selbst und die ganze Familie schöner wäre, helfen sie ihm in jeder einzelnen Situation, sein unangemessenes Verhalten und Erleben zu verändern – Schritt für Schritt. Mit dieser Haltung können *sie* Jacob *helfen,* ihn mittels *pädagogischer Verhaltensmodifikation* aus dem Fehlverhalten herauszuführen, hin zum angemessenen Verhalten: Indem sie sich die Mühe machen, ihn so zu beobachten, dass sie seine Interessen verstehen lernen und deshalb alternative Aktivitäten anbieten können, die ihm wirklich Spaß machen (Prinzip 5). Damit zeigen die Eltern auch Empathie (Prinzip 13) und ein Gespür für seine (legitimen) Bedürfnisse (Prinzipien 14 und 29).

Wenn er dann mitmacht und nicht Video spielt, können sie dies authentisch anerkennen und loben (Prinzipien 1, 6 und 18), ebenso wenn er einmal mit dem Bruder scherzt statt streitet oder doch einmal eine optimistische Äußerung beisteuert. Mit der Zeit können diese belohnenden Reaktionen seltener und unregelmäßiger werden (Prinzip 7). Umgekehrt sollten die Eltern aber auch frühzeitig reagieren, wenn Jacob beispielsweise in eine übellaunige Stimmung hineinrutscht (Prinzip 8). Statt ihn dann zur „Strafe" aufs Zimmer zu schicken, sollten die Eltern ihm sagen, dass sie sehr wohl daran interessiert sind zu erfahren, was ihn gerade stört oder belastet, dass sie ihn aber bitten, dies in angemessenem Ton auszudrücken (Prinzip 5).

Die Eltern können Jacob ferner bei einer solchen akzeptierenderen Haltung helfen, seine Emotionen zu regulieren, indem sie zunächst selbst auf ihre eigenen Emotionen achten und ihn mit den eigenen anstecken (Prinzip 3). Statt von ihm etwa morgens gute Laune zu erwarten, können sie umgekehrt ihn mit guter Laune freundlich wecken und ihn in den Tag führen. Dabei ist jedoch aufzupassen, dass die eigene gute Laune authentisch ist (Prinzip 13) und man nicht übereifrig wird, sodass es fast schon übergriffig wirkt. Auch hier kann man sich an dem Konzept des „Mitschwingens" orientieren. Etwa erst ruhig und wortkarg an den Bettrand setzen, bis man gemeinsam in der gleichen (zurückhaltenden) Stimmung ist, und dann mit größerem Elan sagen, den Tag nun „gemeinsam" anzupacken. Abstrakt gesprochen: Man hilft dem Kind seine Emotionen zu regulieren, indem man erst einmal als Vorbild praktiziert, was man predigt (Prinzip 2). Da es für Jakob schwierig ist, in eine entspannte, fröhliche und unbeschwerte Haltung hineinzufinden, kann man ergänzend die Überlegung von Kasten 1 nutzen: einen Ort oder eine Aktivität finden, die das für ihn macht!

Der Fall von Jacob zeigt gut, wie bedeutend *Kognitionen* für Depression und Angst sind. Die Fallbeschreibung lässt die Deutung zu, dass auf Jacobs Seite auch *selektive Wahrnehmung* (Prinzip 35) gegeben ist: Bei Depression sind „Denkfehler" üblich, ebenso wie ein überstarker Fokus auf das Negative oder Übergeneralisierungen. Es scheint also durchaus realistisch, dass der Junge die Reaktionen der Eltern überstark negativ bewertet.

Was den Denkfehler (Prinzip 35) anbelangt, „dumm" zu sein, kann man Jacob einerseits ganz offensiv das Ergebnis seines Intelligenztestes mitteilen und im Rahmen von Metakommunikation über den Denkfehler „Abwerten von Gegenevidenz" reden – wobei hier die Formulierungen sehr zentral sind. Jacob muss sich authentisch ernst genommen fühlen, und er darf nicht den Eindruck bekommen, dass jetzt noch eine weitere Sache herausgekramt wird, wo er schon wieder etwas falsch macht.

Im Rahmen von Metakommunikation kann man auch die Ursachen von Leistungsergebnissen thematisieren (Prinzipien 21 und 22). Wie erläutert, ist Leistung weniger das Resultat von Intelligenz (Prinzip 31) als (zumindest auch) anderer Faktoren. Einer davon ist Unterstützung beziehungsweise Begleitung im Lernprozess. So kann man beispielsweise ausmachen, eine Zeit lang gemeinsam Hausaufgaben zu machen. Um der Haltung zu begegnen, bei der kleinsten Schwierigkeit sofort resigniert aufzugeben, kann man ihn bei dieser nun verabredeten Lernbegleitung animieren, erst einmal mit einfacheren Schritten (Prinzipien 24 und 25) zu beginnen, die er eigentlich schon beherrschen müsste. Zum Teil beherrscht er diese in der Tat wahrscheinlich längst, kann sie aber nur wegen seiner Angst im Moment nicht abrufen. Langsam kann er so wieder Zutrauen in seine eigentlich vorhandenen Fähigkeiten entwickeln. Dies kann durch achtsame Kommunikation unterstützt werden (Prinzip 23) sowie durch eine motivational günstigere „Bezugsnorm" – weniger selbst mit dem Bruder vergleichen, mehr die Leistungsfortschritte sehen (Prinzip 26). Zudem können die Eltern unterstützen, indem sie auf die eigenen Denkfehler und Attributionen achten – bislang schreiben sie ihm die Schwierigkeiten zu (unter anderem Prinzip 61).

Realisiert man, dass Jacob derzeit vermeidungsmotiviert ist, versteht man, warum er so oft Ausgleich in Videos sucht (Prinzip 28). Statt ihm dies zu verbieten, könnte man die Überlegungen der Reaktanztheorie (Prinzip 16) nutzen – nicht Handlungsrepertoire eingrenzen, sondern erweitern und ihm Alternativen anbieten (Prinzip 70)! Dabei wäre es gut zu berücksichtigen, dass er derzeit noch Schwierigkeiten mit Gleichaltrigen hat, wenn keine Erwachsenen das Spiel gestalten. Hilfreich wären deshalb beispielsweise Sportaktivitäten, in denen man einerseits seine Sache allein machen muss (anders als im Mannschaftssport Fußball oder

Volleyball etwa), aber in Anwesenheit anderer, die *parallel* die gleiche Aktivität machen. Wäre es ein Mädchen (aber auch bei manchen Jungen), wären etwa Reitstunden denkbar: Das Mädchen arbeitet allein mit ihrem Pferd, gleichzeitig gewöhnt sie sich daran, dass auch andere anwesend sind. Ideal wäre ein pädagogisch betreuter Reitstall, wo auch die Vorbereitung der Pferde und Aktivitäten im Stall wie ausmisten etc. zunächst betreut werden. Bei Jungen (und Mädchen) sind Sportarten wie Abfahrtski denkbar: Man muss allein den Berg herunter, dennoch sind gleichzeitig andere Kinder da, die das Gleiche tun. Davor und danach muss man automatisch mit den anderen in Kontakt treten, aber gestützt durch eine vorgegebene Aktivität – auch hier idealerweise begleitet durch pädagogischgeschultes oder sensibilisiertes Personal. Solcher oder ähnlicher Sport vermittelt auch Erfolgserlebnisse. So könnte beispielsweise Jacob Erfahrungen von Wirksamkeit machen, wodurch er langsam wieder höhere Selbstwirksamkeitserwartungen aufbauen kann (Prinzip 22). Wenn die Gruppe gut betreut ist und Jacob gegebenenfalls auch hier erst einmal in einer Gruppe mit jüngeren Kindern seinen Sport macht, fällt es ihm sicher sozial leichter und er kann im Sport selbst schneller als die anderen glänzen.

Begleitend könnte man bezüglich der sozialen Probleme gegebenenfalls auch an ausgewählten Kompetenzen arbeiten und versuchen, Jacob immer wieder – beispielsweise bei Konflikten mit dem Bruder – nahezulegen, in seinen legitimen Bedürfnissen hartnäckig zu bleiben, aber nicht den Bruder selbst anzugreifen (Kasten 11) beziehungsweise die selbstbehauptende Mitte zu finden (Prinzip 64).

Zudem könnte es Jacob helfen, die *tit-for-tat-plus-one*-Strategie zu kennen (Prinzip 65).

Was den Vorwurf von Jacob anbelangt, er fühle sich durch die ewige Nörglerei der Eltern genervt, können die Eltern schließlich ihrerseits nachdenken, was daran berechtigt sein mag. Angestrengt von der Situation, versuchen sie möglicherweise so sehr sein Erleben und Verhalten zu modifizieren, dass er sich tatsächlich ständig kritisiert fühlen kann. So könnte man prüfen, ob in die eigene Kommunikation ein negativistischer Stil Einzug gehalten hat, und diesen abstellen (Prinzip 34). Schließlich ließe sich auch hinterfragen, warum Jacob von seinem Bruder so genervt ist: Kann es sein, dass man diesen unbewusst vorzieht, mit ihm mehr lacht und ihn mehr lobt, da er angenehmer, unkomplizierter und schulisch erfolgreicher ist? Dann kann man Jacob gegenüber „zugeben", dass man das tatsächlich bei seinem Bruder im Moment so empfindet – dass dies aber mitnichten heißt, der Bruder sei einem wichtiger. Vielmehr ist das Leben ein Auf und Ab, und so, wie es bei Jacob aufwärts gehen wird, wird es wahrscheinlich beim Bruder zwischendrin auch mal abwärts gehen. Man werde aber beide zu jedem Zeitpunkt immer lieb haben. Schön wäre, wenn man nun auch noch Aktivitäten und Erlebnisse finden könnte, die die Geschwister wieder mehr zusammenbringen. Damit würde Jacob auch wieder mehr den sozialen Austausch üben, der ihm dann im Kontakt mit Gleichaltrigen, beziehungsweise zunächst leicht Jüngeren, hilft.

Ein Anteil der Schwierigkeiten von Jacob ist Angst, daher profitiert er ergänzend von Entspannungsverfahren. Im Kasten 3 habe ich die systematische Desensibilisierung vorgestellt. Diese Technik hat zwei Grundkomponenten: Man beginnt mit der einfachsten Stufe und arbeitet sich langsam zu schwierigeren Situationen hoch – und dies genau dann, wenn das Kind gerade entspannt ist. Das bedeutet, das Kind entweder zu beobachten und so den richtigen Zeitpunkt zu wählen, oder aber selbst dem Kind mithilfe von Entspannungsverfahren vorher zu *Entspannung* zu verhelfen. Es gibt mittlerweile einen relativ großen Markt an Entspannungsverfahren für Kinder – von Übungen, die teils nur wenige Minuten dauern bis hin zu Büchern wie etwa den sogenannten Käpt'n-Nemo-Geschichten von Ulrike Petermann, bei denen wiederholt mit demselben Bild gearbeitet wird: dem Kapitän, der in einen Taucheranzug steigt. Diese Geschichten bauen zum Beispiel die typischen Entspannungsinstruktionen aus autogenem Training ein – etwa, dass sich verschiedene Körperregionen schwer oder warm anfühlen. Außerdem werden hilfreiche Selbstinstruktionen wiederholt als Modell verbalisiert: „Nur ruhig Blut, dann geht alles gut!" Schließlich arbeiten die Geschichten mit dem klassischen Konditionieren: Das Bild des Tauchanzugs, der übergestreift wird, führt klassisch konditioniert zu Entspannung, da dieses Bild immer wieder herangezogen wird, um mit dessen Hilfe die Wärme- und Schwereinstruktionen unterbringen zu können.

Solche Übungen können sehr kurz sein und wenig Zeit beanspruchen. So lassen sie sich sogar im (Schul-)Alltag zwischendrin einsetzen. Ein Beispiel ist folgende Atemübung aus „Leistungsängste: Therapieprogramm für Kinder und Jugendliche mit Angst- und Zwangsstörungen

(THAZ) – Band 1" (S. 176) von Lydia Suhr-Dachs und Manfred Döpfner (2005):

> Lege eine Hand auf deinen Bauch, unterhalb des Bauchnabels. Stelle dir nun vor, du hast einen Luftballon in deinem Unterbauch. Beim Einatmen versuchst du, mit der eingeatmeten Luft den Ballon in deinem Bauch aufzublasen. Stell' dir vor, wie der Ballon mit der eingeatmeten Luft ganz groß wird. Beim Ausatmen strömt die Luft wieder aus dem Ballon heraus, und der Ballon schrumpft zusammen. Blase den Ballon beim Einatmen wieder auf … und lass' ihn beim Ausatmen wieder zusammenschrumpfen. Dein Brustkorb bleibt beim Atmen ganz flach und bewegt sich nicht mit.

(Weitere Beispiele finden sich im Teil von Anette Fahle am Ende dieses Kapitels.)

Wenn man etwa in obigen Beispiel entschieden hat, dass sich Jacob langsam wieder daran gewöhnen soll, Aktivitäten in einem Kontext zu machen, in welchem er auf andere Kinder trifft wie etwa beim Skifahren, könnte man so vorgehen: Vielleicht geht man zunächst als Familie Skifahren, Jacob ist also nicht allein am Berg. Später meldet man ihn zu einem Skikurs mit etwas jüngeren Kindern an, später dann im Wohnort, sodass er dann auch die Busfahrt in der Gruppe „überstehen" muss. So wird es wahrscheinlicher, dass er in immer wieder leicht schwierigere Situationen entspannt hineingeht und mit der Zeit Entspannung mit dem Reiz verbindet, der bei ihm ursprünglich Angst ausgelöst hat, nämlich das Zusammensein mit Gleichaltrigen.

Neben emotionalen Problemen hat Jacob mittlerweile aber auch ein praktisches Problem – seine Noten. Um ihm zu helfen, sein Lernen zu verbessern, könnte man auch dafür (nicht nur zur Entspannung) die Überlegung aus Kasten 1 nutzen und den (leergeräumten) Schreibtisch zum konditionierten Hinweisreiz zum Arbeiten machen. Um eine günstigere motivationale Haltung zu entwickeln, sollte man daran denken, Jacob in die Haltung hineinzuführen, Erfolg anzustreben und nicht Misserfolg zu vermeiden (Prinzip 19) – unter anderem, indem man ermöglicht, dass er Stolz erlebt (Prinzip 20), und eine Lernzielorientierung vorlebt beziehungsweise anstrebt (Prinzip 30).

Damit Jacob leichter lernen kann, helfen ihm ausgearbeitete Lösungsbeispiele (Prinzip 48) und gezieltes Üben (Prinzip 49), für das hinreichend Zeit für Wiederholungen eingeplant ist (Prinzip 50). Alles, was das Lernen aktiver macht, ist ebenfalls gut, zum Beispiel, wenn Jacob den jeweiligen Stoff anderen (dem Bruder?) erklären muss (Prinzip 51). Eine Hilfe ist auch, bei ihm die Gewohnheit aufzubauen, nach Querverbindungen zu suchen (Prinzip 52) oder immer wieder zu abstrahieren (Prinzip 53). Besonders bedeutsam ist, ihm beizubringen, selbst Fragen an den Stoff zu stellen (Prinzip 54) – also selbst die Gedanken zu strukturieren – sowie für das Auswendiglernen Mnemotechniken einzusetzen, und wenn es nur selbst sortieren wäre oder Akronyme bilden (Prinzip 55). Schließlich kann man den Testeffekt nutzen, indem man ihn regelmäßiger abfragt (Prinzip 58).

Das waren viele Vorschläge auf einmal. Nichtsdestotrotz ist auch dies nur ein Ausschnitt, der gar nicht alle

Prinzipien berücksichtigt hat. Andererseits muss man überhaupt nicht alle umsetzen: Würden die Eltern von Jacob in Zukunft nichts anderes als Prinzip 1 umsetzen – das richtige Verhalten zum Beispiel gegenüber dem Bruder zu sehen und das anzuerkennen – würde das schon zu einer spürbaren Veränderung in der Dynamik in der Familie führen. Man muss einfach nur anfangen! Wählen Sie einfach zunächst ein Prinzip aus, das Sie am meisten überzeugt hat, und nehmen sich vor, eine festgelegte Zeit lang das immer mit sich im Hinterkopf mitzunehmen. Mit der Zeit können es dann mehr werden!

Fall 2: ADHS

Der elfjährige Tyler besucht die fünfte Klasse. Seine Eltern wurden nach mehreren Gesprächen mit Lehrkräften und dem stellvertretendem Schulleiter bei einem Psychologen vorstellig. Anlass zur Sorge gibt, dass Tyler sich rasch ablenken lässt und es ihm schwerfällt, Aufgaben fertigzustellen, außerdem ist er verbal impulsiv und unruhig. Tyler ist ein sehr kluges, kreatives Kind, das gerne liest. Lehrern und Eltern fällt auf, dass er immer mit irgendetwas beschäftigt ist und ihm immer noch etwas einfällt. Ihm wird ferner Humor attestiert. Bei Tätigkeiten, die er besonders mag, zum Beispiel lesen, fällt den Lehrern seine lange Aufmerksamkeitsspanne auf.

Aber die meiste Zeit hört Tyler nicht zu und widmet nicht den Dingen seine Aufmerksamkeit, die von ihm verlangt werden. Er ist leicht ablenkbar, schlecht organisiert und bringt Aufgaben nicht gut zu Ende. Er vergisst häufig Sachen, die er von der Schule hätte mit nach Hause mitbringen sollen oder umgekehrt von zu Hause in die Schule. Tyler ist ferner sehr zappelig und kann schlecht still sitzen bleiben. Wenn er aufsteht und durch den Raum läuft, macht er manchmal Geräusche und stört so die anderen in der Klasse. Manchmal spielt er auch zu unangemessenen Zeiten mit dem Spielzeug, das er häufig mit sich herumträgt. Tyler muss oft daran erinnert werden, sich zu fokussieren, zeigt sich aber bei Interventionen durch die Lehrkräfte häufig kooperativ. Er ist sehr stolz auf seine besonderen Lesefähigkeiten, aber gleichzeitig entmutigt von seinen Schwierigkeiten in Mathematik und dass er es nicht schafft, seine schulischen Aufgaben rechtzeitig fertig zu bekommen.

Im Umgang mit anderen hat er ebenfalls Probleme. Er redet unablässig und unterhält sich mit anderen, wenn er eigentlich eine schulische Aufgabe machen soll. Er platzt häufig mit Kommentaren heraus, oft auch verletzenden. Mit peers gerät er deshalb oder, weil er immer bestimmen möchte, manchmal in Konflikte. Zu Hause schaukeln er und sein mit ADHS diagnostizierter und mit Medikamenten behandelter älterer Bruder sich gegenseitig auf und sie können zusammen „wild und verrückt" werden.[3]

In diesem Fall zeigen sich alle klassischen Symptome einer ADHS (vgl. DSM-5, Kasten 7): große Schwierigkeiten mit der Steuerung von *Aufmerksamkeit,* hohe *Impulsivität* und unangemessene *Überaktivität.* Diese Schwierigkeiten schlagen sich unter anderem in *Unorganisiertheit* nieder und führen zu *Konflikten* mit Mitschülerinnen und Mitschülern, aber auch zu Hause. Als wären das nicht genug Probleme, haben sich mittlerweile

---

[3]Aus Parritz & Troy (2011: Disorders of Childhood, S. 147; leicht gekürzte Übersetzung durch BS).

auch ein *niedriges Selbstkonzept in Mathematik* und *niedrige Selbstwirksamkeitserwartungen* entwickelt.

Das erste, was hier angesprochen werden muss, ist die Frage nach einer möglichen *Medikation.* Der ältere Bruder erhält diese bereits, doch offensichtlich ist damit das Problem noch nicht vollständig gelöst. Zur Frage der Medikation wurden mittlerweile unzählige Studien gemacht. Stellvertretend für viele weitere gehe ich hier auf eine US-amerikanische Ferienlagerstudie von Pelham und Koautoren (2015) ein. Kinder und Jugendliche, die in den USA typischerweise sehr langen Sommerferien von zehn Wochen in einem Feriencamp waren, erhielten wechselnd per Los zugeteilt in einem Drittel der Zeit eine niedrige (0,15 mg pro Kilogramm Körpergewicht), eine mittlere (0,30 mg pro Kilogramm Körpergewicht) oder eine sehr hohe (0,60 mg pro Kilogramm Körpergewicht) Dosis Methylphenidat, dem Wirkstoff von Ritalin. Die Erzieher wussten nicht, welche Dosis die Kinder gerade erhielten. Die Erzieher waren ferner in einem Drittel der Zeit angehalten, ganz normale Ferienbetreuung zu machen (niedrige Dosis VT), sie wurden daran erinnert, sich an die Prinzipien zu halten, die oben besonders in Kap. 2 unter pädagogischer Verhaltensmodifikation behandelt wurden (mittlere Dosis VT) oder sie sollten ausdrücklich „technisch" mit Smileys und Strafstrichen arbeiten und ganz explizit Vergünstigungen oder Bestrafungen von diesem „Konto" abhängig machen (hohe Dosis VT). Außenstehende Beobachter, die weder wussten, wie welche Erzieher jeweils instruiert waren, noch, wie hoch die Medikation der Kinder und Jugendlichen war, sollten die Zahl von Fehlverhaltensweisen protokollieren und Einschätzungen in Hinblick auf beispielsweise Aufmerksamkeit geben.

Zunächst zeigte sich, dass beide Formen des Herangehens funktionieren! Je höher die Medikation, desto weniger Fehlverhalten. Aber in gleicher Weise auch: Je höher die VT-Dosis, desto weniger Fehlverhalten. Man kann also etwas tun! Aber was? Sollte man VT machen oder sollte man Medikamente geben? Die Vereinigung der amerikanischen Psychiater (APA), die unter anderem das im Kasten 7 beschriebene DSM-5 herausgibt, empfiehlt generell, dass Medikamente nur „second line treatment" sein sollten – also Mittel zweiter Wahl. Der Grund: Auch eine systematische Verhaltensmodifikation wirkt. Allerdings muss diese konsistent im Alltag umgesetzt werden. Idealerweise müssten alle Beteiligten, oder zumindest ein beträchtlicher Teil der Beteiligten, mit am gleichen Strang ziehen. Das sind vor allem die Lehrkräfte beziehungsweise Erzieherinnen und Erzieher im Hort oder gegebenenfalls Kindergarten.

Sind diese nicht bereit oder sehen sie sich nicht in der Lage, dabei mitzuwirken, und hält man es zu Hause ebenfalls nicht konsistent durch, droht das Risiko, dass letztlich keinerlei „Behandlung" erfolgt – weder medikamentöse noch systematische pädagogische Verhaltensmodifikation. Dann droht ein Phänomen, das sich „Selbstmedikation" nennt – im Jugendalter haben diese Kinder ein höheres Risiko für Alkohol- und/oder Drogenmissbrauch, wie etwa Lee und Kollegen 2011 gezeigt haben. Die Ironie ist also, dass man möglicherweise eine Drogenkarriere riskiert, weil man dem Kind keine „drugs", sprich Medikamente, geben möchte. Man muss also gut abwägen, wie realistisch es ist, dass die pädagogische Verhaltensmodifikation auch wirklich umgesetzt wird.

Außerdem will ich mit der Aussage, dass die VT wirksam ist, die Hoffnungen nicht unrealistisch hochschrauben (Prinzip 34). Das generelle Credo ist, dass eine ADHS nicht „heilbar" ist, aber „bewältigbar". Im Englischen spricht man von „coping, not curing". Der *Umgang mit ihr* kann also sehr wohl effizienter werden! Man kann erreichen, dass die „Störung" weniger belastend ist und beeinträchtigt. In jedem Einzelfall braucht dies eine differenzierte Abklärung. Dieses Buch ist daher mitnichten als pauschale Empfehlung anzusehen, auf Medikamente zu verzichten oder nicht. Was sich aber pauschal schon sagen lässt, ist: Wenn in der Ferienlagerstudie niedrige oder mittlere Dosis an Medikamenten gegeben wurde, sah man den zusätzlichen Effekt von VT! Erst bei der höchsten Dosierungsstufe des Medikaments (viermal so viel wie in der niedrigsten) war dieser Einfluss nicht mehr nachweisbar. Ob nun zusätzlich oder allein: Systematisch auf die Umsetzung der Prinzipien der pädagogischen Verhaltensmodifikation zu achten, scheint demnach *immer* sinnvoll. Wir rekapitulieren deshalb am Beispiel Tyler noch einmal kurz die zentralen Prinzipien und ergänzen noch einige spezifische Überlegungen für ADHS.

Oberstes Gebot hier ist tatsächlich Prinzip 1: Sehen, wenn Tyler etwas richtig macht. Wenn er etwa tatsächlich von sich aus daran gedacht hat, den Turnbeutel mit nach Hause zu bringen, könnte man einfach sagen: Schön, dass du das heute geschafft hast! Wenn er auf eine Aufforderung hin einen Moment abwarten kann: anerkennen! Tyler hat außerdem drei offensichtliche Stärken – das Lesen, seinen Humor und seine Kreativität. Diese Stärken, etwa die lange Aufmerksamkeitsspanne beim Lesen, könnte immer wieder mal spontan anerkannt werden (s. auch Prinzipien 17 und 18).

Jemand wie Tyler braucht zudem unbedingt Bedingungen, unter denen das erwünschte Verhalten „von allein" wahrscheinlicher wird, welches man dann als richtig anerkennen kann. Dabei gilt es, ehrlich und authentisch zu sein (Prinzip 6, und auch zunehmend seltener, aber dennoch wiederholt: Prinzip 7). Neben Überlegungen zur Hausaufgabensituation aus Prinzip 1 bietet sich insbesondere das Gerüst des klassischen Konditionierens an (Kasten 1): Man nutzt etwa den *leergeräumten* Schreibtisch oder ein Maskottchen oder ähnliches auf dem Tisch als konditionierten Hinweisreiz, der von sich aus dem Kind „sagt": Arbeite! Am Anfang soll Tyler erst an diesem leeren Tisch (mit Maskottchen) arbeiten, wenn er ganz konzentriert ist. Schweift er ab, soll er wieder weggehen (oder das Maskottchen wegstellen).

Indem man selbst die Hausaufgabensituation wichtig nimmt und sich Zeit und Kraft nimmt, selbst in die richtige Haltung zu kommen und mitzumachen (Prinzipien 1 und 3), kann man Tyler unterstützen. Anforderungen an ihn sollten ihm aber noch Luft lassen – mit ADHS geht häufig oppositionelles oder Trotzverhalten einher. Deshalb ist es gerade für diese Kinder wichtig, Regeln zwar klar zu formulieren (und einzufordern), aber auf spezifizierte Weise Raum für Autonomie zu lassen (Prinzipien 4, 16 und 17). Muss man dann doch leider mal sanktionieren, immer nach dem Prinzip der geringsten Intervention (Prinzip 8) und nur das Verhalten des Kindes, nicht das Kind selbst bestrafen (Prinzip 9) – letzteres auch vor dem Hintergrund, dass sich Tyler ja grundsätzlich kooperativ zeigt, wenn die Lehrkraft ihn ermahnt. Sowohl die positiven als auch die negativen Konsequenzen sollte man aus dem Blickwinkel des Kindes wählen, idealerweise sogar in Absprache mit dem Kind (Prinzip 11).

Die Probleme im *Umgang mit anderen* werden in Tylers Fall nur vage beschrieben. Im Vordergrund steht, dass sich die Kinder in seiner Gegenwart gegenseitig aufschaukeln. Erwähnt wird auch, dass er die anderen stört, da er unablässig redet. Hier müsste man einerseits an seinem Verhalten ansetzen und mithilfe von pädagogischer Verhaltensmodifikation (Prinzipien 1 bis 18) darauf einwirken, dass er zu einem angemesseneren und für sich selbst weniger behindernden Verhalten findet.

Implizit kommt in der Fallbeschreibung aber auch zum Ausdruck, dass das Risiko von Zurückweisung und Ablehnung durch *peers* absolut real ist. Also muss man hier auf die Situationen achten, in die Tyler kommt: Wie bei Jacob sollte man rechtzeitig Alternativen in anderen Gruppen aufbauen, auf die er bei Bedarf zurückfallen kann, besonders Gruppen mit leicht jüngeren Kindern (Prinzip 70). Ergänzend könnte man ihm explizit Selbstbehauptung (Prinzip 64) oder konkrete Konfliktstrategien (Prinzip 65, Kasten 10) vermitteln.

Schließlich macht die Fallbeschreibung deutlich, dass sich *sekundäre Probleme* entwickelt haben: Tyler zweifelt an sich, zudem sind Fähigkeitsselbstkonzept und Selbstwirksamkeitserwartungen beeinträchtigt (unter anderem Prinzipien 21 bis 23). In Bezug auf seine Schwierigkeiten in Mathematik helfen alle Prinzipien im Kap. 5 zum Lernen (Prinzipien 48 bis 58). Besonders wichtig ist zuerst, genau zu diagnostizieren, worin genau seine mittlerweile angesammelten *Vorwissensdefizite* liegen. Häufig wird vergessen, dass ein Kind nicht allein dadurch in der Schule besser werden kann, beispielsweise in Mathematik, dass es etwa Ritalin bekommt. Dringend erforderlich ist, unter den nun günstigeren Rahmenbedingungen das fehlende Vorwissen *nachzuholen!* Möglicherweise kann man die Lehrkraft bitten, die nächste Schulaufgabe von vornherein „für verloren" zu geben, damit Tyler nicht ineffektiv, ohne „Sinn und Verstand" den Stoff für die Schulaufgabe lernt (was nur schematisch gehen könnte). Vielmehr könnte man ihm sechs bis acht Wochen Zeit einräumen, sämtliches fehlendes Vorwissen in einem Kraftakt nachzuholen, sodass er nach der „verpassten" Klausur auf dem gleichen Stand ist wie die anderen und so für die nächste Aufgabe regulär mitlernen kann.

Wenn man deswegen ohnehin schon mit der Lehrkraft redet, kann man dieses Gespräch auch gleich für Weiteres nutzen. Hierfür könnte man Tyler vorab fragen, wie es ihm aus seiner Sicht in der Schule geht, was ihm das Leben in der Schule schwer macht, und was er sich anders wünschen würde, wenn eine Fee nächstens daher kommt und ihm verspricht, in der Schule drei Wünsche in Erfüllung gehen zu lassen.

Sehr wahrscheinlich wird unter anderem sein Sitzplatz zur Sprache kommen – in der Fallbeschreibung wird nämlich berichtet, dass es bereits mehrere Gespräche mit Lehrkräften und Schulleitung gegeben hatte. Lehrkräfte reagieren in solchen Situationen häufig damit, dass sie die betreffenden Kinder auf Sitzplätze setzen, die die anderen Kinder schon von sich aus als den „ADHS-Platz" bezeichnen, den also auch die anderen Kinder offensichtlich nicht als Privileg empfinden. Jedenfalls nicht als einen Platz, an dem sie selbst gerne sitzen würden! Warum soll das dann ein Kind leichter als die stärkeren Mitschülerinnen und Mitschüler wegstecken können, das ohnehin schon mit Schwierigkeiten kämpft?

Sie könnten hierzu etwa die Lehrkraft fragen, wo sie sich selbst in einem fremden Restaurant hinsetzt – in die Mitte oder doch lieber an einen Randplatz, wenn dieser frei ist: mit freiem Blick in den Raum, Wand im Rücken? Und wenn sie in der Mitte sitzen muss: Schaut sie sich dann gelegentlich „verstohlen" um? Versucht sie einen Blick in den Raum zu erhaschen? Wenn sie das bejaht, fragen Sie sie, ob sie selbst sich wohl umdrehen würde, wenn sie allein in der ersten Reihe sitzen würde, und sie mitbekommen würde, dass hinter ihr geredet und gelacht wird?! Es ist also auch der *Platz,* auf dem Tyler gegebenenfalls sitzt, der das unerwünschte Verhalten bewirkt – umdrehen, nach hinten statt nach vorne schauen! Also sollte man vielleicht den Platz ändern: Tyler also weder auf einen Einzelplatz noch abgeschirmt von der Klasse setzen! Hier soll keine konkrete Lösung vorgeschlagen werden, da diese jeweils im Einzelfall gefunden werden muss. Wichtig ist, dass man bei der *Problemanalyse* den Platz mitbedenken sollte, ob dieser unabsichtlich eventuell mehr Probleme verursacht als löst.

Denkbar wäre etwa, in einem Raum mit vier Reihen die beiden Bänke in der Mitte so zusammenschieben, dass vier Kinder nebeneinander sitzen können – so kann Tyler neben jemanden sitzen, der seinerseits dennoch nicht von der Klasse abgeschnitten wird, da er ja auf der anderen Seite neben sich noch jemanden hat. Die Lehrkraft hat hier auch leichten Zugang zu Tyler, da er auf der Gangseite sitzt. Ich persönlich präferiere allerdings aus mehreren Gründen die U-Form. Diese gibt auch den anderen Kindern den Eindruck von Raum und Luft, und verhindert das sogenannte *crowding*-Phänomen: Unter diesem Stichwort wurde beschrieben, dass Enge aggressiv macht. Will man weniger Gewalt und Aggression im Klassenzimmer, sollte man prüfen, an welchen Stellen für die Schüler der Eindruck von Beengtheit entsteht, und Abhilfe schaffen. In vielen Klassenzimmern nehmen Tafel und Lehrerschreibtisch fast ein Drittel des Raumes ein, während den Schülertischen insgesamt nur zwei Drittel bleiben. Den Lehrertisch an den Rand zu schieben würde bereits Platz bringen. Aber eben auch eine U-Form.

Fehlt für eine U-Form der Platz, sind auch Kompromisse denkbar: etwa eine U-Form mit ein paar Tischen im Innenbereich. Hier muss natürlich gut bedacht werden, wen man dort platzieren kann. Denn die U-Form vermittelt nicht nur stärker den Eindruck von Raum und Platz und Luft und ermöglicht allen Schülern und Schülerinnen gleich guten Sichtkontakt zur Lehrkraft. Sie begünstigt auch, dass die Schülerinnen und Schüler beginnen, mehr miteinander als mit der Lehrkraft zu diskutieren – besonders, wenn die Lehrkraft dies durch Blickkontakt unterstützt, zum Beispiel wenn sie wegschaut, bis die Schüler einen anderen anschauen beim Sprechen, und dann aber wieder interessiert den Schüler anschaut.

Außerdem sollte nicht vergessen werden, auch hier den unter anderem von der APA gegebenen Ratschlag zu beherzigen, auf einen gesunden Lebensstil zu achten. Gerade ADHS-Kinder mit ihrer Überaktivität profitieren von regelmäßiger Bewegung und Sport. Diskutiert wird aber auch ein potenzieller Beitrag der Ernährung zu den Schwierigkeiten (zum Beispiel M. Försterling 2015). Man liegt vermutlich nicht falsch, wenn man noch einmal erwähnt, dass Obst und Gemüse sinnvoller sind als industrieller Zucker.

Ergänzend werden manchmal gezielte Trainings eingesetzt, etwa das Marburger Aufmerksamkeitstraining oder auch ADHS-Camps, vergleichbar denen aus der erwähnten Studie von Pelham und Koautoren. Beide zeigen meist eher kurzfristige Wirkungen, da es viel mehr darauf ankommt, die Prinzipien regelmäßig *im Alltag* umzusetzen. Andererseits verschaffen solche Feriencamps den angestrengten Erziehenden auch mal Pause, was es ihnen danach wieder leichter macht, systematischer die Prinzipien der pädagogischen Verhaltensmodifikation umzusetzen. Und den Kindern ermöglichen sie alternative Kontakte und, wenn es gut gemacht ist, auch eine abenteuerreiche Ferienzeit. Insofern können solche Maßnahmen sehr wohl ein weiterer sinnvoller Baustein sein.

Auch das Beispiel Tyler zeigt also, dass Sie als Eltern viel machen können – aber nicht alles tun müssen. Auch bei ADHS möchte ich Sie ermuntern, einzelne Vorschläge auszuprobieren und zu prüfen, ob vielleicht auch für Sie etwas davon „passt". „Experimentieren" Sie ein bisschen. Schauen Sie, was Ihnen und Ihrem Kind guttut – und was weniger. Letzteres lassen Sie einfach weg oder verändern Sie es so, dass es für *Ihre* Lebenssituation stimmig ist.

Fall 3: Prüfungs-/Leistungsangst

Die 13-jährige Julia besucht die siebte Klasse eines Gymnasiums. Sie berichtet im Erstgespräch über starke Leistungsängste in sämtlichen Hauptfächern. Ihre Noten in diesen Fächern liegen mittlerweile im unterdurchschnittlichen Bereich. In Klassenarbeiten mache sie immer wieder viele Flüchtigkeitsfehler und habe „Blackouts". Kurz vor einer Arbeit habe sie starkes Herzklopfen, denke daran, dass sie nichts verstanden habe und die Arbeit bestimmt wieder verhauen werde. Die Mutter kann sich die schlechten Zensuren nicht erklären, da „Julia doch nicht dumm sei". Die Mutter beschreibt eigene Leistungsängste in ihrer Ausbildungszeit. Zudem gibt sie zu, gelegentlich ungehalten auf eine schlechte Note zu reagieren. Sie wünsche sich, dass ihre Tochter das Abitur schaffe. Bis vor einiger Zeit habe sie noch mit ihrer Tochter zusammen gelernt. Da die Noten aber trotzdem schlechter geworden seien, habe sie es aufgegeben. Auch Julia berichtet von Frust und Resignation in Bezug auf regelmäßiges Lernen, da sie die Erfahrung gemacht habe, trotz guter Vorbereitung schlecht abzuschneiden. Als zusätzliche Fördermaßnahme besucht Julia den Mathematik-Förderunterricht und bekommt Nachhilfe in Englisch. Aufgrund der erlebten Minderwertigkeiten in der Schule habe Julia zeitweise überhaupt keine Lust mehr zum Lernen. (…)

Auf der Grundschule gab es überhaupt keine Leistungsprobleme. In der ersten Klasse auf dem Gymnasium kam es jedoch zu Leistungseinbrüchen in mehreren Fächern, worauf die Mutter vorwurfsvoll reagierte und viel mit ihrer Tochter übte. Trotz gründlicher Vorbereitung blieben die Leistungsprobleme bestehen und Julia entwickelte immer stärker werdende Leistungsängste. Julia zweifelte in dieser Zeit sehr stark daran, für das Gymnasium geeignet zu sein (…).

Julia ist bei Gleichaltrigen sehr beliebt und verbringt die Freizeit mit Freundinnen oder mit sportlichen Aktivitäten.

(…) Da bei dem Bruder hohe Begabung festgestellt wurde, ließen die Eltern auch Julia testen, und es zeigte sich auch bei ihr eine weit überdurchschnittliche Intelligenz. Da der Bruder bessere Schulleistungen als Julia aufweist, behandelt er Julia spöttisch und macht sich über ihre Noten lustig. Es besteht eine starke Konkurrenz zwischen den Zwillingen.[4]

In dem hervorragenden Buch, dem dieser Fall entnommen ist, wird beispielhaft demonstriert, wie in solchen Fällen in der Therapie vorgegangen wird. Auch Eltern können dieses Werk lesen, wenn sie einen Eindruck davon gewinnen wollen, wie die hier in diesem Buch ausführlich beschriebenen drei großen therapeutischen Herangehensweisen konkret für die Problemanalyse und die Intervention herangezogen werden.

Im Fall von Julia begann die Arbeit mit *Psychoedukation,* mit Aufklären über die Zusammenhänge, so, wie ich dies hier in Kap. 2 bis 6 versucht habe. Zentral sind dabei die *kognitiven* Mechanismen – welche Gedanken hat Julia, mit denen sie sich (versehentlich) selbst im Weg steht, da sie ihr Angst machen oder diese verstärken. Ein zweiter Baustein ist, ihr andere *Lernstrategien* (Kap. 5), dazu gehören unter anderem ein wöchentlicher Lernplan einschließlich fester Lerntermine mit Mutter oder Vater, ein fester Arbeitsplatz (vgl. hierzu Kasten 1 beziehungsweise die Ausführungen zu Konditionierung und Arbeitshaltung bei den anderen Fällen) oder Lernen ohne Musik. Schließlich

---

[4]Aus Suhr-Dachs & Döpfner, 2005/Aktualisierte Ausgabe 2015: Leistungsängste – Therapieprogramm für Kinder und Jugendliche mit Angst- und Zwangsstörungen (THAZ), S. 118; leicht gekürzt und geringfügig umformuliert durch BS).

werden regelmäßige *Entspannungsübungen* eingebaut, etwa die schon beim Fall Jacob vorgestellte Atemübung oder die unten von Anette Fahle in ihrem Teil zur kindertherapeutischen Praxis vorgestellten Übungen.

Diese Bausteine entsprechen den in Kap. 2 bis 6 besprochenen und besonders am Fall Jacob, teils aber auch am Fall Tyler illustrierten Prinzipien. Hier werde ich daher nur kurz die speziell für den Fall Julia allerwichtigsten Prinzipien noch einmal hervorheben, ergänzt durch diejenigen Prinzipien, die spezifisch für Leistungsangst relevant sind, also im Wesentlichen die motivationspsychologischen Überlegungen aus Kap. 3.

In Julias Fall begannen die Leistungseinbrüche und die Leistungsängste beim Übertritt von der Grundschule in die weiterführende Schule. Julia zweifelt daran, für das Gymnasium geeignet zu sein – ein klassisches Beispiel für eine ungünstige *Attribution* (Prinzip 21): Julia führt die Schwierigkeiten des Neuanfangs auf sich (Person) statt auf die *Situation* zurück. Wir haben es wieder und wieder erlebt: Der Übergang in die weiterführende Schule wird (zumindest in Bayern) bis zu den Herbstferien, also in den ersten zehn Wochen, in einer Weise gestaltet, als gäbe es kein Morgen! Statt den Kindern und Jugendlichen etwas Zeit zu lassen, die neue Umgebung, die neue Klasse, die neue Art Lernen kennen zu lernen, werden schon erste mündliche und teils sogar schriftliche Kurzprüfungen und Klausuren angesetzt. Parallel wird den Eltern gesagt, ihre Kinder seien jetzt groß genug, dass sie selbst lernen könnten – gegebenenfalls ergänzt durch die Aussage, schließlich hätten sie es ja auf das Gymnasium oder die Realschule geschafft.

Manche Kinder brauchen jedoch etwas länger, sich an neue Umgebungen zu gewöhnen. Sie haben dann noch keine Kapazität für die Art Lernen, wie sie jetzt gefordert wird. Bei manchen Kindern helfen die Eltern effektiv, bei anderen nicht oder weniger sachdienlich. Alle bekommen dann plötzlich eine Note vorgeknallt – und schon vor den Herbstferien „sortiert" sich, wer zu den „Guten" gehört und wer zu den „Verlierern". Das Problem ist, dass dies genau zu solchen Selbstzuschreibungen führt wie Julia sie vorgenommen hat. Zu fürchten ist, dass auch die Lehrkräfte und Eltern diese ersten Leistungen den Kindern zuschreiben und nicht den für manche günstigeren, für andere ungünstigeren Situationen, denen die Kinder in dieser *kurzzeitigen Umbruchphase* ausgesetzt sind.

Aus diesem Dilemma gäbe es einen einfachen Weg heraus, wie unter anderem eine empirische Studie von Khanna (2015) nahelegt: Bis zum Herbst sehr wohl schriftliche Prüfungen durchführen, deren Ergebnisse aber nicht zur *sozialen Realität* werden lassen. Die Kinder erhalten eine Musterlösung und können selbst, eigenständig beurteilen, wo sie stehen. Sie können freiwillig bei der Lehrkraft ein Gespräch erbitten, um Schwachstellen und geeignetere Strategien zu erfragen. Und erst nach dem Herbst geht es dann für alle los! Erst dann erfährt die Lehrkraft, erst dann erfährt die Klasse, wie die Tests bei wem ausgefallen sind. Genau diese Logik könnte man Julia erklären, sodass sie zu einer günstigeren Attribution findet.

In ihrem Fall müsste man auch prüfen, ob es versteckte Verstärker für ihre Lernschwierigkeiten gibt: Gehen Julias schulische Schwierigkeiten mit dem Status unter ihren *peers* einher? Gibt es eine Klassen-/Schulkultur, in der gute Leistungen gar nicht „erlaubt" sind?

Schließlich ist offenkundig, dass Julia sowohl von der Arbeit am emotionalen Problem durch kognitive Umstrukturierung als auch am praktischen Problem durch genaue Analyse ihres Lernverhaltens profitieren könnte. Zur kognitiven Umstrukturierung zählt die Re-Attribution auf die missliche Situation, aber vor allem auch eine Änderung ihrer Überzeugungen (und die der Mutter): „Erspar dir Qual, denk rational!" (Prinzip 36): Julia *muss* nicht gute Noten zu schreiben, um ein wertvoller Mensch zu sein, um sich selbst akzeptieren zu können. Um zu unbedingter Wertschätzung und Selbstakzeptanz finden zu können, ist ein flexibleres *Möchte-Denken* hilfreicher. Es wäre schön, es wäre leichter, es wäre bequemer, wenn sie gute Noten hätte. Aber sie muss keine guten Noten haben! Diese neue Haltung in der ganzen Familie würde möglicherweise auch beitragen, den *Geschwisterkonflikt* zu entschärfen. Letzteres ist wichtig, um innerhalb der Familie die *Stimmung* so zu *regulieren,* dass Julia nicht auch noch dafür selbst Kapazität aufbringen muss (Prinzip 3).

Um am praktischen Problem zu arbeiten, gilt wieder: Von den in Kap. 5 beschriebenen Strategien (Prinzipien 48 bis 58) mindestens die abstrahierenden Strategien markieren und kleine eigene, aktiv umstrukturierende Zusammenfassungen schreiben (Minimum: Kurzzusammenfassungen am Rand). Fragen an die Texte stellen und Querverbindungen suchen. Mit Akronymen und Merksätzen arbeiten. Beim Wiederholen Strategien wie die Stapel-Methode nutzen, die verhindern, dass Zeit mit Stoff verschwendet wird, den man schon kann, und für das eigentlich zu Lernende zu wenig Zeit übrigbleibt. Zeit fürs Wiederholen einplanen.

So zeigt sich im Fall Julia wie bei den anderen auch: Neben der Lösung des praktischen Problems, etwa durch andere Lernstrategie, besteht eine Komponente in kognitiver Umstrukturierung, eine weitere in pädagogischer Verhaltensmodifikation und noch eine weitere in der Gestaltung der Beziehung. Ergänzt werden können diese Herangehensweisen durch Entspannungsverfahren sowie andere Übungen.

7.2 Ergänzung aus der kindertherapeutischen Praxis von Anette Fahle

In der kinderpsychotherapeutischen Praxis werden neben den oben ausgeführten Ansätzen auch Entspannungsübungen und Selbsthypnose eingesetzt. Hier werden Techniken dargestellt, welche sich in der praktischen Arbeit mit Kindern und Jugendlichen als nützlich erwiesen haben. Sie und Ihre Kinder sind die besten Experten, um einzuschätzen, was Ihnen jeweils gut tut. Deshalb fühlen Sie sich bitte ermutigt, die Übungen entsprechend der Vorlieben Ihrer Kinder zu verändern.

Eines der bekanntesten Verfahren zur Entspannung ist das vom Berliner Nervenarzt Johannes Heinrich Schultz Ende der 1920er-Jahre, Anfang der 1930er-Jahre entwickelte *Autogene Training* (AT). Das Ziel ist die willkürliche Umschaltung vom Aktivierungszustand in den Erholungszustand. Der Name leitet sich aus dem

Altgriechischen ab und bedeutet so viel wie „aus sich selbst heraus entstehen": Die Entspannung wird durch einen selbst erzeugt, ohne fremde Hilfe. Es handelt sich somit um eine Form von konzentrativer Selbstentspannung, welche über die Körperwahrnehmung und die Vorstellung herbeigeführt wird. Der Entspannungszustand wird zusätzlich an eine Formel konditioniert, etwa „Ich bin ganz ruhig" (Kasten 1), sodass es nach mehreren Wiederholungen genügt, sich diesen Satz vorzusagen, und die Entspannung setzt ein.

Bei Kindern hilft es, ihnen vorab zu erklären, wie AT wirkt, zum Beispiel so: „Mach mal die Augen zu und denk an dein Lieblingsessen ... Jetzt mache sie wieder auf. Ist dir das Wasser im Mund zusammengelaufen oder hast du Hunger bekommen? Obwohl du nur an das Essen gedacht hast, ist in deinem Körper etwas passiert. So funktioniert auch das AT. Du stellst dir verschiedene Sätze vor, zum Beispiel *Ich bin ganz ruhig. Meine Arme sind schwer.*' Und dein Körper reagiert darauf."

Dem Kind wird dann gesagt beziehungsweise es lernt, sich in Zukunft selbst als Einleitung zu sagen: „Geräusche kommen und gehen. Ich höre, was ich höre. Ich spüre, was ich spüre. Gedanken kommen und gehen. Ich denke, was ich denke. Ich spüre, was ich spüre."

Es schließen sich dann nach folgender Reihenfolge wiederholt verschiedene Formeln an[5]:

---

[5]Es wurde bewusst nur eine verkürzte Form des AT ausgewählt, weil die Erfahrung gezeigt hat, dass Kinder und Jugendliche eine verkürzte Form motivierter und ausdauernder in ihren Alltag integrieren.

- *Ruheformel* (2 ×): „Ich bin (Einatmen) ... ganz ruhig (Ausatmen)",
- *Schwereformel* (4 ×): „Meine rechte Hand [6](Einatmen) ...ist angenehm schwer (Ausatmen)",
- *Wärmeformel* (4 ×): „Meine rechte Hand (Einatmen) ... ist angenehm warm (Ausatmen)",
- *Ruheformel* (2 ×): „Ich bin (Einatmen) ... ganz ruhig (Ausatmen)" und abschließend
- *Zurücknehmen:* Arme fest anspannen – ein paar Mal tief Luft holen – Augen auf!

Bei jüngeren Kindern ist es sinnvoll, das AT in eine kleine Geschichte einzubetten, die auch aufgenommen und immer wieder abgespielt werden kann, zum Beispiel dies hier:

Beispiel

„Stell dir vor, du steigst in dein Raumschiff. Es ist mit deinen Lieblingsfarben bemalt. Du öffnest langsam die Luke, steigst die Treppe ganz langsam herunter und merkst mit jeder Stufe: ,*Ich bin ganz ruhig.*' ... ,*Ich bin ganz ruhig*'. Du schaust in deinem Raumschiff umher, wie schön gemütlich es eingerichtet ist, du freust dich auf die Reise. Du lässt dich wunderbar tief sinken in deinen Sessel, ganz schwer wie ein Stein und du merkst: ,*Meine rechte Hand ist angenehm schwer.*' Du gibst das Zeichen zum Starten und merkst, wie das Raumschiff immer höher und höher fliegt und du merkst: ,*Ich bin ganz ruhig.*' ... ,*Ich bin ganz ruhig.*' Du fliegst an wunderschönen, glitzernden Sternen vorbei. Du merkst: ,*Meine rechte Hand ist angenehm schwer.*' Du fliegst weiter und merkst mehr und mehr: ,*Ich bin ganz ruhig.*' ... ,*Ich bin ganz ruhig.*'

---

[6]„Rechtshänder üben mit der rechten Hand, Linkshänder mit der linken. Wenn das Kind motiviert ist, kann es natürlich auch mit beiden Händen üben."

> Du schaust aus dem Fenster und siehst den großen, goldenen Mond. Er schaut dich freundlich an und du lächelst ihn an. Du merkst: ,*Meine rechte Hand ist angenehm warm.*' Das goldene Licht des Mondes scheint auf dich und du merkst: ,*Meine rechte Hand ist angenehm warm.*' Du fliegst weiter und siehst unzählige Sternschnuppen. Sie versprühen ihre silbernen, glitzernden Fäden und du merkst: ,*Ich bin ganz ruhig.*' ... ,*Ich bin ganz ruhig.*'
> Du freust dich, wieder nach Hause zu fliegen, an Sternen und Sternschnuppen vorbei. Du winkst dem Mond noch einmal zu und siehst von oben die wunderschön blau glitzernde Erde und du merkst: ,*Ich bin ganz ruhig.*' Je tiefer und tiefer du fliegst, desto deutlicher merkst du: ,*Ich bin ganz ruhig.*' Du landest ganz sanft auf der Erde. Du reckst dich und streckst dich und öffnest die Luke. Du holst tief Luft. Die frische Luft *macht dich wach und ausgeruht!*"[7]

Verwandt mit dieser Technik ist die sogenannte *progressive Muskelrelaxation*. Der amerikanische Arzt Edmund Jacobson hatte beobachtet, dass psychische Belastungen mit Muskelanspannungen einhergehen. Hieraus folgerte er, dass es umgekehrt auch zur psychischen Entspannung führen kann, wenn die Muskeln entspannen. Bei der progressiven Muskelrelaxation werden deshalb bestimmte Muskelgruppen ca. fünf bis zehn Sekunden angespannt und dann für eine deutlich längere Zeit, etwa 15 bis 30 s, wieder entspannt. Das Kind soll dabei auf den Unterschied zwischen An- und Entspannung achten

---

[7]Vgl. hierzu auch die ausführliche Auswahl von Entspannungsgeschichten, zum Beispiel Reisen mit dem Zauberteppich, U-Boot, Raumschiff etc. von D. Krowatschek/U. Hengst (2016). „Mit dem Zauberteppich unterwegs". BORGMAN MEDIA sowie U. Petermann (2016). „Die Kapitän-Nemo-Geschichten", 19. Auflage. HERDER.

und mit zunehmender Übung erkennen, welche Muskeln angespannt sind, um diese dann zu entspannen. Jede Muskelgruppe kann etwa drei- bis viermal wiederholt werden, bevor zur nächsten Körperpartie weitergegangen wird.

Kinder und Jugendliche lernen folgende Variante recht einfach und schnell:

Beispiel

„Mit dieser Übung kannst du neue Kraft tanken. Mache sie einmal am Tag. Setze dich auf deinen Lieblingsstuhl und mache es dir bequem. Winkle deine Arme an und mache zwei Fäuste. Spanne Arme und Fäuste fest an. Stell dir vor, du presst mit deinen Fäusten eine Zitrone aus. Zähle leise bis fünf. Dann lass los und spür eine Weile die lockeren Muskeln.

Spanne dein Gesicht an. Schneide eine Grimasse. Zähle leise bis fünf. Dann lasse los und spüre eine Weile die lockeren Muskeln.

Ziehe die Schultern hoch. Spanne die Schultern an. Zähle leise bis fünf. Dann lasse los und spüre eine Weile die lockeren Muskeln.

Drücke deine Fersen und Beine fest gegen den Boden und spanne deinen Po an. Zähle leise bis fünf. Dann lasse los und spüre eine Weile die lockeren Muskeln."

Ergänzend zu diesen beiden klassischen Verfahren möchte ich[8] noch *Selbsthypnosetechniken* vorstellen, die einfach zu erlernen sind und die viele meiner Patienten als nützlich ansehen.

Die besondere Bedeutung von (Selbst-)Hypnose beruht darauf, dass sich in Trance die Informationsverarbeitung

---

[8]Autorin von Abschn. 7.2 ist Anette Fahl.

auf kognitiver, physiologischer und emotionaler Ebene verändert. Das Denken wird assoziativer, metaphorischer und bildlicher. Dadurch können starre Denkmuster verändert und leichter neuartige Problemlösungen gesucht und gefunden werden.

Wie der Psychologe und Psychotherapeut Dirk Revenstorf 2017 ausgeführt hat, zeigen neurobiologische Untersuchungen, dass unter Hypnose Hirnregionen, welche für kritische Bewertung zuständig sind, weniger aktiv sind. Dafür wird aber im visuellen Cortex vermehrte Aktivität festgestellt. Bildhafte Vorstellungen werden so leichter zugänglich.

Wie bei allen Entspannungsverfahren treten auch unter Hypnose Veränderungen auf physiologischer Ebene auf. So erhöht sich die Bereitschaft für Reaktionsweisen, welche mit Energiespeicherung und Erholung zu tun haben: Beispielsweise wird die periphere Durchblutung angekurbelt, der Herzschlag verlangsamt sich, Magen und Darm werden aktiver.

Eine einfache Übung zur Selbsthypnose stammt von Betty Erickson, der Ehefrau des Hypnotherapeuten, Psychologen und Psychiaters Milton Erickson: die sogenannte die 4-3-2-1-Methode:

Beispiel

„Suche dir einen Ort, wo du in Ruhe üben und dich wohl fühlen kannst. Du kannst es dir im Sitzen oder im Liegen bequem machen. Du kannst die Übung mit offenen oder geschlossenen Augen machen und dabei selbst entscheiden, wann du die Augen schließen möchtest. Lass die Geschehnisse des Tages an dir vorbeiziehen und sage dir: *Gedanken können kommen und gehen und das ist in Ordnung so.'*

Du kannst dir nun einen Punkt suchen. Es ist völlig egal, was für ein Punkt das ist. Es kann ein fester Punkt sein an der Wand, ein Punkt in der Landschaft oder auch ein Gegenstand, der dich an eine schöne Situation erinnert. Du kannst dir auch ein Smiley auf deinen Daumennagel malen. Auf jeden Fall sollte der Punkt beruhigend auf dich wirken. Nun kannst du dir viermal sagen, was du siehst – zum Beispiel: *‚Ich sehe die Farbe des Punktes. Ich sehe die Form des Punktes. Ich sehe im Hintergrund das Bild an der Wand. Ich sehen einen Baum auf dem Bild.‘*

Nun achte auf das, was du hörst, sage dir viermal, was du hörst – etwa: *‚Ich höre ein Flugzeug in der Ferne. Ich höre Stimmen. Ich höre ein Geräusch von einem Elektrogerät. Ich höre die Vögel zwitschern.‘*

Lenke deine Aufmerksamkeit nun auf das, was du spürst. Sage dir viermal, was du spürst – also: *‚Ich spüre die Unterlage, auf der ich sitze. Ich spüre den Stoff meiner Hose. Eine Hand fühlt sich wärmer an. Ich spüre, wie meine Muskeln immer mehr loslassen.‘*

Fahre mit der Übung fort, indem du zuerst dreimal, dann zweimal und zuletzt einmal zu dir sagst, was du jetzt in dieser Situation siehst, hörst beziehungsweise fühlst.

Nun kannst du an eine Situation denken, in der du dich wohlgefühlt hast. Es kann eine vergangene Situation sein wie vielleicht ein schöner Urlaub, eine Situation, in der dich jemand gelobt hat oder in der du mit einem vertrauten Menschen zusammen warst. Es kann auch eine zukünftige Situation in deiner Fantasie sein. Erlebe dies jetzt in Gedanken wieder – oder stelle dir die erträumte Situation vor – und stell dir vor, was du genau in dieser Situation siehst, hörst, fühlst.

Lass dir Zeit und genieße die Situation so lange, wie du möchtest. Jetzt kannst du an das denken, was du demnächst erreichen möchtest: dein Ziel. Stelle dir dein Ziel konkret vor. Du kannst es sehen, hören und fühlen. Lass dir Zeit zu genießen.

Wenn du jetzt rückwärts von drei auf eins zählst, kannst du frisch und ausgeruht hierher zurückkommen.“

Zudem gibt es zahlreichere kleinere Atem- und „Wohlfühl"-Übungen. Folgende *Atemübung* ist sehr einfach:

Beispiel

Lege eine Hand auf deinen Bauch … Spüre, wie dein Bauch sanft beim Einatmen deine Hand berührt … Stell dir vor, wie sich der gute Sauerstoff in deinem ganzen Körper verteilt … von den Zehen … durch die Beine … den Po und Becken und Bauch zur Brust … bis in die Finger, durchs Gesicht und bis in die Haarwurzeln. Jetzt kannst du dir etwas Hilfreiches sagen, etwas, das du gerne erreichen möchtest. Zum Beispiel: ‚Ich kann jeden Tag ein wenig gelassener werden.'

„Wohlfühl"-Übungen arbeiten entweder damit, dass sich die Kinder an gute Situationen zurückerinnern sollen oder dass man ihnen hilft, ihre Sorgengedanken loszuwerden. Für das Zurückerinnern wäre etwa die Übung „Schönes im Körper verteilen" typisch:

Beispiel

„Denk an ein schönes Erlebnis, bei dem du dich gefreut hast. [Nennen Sie etwas, von dem Sie wissen, dass es für das Kind schön war. Zum Beispiel einen Geburtstag, der dem Kind gefallen hat.] Stell dir vor, was du siehst [etwa den Geburtstagskuchen], was du hörst [die Stimmen der Kinder]. Stell dir vor, du fühlst, wie sich beim Einatmen das schöne Gefühl in deinem Körper verteilt."

Um Sorgen oder Negatives loszulassen, eignet sich beispielsweise die Heißluftballonübung, 2016 beschrieben vom amerikanischen Hypnotherapeuten Brian Alman[9]:

> **Beispiel**
>
> „Stell dir vor, du läufst in der Natur umher ... Ich weiß nicht, ob du dir eher eine Wiese vorstellen magst oder einen Strand. Vielleicht hast du auch eine andere Idee?
>
> Du entdeckst plötzlich einen Heißluftballon in deiner Lieblingsfarbe ...Es ist ein Zauberballon, der fliegen kann ... Du hast die Idee, alle Zweifel, Sorgen, Schuldgefühle und Ängste in den Korb zu legen ... Du legst alles das rein, was du loswerden möchtest ... Du füllst den Ballon immer weiter auf und merkst, wie du dich freier und zunehmend leichter fühlen kannst ... Eines nach dem anderen schneidest du die dicken Seile durch, die den Ballon am Boden halten ... Er beginnt, sich langsam zu heben und er fliegt davon ... Du merkst, wie du dich leichter und wohler fühlst. All dein Stress und deine Anspannung fliegen mit dem Ballon von dannen."

Die Hypnotherapie arbeitet darüber hinaus mit Konzepten und Techniken, die von Milton Erickson entwickelt worden sind (siehe dazu zum Beispiel Erickson und Rossi, 2016). Eine bekannte Technik ist die *Einstreutechnik:* Nebenbei, unbemerkt, werden im Alltag Suggestionen oder Geschichten „eingestreut". Möchten Sie beispielsweise, dass das Kind sein Referat mehrere Male gedanklich

---

[9]Alman, B. M. (2016) Weniger Stress – mehr Kindheit. Heidelberg: Carl Auer.

durchgeht und so übt, bevor es das Referat tatsächlich hält, erwähnen Sie etwa beim gemeinsamen Schauen von Sportsendungen beiläufig, dass Sportler lernen, wichtige Bewegungen nicht nur auf dem Sportplatz zu trainieren, sondern das ganze einfach auch nur „im Geiste" durchspielen. Durch solche Fantasieübungen werden der Fallrückzieher in der Realität auf dem Fußballplatz oder die Pirouette auf dem Eis viel präziser.

Eines der zentralen Konzepte von Erickson ist das sogenannte *Utilisationsprinzip:* Man akzeptiert das unerwünschte Verhalten und macht es „nutzbar" – und verwandelt so eine „Schwäche" in eine „Stärke", mit der man dann arbeiten kann. Ein motorisch unruhiges Kind kann beispielsweise im Unterricht gebeten werden, Dienste zu übernehmen, bei denen es sich bewegen kann, oder es kann die Vokabeln auf einem Ergometer trainierend wiederholen.

Besonders interessant ist dies, wenn man versucht, die Stärken aus einem Bereich auf einen anderen zu übertragen. Beispiel: Ein Kind ist sehr sportlich ist und kann dort effektiv willentliche Kontrolle ausüben, im Unterricht aber fällt es durch seine unbedachte Impulsivität auf. Dann könnte man mit ihm herausarbeiten, dass im Sport Fertigkeiten wichtig sind wie schnelle Reaktion, im richtigen Moment loslaufen, trotz unangenehmer Gefühle weiterlaufen etc. Nun überträgt man dies gemeinsam mit dem Kind auf die Unterrichtssituation, um ihm zu erleichtern, 45 min auf dem Stuhl sitzen zu bleiben. Sagen Sie etwa zu dem Kind: „Beim Laufen bist du schnell. Wenn das nächste Mal deine Lehrerin in deine Richtung schaut, um dich zu ermahnen, kannst du es *genauso* blitzschnell schaffen, ruhig zu sitzen." Und/oder: „Beim Laufen kannst du bis zum Ende durchhalten, auch wenn du schon geschafft bist. Wenn du das nächste Mal merkst, wie du zum Ende der Stunde meinst, nicht mehr sitzen bleiben und nicht mehr weitermachen zu können, stell dir vor, es ist das letzte Stück von einem anstrengenden Lauf. Du weißt, dass du das mit deinen Kräften *genauso* noch schaffen kannst."

Dies war eine kleine Auswahl an Übungen, die Ihnen einen Eindruck vermitteln, welche Möglichkeiten diese in der Arbeit mit Kindern und Jugendlichen bieten. Weitere Anleitungen finden Sie unter anderem in dem Kartenset „Achtsamkeit und Imagination für Kinder und Jugendliche" von Ursula Geisler und Anette Fahle (2018).

8

Auf den Punkt gebracht: Die Prinzipien im Kurzüberblick

© Springer-Verlag GmbH Deutschland, ein Teil von
Springer Nature 2019
B. Schuster und A. Fahle, *Mit mehr Leichtigkeit und Freude durch
die Schulzeit,* https://doi.org/10.1007/978-3-662-57311-2_8

Ganz allgemein: Lenkung und Wärme beziehungsweise Kindzentrierung verbinden, also *autoritativ* erziehen, eine sichere Bindung anbieten. Bei Verhaltensproblemen, motivationalen Problemen, emotionalen Problemen, beim praktischen Lernproblem ebenso wie bei sozialen Problemen unterstützen. Konkret geht das so:

Prinzip 1 Mehr Augenmerk auf Belohnen des richtigen Verhaltens legen als Bestrafen des falschen. Das beinhaltet, aufmerksam zu sein für spontan richtiges Verhalten, aber auch richtiges Verhalten ausdrücklich vorzuleben beziehungsweise Bedingungen zu schaffen, die richtiges Verhalten wahrscheinlicher machen, um dieses dann wiederum anerkennen zu können.

Kasten 1 Routinen wirken unter anderem über Klassisches Konditionieren und helfen darüber, gute Bedingungen zu schaffen, damit das gewünschte Verhalten leichter auftritt. Zum Beispiel lässt sich die innere Arbeitshaltung an einen speziellen und/oder leeren Tisch konditionieren.

Prinzip 2 Praktizieren, was man selbst predigt, und quasi als Modell beim „Regulieren" unterstützen. Wenn man als Modell dem Kind vorlebt, was man möchte, lernt das Kind dies sehr viel leichter. Leichter wird es für das Kind auch, wenn man zunächst mit ihm das gewünschte Verhalten mitmacht („mitschwingen") und es hineinführt, bevor das Kind das dann zunehmend eigenständiger selbst übernehmen kann.

Prinzip 3 Eigene Stimmung regulieren – zum „Anstecken". Praktizieren Sie auch in Bezug auf die eigenen Emotionen und Stimmungen, was Sie predigen: Gehen Sie dem Kind mit der gewünschten Stimmung voraus.

Prinzip 4 Regeln flexibel formulieren. Anforderungen an das Kind sollten diesem auch noch etwas „Luft" lassen und nicht zu zwanghaft werden.

Prinzip 5 Richtige Alternativen aufzeigen. Drücken Sie Bedauern aus, wenn Sie etwas verbieten, beziehungsweise sagen Sie, dass Sie wissen und mitfühlen, dass es für das Kind hart ist. Zeigen Sie, warum das Verbot aber dennoch notwendig beziehungsweise legitim ist. Zeigen Sie auch, wie sich ein dem zu verbietenden Verhalten zugrunde liegendes legitimes Bedürfnis anders besser befriedigen lässt.

Prinzip 6 Ehrlich, authentisch und berechtigterweise loben. Bleiben Sie aufrichtig!

Prinzip 7 Zunächst regelmäßig und sofort, später unregelmäßiger und mit Zeitverzögerung belohnen (oder bestrafen). Das gewünschte Verhalten aufzubauen und das unerwünschte abzubauen, gelingt schneller, wenn Sie zunächst jedes Mal und sofort reagieren. Um die Änderung im Verhalten langfristig zu stabilisieren, sollten solche Reaktionen dann zunehmend seltener und unregelmäßiger werden. Aber sie sollten mittel- und langfristig zwischendrin immer mal wieder erfolgen.

Prinzip 8 Reagieren statt bestrafen – Prinzip der geringsten Intervention. Beginnen Sie frühzeitig mit den kleinstmöglichen Reaktionen, aber seien Sie darin konsequent. Siehe auch Kasten 2: Wehret den Anfängen.

Prinzip 9 Verhalten, nicht Person bestrafen. Man reagiert, gerade weil man das Kind liebt. Sprache ist hier ganz zentral: Nicht du bist schlecht, du hast etwas Schlechtes gemacht.

Prinzip 10 Beim Kind, nicht bei sich selbst sein! Intervenieren Sie im Interesse des Kindes, nicht im eigenen, beziehungsweise verzichten Sie darauf, bequem über Fehlverhalten hinwegzuschauen.

Prinzip 11 Belohnungen und Bestrafungen aus Perspektive des Kindes bestimmen: „Versteckte Verstärkeranalyse". Was Sie für eine Belohnung beziehungsweise Bestrafung halten, kann sich sehr von der Sicht Ihres Kindes unterscheiden. Um richtig zu belohnen oder zu bestrafen, muss man lernen, die Welt aus den Augen des Kindes zu betrachten – oder das Kind ganz einfach fragen!

Kasten 2 Verschiedene Studien zeigen, dass man „den Anfängen wehren" muss, wenn man falsches Verhalten reduzieren möchte. Massiv-Übergriffiges Verhalten wird nur durch „graduelle Eskalation" möglich – die Steigerung ist dann nämlich immer nur ein kleiner Schritt von dem, was man ohnehin bereits macht.

Kasten 3 Sekundärer Krankheitsgewinn. Bei unerwünschtem oder unerklärlichem Verhalten wie etwa häufigen Bauchschmerzen an unbeabsichtigte Verstärker denken.

Prinzip 12 Gleich ungleich fair: dem Kind gerecht werden! Jedem in gleicher Weise das geben, was jeweils das individuelle Kind benötigt.

Prinzip 13 Beziehung ist nicht alles, aber ohne Beziehung ist alles nichts! Bieten Sie unbedingte Wertschätzung, Authentizität und Empathie an. Am Du werden wir erst zum Ich! Ihr Kind benötigt Sie als Du! Es benötigt Ihr wertschätzendes, ehrliches, einfühlendes Beziehungsangebot.

Prinzip 14 Beziehung ist nicht alles, aber ohne Beziehung ist alles nichts! Ermöglichen Sie eine sichere Bindung. Gehen Sie prompt und angemessen auf kindliche Bedürfnisse ein, „schwingen Sie mit" – lassen Sie sich auf die Vorgabe des Kindes ein und übernehmen Sie dann gegebenenfalls die Führung.

Prinzip 15 Halten Sie sich an die Kommunikationsregeln und die Regeln für gutes Feedback. Ich-Botschaften zeigen, dass Sie verstehen, dass die eigene Sicht der Welt nicht immer richtig sein muss, nicht verabsolutiert werden sollte. Wenn Sie Ratschläge geben wollen, hilft es, sie zu erbetenem Rat zu machen. Fragen Sie also vorher, ob er gewünscht ist. Falls ja, sollten Sie die Dinge möglichst konkret und verhaltensnah ausführen.

Prinzip 16 Autonomie gegen Opposition und Trotz! Formulieren Sie so, dass Ziele erweitert werden, nicht eingeschränkt. Und wenn einschränkend, machen Sie die Legitimation deutlich und zeigen Sie, in welchen Aspekten dennoch Autonomie möglich ist.

Prinzip 17 Keine leeren Versprechungen und Drohungen. Halten Sie keine Karotte vor die Nase! Und keine Peitsche in den Nacken! Seien Sie vorsichtig mit zu vielen, insbesondere leeren, Ankündigungen. Niemand mag manipuliert werden, jeder will sich als selbstbestimmt erleben dürfen!

Prinzip 18 Spontan, sozial, leistungsrückmeldend belohnen! Belohnen Sie spontan und unangekündigt – und erst, wenn das richtige Verhalten gezeigt wurde. Dabei sollte deutlich werden, dass Sie eine besondere Leistung anerkennen, und diese Anerkennung, nicht das Materielle, sollte im Vordergrund stehen.

Kasten 4 Paradoxe Intervention in der Therapie. Verbote, die nicht nach Prinzip 16 formuliert sind, können bewirken, dass genau dieses Verhalten gezeigt wird. Deshalb kann manchmal funktionieren, etwas Gewünschtes einfach auf diese Weise zu verbieten.

Prinzip 19 Erfolgsmotivation statt Misserfolgsmotivation fördern! Günstiger ist, dadurch motiviert zu sein, Erfolg anzustreben, als dadurch, Misserfolg zu vermeiden. Diese Haltung entsteht unter anderem durch Betonen von positiven Konsequenzen statt Androhen der negativen.

Prinzip 20 Stolz ermöglichen und Scham vermeiden! Scham ist Gift für die Motivation! Motivieren heißt, Kindern Gelegenheit zu geben, Stolz zu erleben!

Prinzip 21 Sich als Verursacher von Erfolg wahrnehmen können! Prozess- statt produktorientiert betreuen: Zur Aufgabe hinführen statt die Arbeit abnehmen! Erfolge müssen „internal", durch Faktoren in der eigenen Person, erklärt (attribuiert) werden können, um Stolz zu erleben. Nehmen Sie deshalb bei der Betreuung des Kindes ihm die Arbeit nicht ab, sondern unterstützen Sie es auf dem Weg dahin.

Prinzip 22 Vertrauen aufbauen, dass sich Anstrengung lohnt! Erfolgsmotivieren durch hilfreiche Ursachenzuschreibungen und hohe Selbstwirksamkeitserwartung! Auf veränderbare Attributionen für Misserfolg hinarbeiten. Ermöglichen Sie Bemeisterungserfahrungen für ein positives Fähigkeitsselbstkonzept und hohe Selbstwirksamkeitserwartungen.

Prinzip 23 Positives Selbstkonzept ermöglichen durch Beachtung von „paradoxen Effekten". Achten Sie hierzu auf Aspekte der eigenen Kommunikation wie Ich-Botschaften, aber auch auf unbeabsichtigte Wirkungen von (falschem) Lob.

Prinzip 24 Erfolgsmotiviert durch mittelschwere Aufgabenschwierigkeit! Achten Sie darauf, dass das Kind weder zu leichte noch zu schwierige Aufgaben bearbeitet.

Prinzip 25 Wer zu viel will, bekommt am Ende nichts: Misserfolg vermeiden durch Verzicht auf zu schwere Aufgaben. Leistungsverweigerung – „ausbüchsen", „aus dem Feld gehen" – kann das Resultat von Misserfolgsmotivation sein. Nehmen Sie misserfolgsmotivierten Personen die Angst vor Beschämung, unter anderem durch Beginn mit leichteren Aufgaben.

Prinzip 26 Weniger mit den Leistungen anderer und mehr mit früheren Leistungen des Kindes selbst vergleichen! Hilfreich wäre, den Kindern eine Haltung vorzuleben beziehungsweise zu vermitteln, dass es weniger darum geht, besser als andere zu sein, als in der Sache wirklich gut zu sein! Betonen Sie deshalb unter anderem individuelle Leistungsfortschritte.

Prinzip 27 Beschämung und Vermeidungsmotivation durch Zugehörigkeit reduzieren! Helfen Sie Kindern, einen Platz in der Gruppe zu finden. Das schafft eine günstigere Voraussetzung für günstigere leistungsrelevante Emotionen und damit für mehr Motivation!

Prinzip 28 Mit Vermeidungsmotivation besser umgehen! Misserfolgs- beziehungsweise Vermeidungsmotivation stresst! Sorgen Sie daher bitte für Stressausgleich.

Prinzip 29 Auf Bedürfnisse des Kindes achten! Gesunden Menschenverstand nutzen und an elementare Bedürfnisse wie essen, trinken, schlafen denken. Aber auch etwa die Bedürfnisse nach Zugehörigkeit, Wertschätzung und Autonomie.

Kasten 5 Gekochtes, warmes Essen sollte man nicht unterschätzen – es hat möglicherweise sogar zu einem evolutionären Sprung geführt!

Prinzip 30 Weg von Leistungszielen hin zu Lernzielen! Den Stoff durchdringen, verstehen zu wollen, ist in vielerlei Hinsicht günstiger als es anderen zeigen zu wollen.

Prinzip 31 Neue Theorien über Intelligenz entwickeln! Intelligenz ist mitnichten so stabil wie üblicherweise angenommen. Forscher konnten experimentell ebenso Intelligenzeinbrüche bewirken wie auch Intelligenzzuwächse! Lernen Sie deshalb, Intelligenz weniger als einmal festgelegt zu sehen, sondern als nach wie vor beeinflussbar.

Kasten 6 Wie stark Erwartungen doch wirken können! Allein zu *glauben,* bei der Lehrkraft einen besseren als den gefürchteten Eindruck hinterlassen zu haben, kann schon helfen, die eigene Leistung zu steigern.

Prinzip 32 Verschiedene motivationale Phasen berücksichtigen! Der Anfang ist motivational nicht das gleiche wie das Ende! Annäherungsmotiviertes Arbeiten wird wahrscheinlicher, wenn man bereits dann anfängt zu arbeiten, wenn man noch weit weg vom Ziel ist. Nahe am Ziel wird vermeidungsmotiviertes Arbeiten wahrscheinlicher. Kurz vor Schluss erst anzufangen ist daher auch motivational ungünstig. Motivieren heißt demnach auch, Hilfestellung beim Organisieren geben.

Prinzip 33 Prinzip 1 bis 32 umsetzen! Heißt: *autoritativ* erziehen und Bedingungen für eine gute motivationale Haltung schaffen, zum Beispiel bestimmte Attributionen oder naive Intelligenztheorien fördern.

Prinzip 34 Positives Denken ja – aber bitte realistisch! Heißt eigentlich: ungerechtfertigt pessimistisches beziehungsweise negativistisches Denken meiden.

Prinzip 35 Das eigene Denken überdenken! Kognitive Therapieansätze berücksichtigen! Lernen Sie zu verstehen, wie man sich selbst mit seinen Gedanken im Weg stehen kann, wie man mit seinem Denken seine Gefühle macht und inwiefern man manchmal Denkfehlern aufsitzt wie Übergeneralisierungen – und zeigen Sie es dem Kind.

Prinzip 36 Erspar dir Qual – denk rational! Die RET von Albert Ellis umsetzen. Lernen Sie flexibles Möchte-Denken und lehren Sie dem Kind dies statt eines alternativlosen, rigiden Muss-Denkens.

Prinzip 37 Sich vor Perfektionismus hüten! Perfektionismus liegt das von Ellis beschriebene rigide Muss-Denken zugrunde. Hilfreicher wäre auch diesbezüglich ein flexibleres, Alternativen in Betracht ziehendes Möchte-Denken.

Prinzip 38 Sich selbst der beste Freund sein: unbedingte Selbstakzeptanz. Flexibles Möchte-Denken hat zusätzlich den Vorteil, Selbstakzeptanz zu erleichtern.

Prinzip 39 Schluss mit dem Stress! Neben schlichtem Reduzieren von Belastungen hilft auch kognitive Umstrukturierung, also Denken über die Belastungen. Belastungen als Herausforderungen sehen zu können und Ressourcen erkennen zu lernen, reduziert ebenfalls Stress.

Prinzip 40 Kontrollmöglichkeiten suchen! Statt „Erlernter Hilflosigkeit" durch Erleben von Kontrolle „Resilienz" entwickeln.

Kasten 7 Die großen Manuale zur Beschreibung psychischer Störungen. In Deutschland wird typischerweise das von der WHO herausgegebene ICD-11 (ab 2018) eingesetzt; in der Forschung und in den USA häufiger das von der Vereinigung der Amerikanischen Psychiater (APA) entwickelte DSM-5.

Prinzip 41 Spezifische Kenntnisse zu kindlicher Depression beachten! Depression im Kindes- und Jugendalter entspricht weniger dem klassischen Stereotyp, weswegen Selbst- und Fremdwahrnehmung besonders in der Pubertät auseinanderklaffen. Sie zeigt sich unter anderem auch in Reizbarkeit oder fehlender Gewichtszunahme, in verändertem Schlaf- und/oder Essverhalten sowie in Aufmerksamkeits- und Entscheidungsschwierigkeiten. Zudem kann sie mit vielen weiteren Störungen einhergehen. Zentral sind dysfunktionale Denkstile. Therapeutisch kann zusätzlich zur kognitiven Umstrukturierung mit VT, wie etwa Belohnung fürs Aktivwerden, und GT, vor allem über das Beziehungsangebot, gearbeitet werden.

Kasten 8 Warnhinweise für Suizidalität kennen! Etwa konkrete Pläne, testamentartige Handlungen, Stimmungsaufhellung.

Prinzip 42 Essstörungen keine Chance geben! Unterstützen statt übers Essen sprechen! Sensibel für Prinzip 41 sein – Depression rechtzeitig erkennen und begegnen! Sensibel für Gefährdungen aus dem Schulkontext sein, besonders, wenn das Kind keinen richtigen Platz in der Gruppe findet. Vor allem auch, wenn diese Gruppe

Schlanksein einen hohen Wert zuschreibt. Erziehen Sie autoritativ und ermöglichen Sie unter anderem Autonomie. Leben Sie keine Diäten vor, reden Sie wenig über Essen beziehungsweise nicht im Zusammenhang mit Schlanksein – wenn überhaupt, dann im Zusammenhang mit Gesundheit. Gutes Essen einfach zur Verfügung stellen. Üben Sie mit dem Kind rationales Denken beziehungsweise generell kognitive Umstrukturierung ein. Dies hilft unter anderem auch gegen die typischerweise vorhandene Rumination.

Prinzip 43 Spezifische Kenntnisse zu Angststörungen beachten! Soziale Angst und Prüfungsangst: an Beziehung und an Denken ansetzen sowie VT-Techniken nutzen! Bei sozialer Angst und Prüfungsangst steht die Angst vor Bewertung im Vordergrund. Empirisch nachgewiesen ist, dass dies eine Folge von Ausgrenzungs- und Beschämungserfahrungen sein kann. Kognitionen sind zentral, also wieder: Streben Sie günstigere Attributionen, flexibleres Möchte-Denken sowie eine Reduktion von Denkfehlern an – bei Prüfungsangst speziell auch die Reduktion von „aufgabenirrelevanten" Gedanken während der Testsituation. Üben Sie mit dem Kind Entspannungsverfahren gegen Aufgeregtheit und helfen Sie ihm, mehr Kontrollierbarkeit zu erleben – durch Beeinflussbarkeit, aber auch Vorhersehbarkeit. Ergänzen Sie dies durch VT wie etwa die systematische Desensibilisierung, und GT: Achten Sie genau auf das Beziehungsangebot.

Kasten 9 Verhaltenstherapeutische Techniken bei Angststörungen: systematische Desensibilisierung und Reizüberflutung. Bei der systematischen Desensibilisierung
wird Entspannung an den ursprünglichen Angstauslöser
gekoppelt, und bei der Reizüberflutung der Teufelskreis
aus Vermeidung und Entspannung unterbrochen.

Prinzip 44 Keine Verlassenheitsgefühle zulassen! Selbstverletzendem Verhalten vorbeugen! Selbstverletzendes
Verhalten hilft Betroffenen durch kurzzeitige Ablenkung.
Gefühle des Verlassenseins und Beschämungserfahrungen
spielen dabei eine zentrale Rolle.

Prinzip 45 Auch bei ADHS nicht nur am Verhalten, sondern auch an Denken und Beziehung arbeiten! Zusätzlich
zu den beim Fall Tyler behandelten Überlegungen auch
daran denken, dass sich die Kinder „selbst runtermachen"
und dass ihr Selbstwertgefühl in Mitleidenschaft gezogen
ist. Ermöglichen Sie besonders für dieses sekundäre Problem eine kognitive Umstrukturierung.

Prinzip 46 Psychohygiene betreiben! Gesunden Lebensstil
als Schutzfaktor nutzen! „Gesundem" Menschenverstand
folgen: Achten Sie zum Beispiel auf Schlaf- und Essverhalten, und meiden Sie nicht-hilfreiche Kontexte.

Prinzip 47 Rumination abstellen lernen! Berücksichtigen
Sie hierzu neben kognitiver Umstrukturierung auch die
angesprochenen Achtsamkeitsübungen.

Prinzip 48 Lernen am ausgearbeiteten Lösungsbeispiel. Nach einer abstrakten Erklärung erfolgen Teilschritte, zu denen sofort Lösungen gegeben werden. Nachdem zunächst nachvollziehend gelernt werden konnte, kann zunehmend eigenständiger gearbeitet werden, aber mit der Sicherheit der Lösung.

Prinzip 49 Üben und anwenden! Dabei: richtig üben! Gezielt üben! Kompetenzaufbau braucht Übung und Anwendung. Üben Sie mit dem Kind besonders Dinge an Schwachstellen, verlassen Sie dabei irgendwann die Komfortzone.

Prinzip 50 Verteiltes Lernen. Nachdem man etwas verstanden hat, sollte man es immer mal wieder, mit zunehmend größerem Abstand, wiederholen, statt sich nur einmal am Stück damit zu befassen.

Prinzip 51 Lernen durch dozieren (unterrichten). Anderen Personen etwas zu erklären stellt effektiv sicher, dass man merkt, was man noch nicht verstanden hat, und dass man es schlussendlich versteht. Zur Not kann man etwas auch der Wand erklären!

Prinzip 52 Querverbindungen herstellen! Besser als stumpf und brav von oben nach unten auswendig lernen, ist es, selbst aktiv Bezüge herzustellen – etwa zu anderen Fächern, Wissen aus Vorjahren oder ähnlichem.

Prinzip 53 Abstrahieren – Stoff in eigenen Worten selbst zusammenfassen. Minimum sollte sein, gezielt zu unterstreichen (also auch nur relativ kleine Mengen) und abstrahierende Notizen am Rand.

Prinzip 54 Fragen an den Stoff stellen! Das gilt als der Königsweg! Idealerweise schon Fragen stellen, bevor man überhaupt einen Text liest: Auf was will ich Antworten haben? Während man liest: Was ist unklar? Und nach dem Lesen: Was ist aus meiner Sicht nicht beantwortet, was ist aus meiner Sicht falsch an den vorgeschlagenen Antworten etc., etc.

Prinzip 55 Klüger auswendig lernen! Klassische Lernstrategien anwenden! Minimum wäre Strukturieren und Bündeln, Überbegriffe und Akronyme finden, Merksätze, aber auch Schlüsselwortmethode oder Methode der Orte.

Prinzip 56 Episoden um Wissen kreieren. Sogenanntes „episodisches" Lernen ist nachhaltig. Zeigen Sie ihrem Kind deshalb, Lernstoff idealerweise mit kleinen Episoden, Kurztheater oder Ähnlichem zu verbinden.

Prinzip 57 *Seeding* – einen Samen pflanzen: durch kurzes Anreißen vorab ein Konzept schon vertrauter machen, wenn es dann tatsächlich eingeführt wird.

Prinzip 58 Testeffekt: sich gegenseitig abfragen. Zwischendrin abgefragt zu werden, ist effektiver als weitere, reine Wiederholungen.

Prinzip 59 Schluss mit dem Bagatellisieren – das Leid verstehen lernen! Obwohl Ausgrenzung und Mobbing unter anderem schon in der biblischen Josephsgeschichte oder beim antiken Scherbengericht beschrieben wurden und im Schul- und Arbeitsleben wie auch im Tierreich „normal" sind, heißt das nicht, dass solches Verhalten folgenlos für die Betroffenen ist. Das Gehirn verarbeitet durch soziale Ausgrenzung ausgelösten Schmerz in den gleichen Regionen wie körperlichen Schmerz. Bei Naturvölkern kann Ausstoßung psychogenen Tod nach sich ziehen, und wiederkehrende Mikrostressoren können weniger gut verarbeitet werden als ein einzelnes, großes belastendes Ereignis. Gesellschaftliche Veränderungen wie Wegbrechen traditioneller (Ersatz-) Bindungen sowie höhere Stundenzahl im Schul-/Arbeitskontext und Effekte der sozialen Medien verstärken die Wichtigkeit, in der zentralen *peer*-Gruppe Anschluss zu finden. Folgen wie Depression und Angststörungen, insbesondere Sozialangst und posttraumatische Belastungsstörungen (PTSD), wurden mehrfach empirisch dokumentiert.

Prinzip 60 Auch Ablehnung durch die Lehrkraft nicht bagatellisieren! Ablehnung durch eine Lehrkraft kann das Risiko von Ablehnung durch *peers* erhöhen und darüber das von Leistungseinbrüchen. Gleichzeitig lösen solche Prozesse auch bei beobachtenden Mitschülerinnen und Mitschülern Stress aus.

Prinzip 61 Vorsicht vor dem sogenannten *fundamentalen Attributionsfehler* und sogenannter *Bestätigung durch Verhalten* – bitte keine Opferbeschuldigung! Die typische Konzentration von Mobbing auf ein bis zwei Opfer pro Klasse vermittelt Lehrkräften, Eltern, Mitschülerinnen

und Mitschülern, aber auch dem Opfer selbst den Eindruck, das Opfer sei schuld. Eine Fehlwahrnehmung, die
durch fehlende Berücksichtigung dessen verstärkt wird,
dass man als Opfer manches Verhalten in diesem Kontext
gar nicht zeigen kann (wie etwa andere lächelnd begrüßen,
umarmen), welches beliebte *peers* leicht an den Tag legen
können. Beobachter halten hier „Henne und Ei" oft zu
wenig auseinander.

Prinzip 62 Den Einfluss situationaler Faktoren erkennen
lernen! Situationale Faktoren, die zu Mobbing führen,
sind unter anderem kurzfristige Schwächung eines Kindes
(etwa durch Krankheit in der Familie oder den Rückzug
der Lehrkraft), zufällige Konstellationen, die besseren oder
schlechteren Start ermöglichen und die sich aufschaukelnd
immer weiter verstärken, sogenannte *labelling*-Effekte, also
Stempel, die man aufgedrückt bekommt, Sitzordnung und
darüber Sichtbarkeit, Kontaktmöglichkeiten und Nähe
und darüber wieder Vertrautheit.

Prinzip 63 Es gibt kein richtiges Leben im Falschen! In
manchen Schulkulturen herrschen doppelte Standards:
Die offiziellen Werte und die gelebten klaffen auseinander,
und tatsächlich wird Fehlverhalten auf vielfältige Weise
belohnt. In solchen Kontexten müssen sich Kinder entscheiden, „etwas falsch" oder „etwas Falsches" zu machen.
In solchen Kontexten zeigt sich das Phänomen, welches
als „dark side of peer popularity" bezeichnet wurde – die
dunkle Seite von Beliebtheit. Diese Seite zeigt sich bei
einer Untergruppe von beliebten Kindern, denen Status so wichtig ist, dass sie diesem Ziel alles unterordnen.

Sie machen lieber etwas Falsches, als dass sie in Hinblick auf die Anerkennung durch die anderen etwas falsch machen.

Prinzip 64 Die „Mitte" finden zwischen Unsicherheit bis Unterwürfigkeit auf der einen Seite und Dominanz bis Aggression auf der anderen: selbstbehauptend auftreten. Man sollte versuchen, einen höflichen, bestimmten Mittelweg zu finden – und weder ins Bittstellerische noch ins Anklagende abgleiten. Anders gesagt: hart in der Sache, sanft zur Person. Das lässt sich gut in Rollenspielen üben.

Prinzip 65 *Tit-for-tat-plus-one* – oder: wie du mir, so ich dir, aber mit einer extra kooperativen Vorgabe! Es kann sinnvoll sein, ein kooperatives Angebot zu machen und damit zu zeigen, dass man einen kooperativen Austausch möchte beziehungsweise auf kooperative Angebote kooperativ reagiert. Wird das Gegenüber kompetitiv, antworten Sie dieses Mal kompetitiv und zeigen Sie so, dass Sie „auch anders" können. Wichtig ist dann eine erneute kooperative Vorgabe, um doch noch zur Kooperation zu finden. Tatsächlich zeigte sich in einer von mir in den 1990er-Jahren durchgeführten Studie, dass gemobbte Kinder eher zu unflexibel kooperativ waren, abgelehnt-nicht gemobbte zu unflexibel kompetitiv, und durchschnittliche mal so, mal so, abhängig von Informationen über das Verhalten der anderen.

Prinzip 66 Möglicherweise auch beim eigenen Kind ansetzen – die Mitte finden zwischen Zugehörigkeit und

Autonomie. Verabsolutieren Sie weder Zugehörigkeit noch Autonomie: Weder immer anpassen noch stets stur den eigenen Interessen folgen. Streben Sie eine Balance zwischen beiden Motiven an.

Prinzip 67 Kommunikation mit Lehrkräften – Bedeutung der Machtasymmetrie verstehen. Aus psychologischer Sicht ist in der Struktur der Beziehung Lehrkraft–Kinder beziehungsweise Lehrkraft–Eltern ein Machtungleichgewicht angelegt, das (unbewusst, unabsichtlich) zu Machtmissbrauch führen kann – besonders wenn Stress, fehlende Kontrolle und schlechte Ausbildung hinzukommen. Seien Sie deshalb als gegebenenfalls von diesem Ungleichgewicht Betroffene sensibel dafür, wenn dies zu nicht vertretbaren Auswüchsen führt und wehren Sie sich assertiv (Prinzip 64). Hier hilft auch das Havard-Konzept (Kasten 10).

Kasten 10 Das Harvard-Konzept. Bilateral „sachgerecht verhandeln" beziehungsweise in 3er-Konstellationen „schlichten statt richten" durch Beachtung der Grundsäulen Trennen von Mensch und Problem, Fokus auf Interessen hinter den Positionen, Entwickeln von kreativen Lösungen zu beiderseitigem Vorteil und vorab Festlegen von neutralen Kriterien.

Prinzip 68 Kommunikation mit anderen Eltern. Sämtliche Überlegungen helfen hierbei – vor allem das Harvard-Konzept (Kasten 10), selbstbehauptendes Auftreten (Prinzip 64) sowie *tit-for-tat-plus-one* (Prinzip 65).

Prinzip 69 Umgang mit Schwierigkeiten in der eigenen Familie. Familiäre Schwierigkeiten können das Kind schwächen und zu einem „Stärkeungleichgewicht" zu den *peers* führen, was das Risiko für Mobbing erhöht. Wenn möglich, mindern Sie innerfamiliäre Stressoren oder sorgen Sie für Ausgleich.

Prinzip 70 Alternativen! Der Philosoph Martin Mordechai Buber sagte: „Am Du werden wir erst zum Ich". Ihr Kind braucht ein „Du". Bekommt es das in der Schule nicht, sorgen Sie für alternative Kontexte, eventuell mit leicht jüngeren Kindern.

Prinzip 71 Vorsicht vor Schul- oder Klassenwechsel – Prozesse bitte psychologisch begleiten. Verlässt das „Opfer" die Klasse, „wächst" in dieser Klasse sehr wahrscheinlich sehr schnell ein neues Opfer nach. Das betroffene Kind wiederum hat im neuen Kontext ein höheres Risiko. Sowohl mit der Klasse als auch mit dem weggehenden Kind müssten dringend die Prozesse aufgearbeitet werden, will man den Freud'schen „Wiederholungszwang" verhindern!

Prinzip 72 Aktiv werden: „Kleiner" Aufwand – großer Ertrag! Ohne Hilfe und Unterstützung von außen können sich Prozesse verheerend entwickeln und verfestigen. Umgekehrt können schon minimal anmutende Eingriffe wie die Sitzordnung zu verändern oder alternative Kontakte riesige Effekte nach sich ziehen. Fühlen Sie sich ermutigt, einzugreifen!

Hinweise auf ausgewählte und weiterführende Literatur

Weiterführende Literatur

Um eine Idee von Ansätzen der **Pädagogischen Psychologie** zu erhalten, bietet sich ein Lehrbuch an, das eigentlich für Lehrkräfte geschrieben wurde, aber auch für Eltern interessant sein kann:

- Urhahne, D., Dresel, M. & Fischer, F. (2018). Psychologie für den Lehrberuf. Heidelberg: Springer.

Um eine Idee davon zu bekommen, wie **Lehrkräfte** die hier vorgestellten Überlegungen umsetzen können, um im Klassenzimmer Disziplinschwierigkeiten und Mobbing zu vermeiden:

© Springer-Verlag GmbH Deutschland, ein Teil von Springer Nature 2019
B. Schuster und A. Fahle, *Mit mehr Leichtigkeit und Freude durch die Schulzeit*, https://doi.org/10.1007/978-3-662-57311-2

- Schuster, B. (2013). Führung im Klassenzimmer: Disziplinschwierigkeiten und sozialen Störungen vorbeugen und effektiv begegnen – ein Leitfaden für Miteinander im Unterricht. Heidelberg: Springer.

Um eine Idee von der **psychotherapeutischen Herangehensweise** zu bekommen, könnten auch Eltern in folgende Fachbücher schauen:

- Esser, G. & Ballaschk, K. (2015). Klinische Psychologie und Verhaltenstherapie bei Kindern und Jugendlichen. Stuttgart: Thieme
- Mattejat, F. & Schulte-Markwort, M. (2013). Kinder und Jugendpsychiatrie und -psychotherapie systematisch. Bremen: Uni-Med
- Petermann, F. (2009). (Hrsg.). Fallbuch der Klinischen Kinderpsychologie. Göttingen: Hogrefe.
- Petermann, F. (2013). Lehrbuch der Klinischen Kinderpsychologie. Göttingen: Hogrefe.

Hilfestellungen für **Entspannungsverfahren** findet man unter anderem in:

- Polakov, M. & Scholz, I. (2016). Progressive Muskelentspannung nach Jacobson.
- Salbert (2016). Ganzheitliche Entspannungstechniken für Kinder: Bewegungs- und Ruheübungen, Geschichten und Wahrnehmungsspiele aus dem Yoga, dem Autogenen Training.

Darüber hinaus gibt es **Einführungen in die Psychologie,** die sich zwar an Studierende richten, die aber sehr verständlich geschrieben sind und deshalb durchaus auch von interessierten Eltern gelesen werden könnten. Der „Klassiker" von diesen Büchern ist „der Zimbardo" – mittlerweile übernommen von seinem früheren Koautor:

- Gerrig, R. J. (2015). Psychologie. Hallbergmoos: Pearson.

Ausgewählte Literatur

Zu den Faktoren, die **Schulerfolg** bestimmen:

- Hattie, J., Beywl, W. & Zierer, K. (2017). Lernen sichtbar machen. Für Lehrpersonen. Überarbeitete deutschsprachige Ausgabe von Visible Learning for Teachers. Baltmannsweiler: Schneider Verlag.

Zur Diskussion der Rolle von Intelligenz und **Vorwissen:**

- Gruber, H. & Stamouli, E. (2015). Intelligenz und Vorwissen. In E. Wild & J. Möller (Hrsg.). Pädagogische Psychologie (2. Auflage). S. 25–44. Heidelberg: Springer.

Zur **Bindungstheorie:** Einen guten Einstieg findet man in:

- Spangler, G. & Zimmermann, P. (2015). (Hrsg.). Die Bindungstheorie: Grundlagen, Forschung und Anwendung. Stuttgart: Klett-Cotta.

Die Überlegungen der **Bindungstheorie** wurden vor allem durch Klaus und Karin Grossmann nach Deutschland gebracht. Interessant ist deshalb auch deren Auswahl klassischer Texte:

- Grossmann, K. E. & Grossmann, K. (Hrsg). (2015). Bindungstheorie und menschliche Entwicklung: John Bowlby, Mary Ainsworth und die Grundlagen der Bindungstheorie. Stuttgart: Klett-Cotta.

Darstellungen der **motivationspsychologischen** Literatur wie etwa zu dem Ansatz von Deci & Ryan und Studien, wie z. B. die von Stoeber et al. zu der Rolle von sozialer Eingebundenheit für Erleben von Stolz finden sich in Kap. 3 in:

- Schuster, B. (2017). Pädagogische Psychologie: Lernen, Motivation und Umgang mit Auffälligkeiten. Heidelberg: Springer. In diesem Buch findet sich auch Literatur zu **Wissenserwerb** und zu den einzelnen **Störungen.**

Einen gut verständlichen Einstieg in die **Motivations- und Emotionspsychologie** liefern:

- Brandstätter, V., Schüler, J. Puca, R. M. & Lozo, L. (2018). Motivation und Emotion. Heidelberg: Springer.

Zu **Wissenserwerb** und wie man Experte wird:

- Ericsson, K. A. & Pool, R. (2016). Top: Die neue Wissenschaft vom Lernen. München: Pattloch.

Weitere Studien zu **Mobbing** in:

- Schuster (2013). Führung im Klassenzimmer: Disziplinschwierigkeiten und sozialen Störungen vorbeugen und effektiv begegnen – ein Leitfaden für Miteinander im Unterricht. Heidelberg: Springer.
- Schuster (2016). Mobbing. In H.-W. Bierhoff & D. Frey (Hrsg). Enzyklopädie für Psychologie: Sozialpsychologie. Göttingen: Hogrefe.
- Schuster (2017). Pädagogische Psychologie: Lernen, Motivation und Umgang mit Auffälligkeiten. Heidelberg: Springer.

Die Studien zu Gehorsam von Milgram sowie weitere im Buch angesprochene **sozialpsychologische** Phänomene wie „mere exposure" von Zajonc und Theorien wie etwa die Reaktanztheorie von Jack Brehm findet man in:

- Aronson, E., Wilson, T & Akert, R. (2014). Sozialpsychologie. Hallbergmoos: Pearson.

Die sozialpsychologische Studie von Zimbardo zu „broken windows" ist dargestellt in:

- Wilson J. Q. & Kelling, G. L. (1982). Broken windows. In: The police and neighborhood safety. *Atlantic Monthly.* Mar; 249(3):29–38.

Weiterführende Literatur zu Hypnotherapie findet man bei:

- Erickson, M. H. & Rossi E. L. (2016). Hypnotherapie: Aufbau-Beispiele-Forschungen. München: Klett Cotta.
- Revenstorf, D. (2017). Hypnotherapie und Hypnose. Handwerk der Psychotherapie, Band 8. Tübingen: Psychotherapie-Verlag.

Danksagung

Wie im einleitenden Kapitel ausgeführt, entstand dieses Buch auf Anregung des Springer-Verlages. Ich möchte mich ganz herzlich bei Marion Krämer für ihr Interesse an diesen Ideen und ihr Vertrauen für dieses Projekt bedanken. Ihr und der Projektbetreuerin, Carola Lerch, möchte ich ferner für ihre Geduld und Nachsicht und ihre Unterstützung danken, sowie der Lektorin Cornelia Reichert für ihre sorgfältige Bearbeitung des Textes sowie zahlreiche ergänzende Vorschläge und Informationen. Schließlich gilt mein Dank der Illustratorin Claudia Styrsky, die in inhaltlich punktgenau treffender Weise sehr ansprechend die Ideen umgesetzt hat.

Viele der behandelten Überlegungen wurden an anderer Stelle unter der Perspektive behandelt, wie sie *Lehrkräften* helfen könnten, Disziplinschwierigkeiten, soziale

© Springer-Verlag GmbH Deutschland, ein Teil von
Springer Nature 2019
B. Schuster und A. Fahle, *Mit mehr Leichtigkeit und Freude durch die Schulzeit*, https://doi.org/10.1007/978-3-662-57311-2

275

Probleme und Auffälligkeiten vorzubeugen beziehungsweise zu reduzieren. Bereits in diesen Büchern habe ich
meinem verstorbenen Mann, Friedrich Försterling, für den
bereichernden Austausch über diese Themen gedankt. Vor
allem in Bezug auf die klinischen Überlegungen verdanke
ich ihm sehr viel. Im Rahmen des von Friedrich Försterling mitbegründeten und in den 1980er- und 1990er-Jah-
ren in Deutschland aktiven *diret* (Deutsches Institut
für Rational-Emotive-Therapie) hatte ich verschiedentlich die Gelegenheit, Albert Ellis kennenzulernen und in
sowohl von ihm als auch von Friedrich durchgeführten
Demonstrationstherapien und Supervisionssitzungen bei-
zuwohnen. Auch für diese Möglichkeiten bin ich Friedrich
sehr dankbar.

Ihr Bonus als Käufer dieses Buches

Als Käufer dieses Buches können Sie kostenlos das eBook zum Buch nutzen.
Sie können es dauerhaft in Ihrem persönlichen, digitalen Bücherregal
auf **springer.com** speichern oder auf Ihren PC/Tablet/eReader downloaden.

Gehen Sie bitte wie folgt vor:

1. Gehen Sie zu **springer.com/shop** und suchen Sie das vorliegende Buch
   (am schnellsten über die Eingabe der eISBN).
2. Legen Sie es in den Warenkorb und klicken Sie dann auf:
   zum Einkaufswagen / zur Kasse.
3. Geben Sie den untenstehenden Coupon ein. In der Bestellübersicht wird
   damit das eBook mit 0 Euro ausgewiesen, ist also kostenlos für Sie.
4. Gehen Sie weiter **zur Kasse** und schließen den Vorgang ab.
5. Sie können das eBook nun downloaden und auf einem Gerät Ihrer Wahl lesen.
   Das eBook bleibt dauerhaft in Ihrem digitalen Bücherregal gespeichert.

 978-3-662-57311-2
arej64X2ATeAM8T

eISBN
Ihr persönlicher Coupon

Sollte der Coupon fehlen oder nicht funktionieren, senden Sie uns bitte
eine E-Mail mit dem Betreff: **eBook inside** an **customerservice@springer.com**.